AUTOCOMPOSIÇÃO NA ADMINISTRAÇÃO PÚBLICA

O DESENVOLVIMENTO DA CONSENSUALIDADE POR MEIO DAS CÂMARAS ADMINISTRATIVAS DE PREVENÇÃO E RESOLUÇÃO DE CONFLITOS

ELISA BERTON EIDT

Gustavo Justino de Oliveira
José Sérgio da Silva Cristóvam
Prefácios

Marco Antonio Rodrigues
Apresentação

AUTOCOMPOSIÇÃO NA ADMINISTRAÇÃO PÚBLICA

O DESENVOLVIMENTO DA CONSENSUALIDADE POR MEIO DAS CÂMARAS ADMINISTRATIVAS DE PREVENÇÃO E RESOLUÇÃO DE CONFLITOS

Belo Horizonte

FÓRUM
CONHECIMENTO JURÍDICO

2024

© 2024 Editora Fórum Ltda.

É proibida a reprodução total ou parcial desta obra, por qualquer meio eletrônico, inclusive por processos xerográficos, sem autorização expressa do Editor.

Conselho Editorial

Adilson Abreu Dallari	Floriano de Azevedo Marques Neto
Alécia Paolucci Nogueira Bicalho	Gustavo Justino de Oliveira
Alexandre Coutinho Pagliarini	Inês Virgínia Prado Soares
André Ramos Tavares	Jorge Ulisses Jacoby Fernandes
Carlos Ayres Britto	Juarez Freitas
Carlos Mário da Silva Velloso	Luciano Ferraz
Cármen Lúcia Antunes Rocha	Lúcio Delfino
Cesar Augusto Guimarães Pereira	Marcia Carla Pereira Ribeiro
Clovis Beznos	Márcio Cammarosano
Cristiana Fortini	Marcos Ehrhardt Jr.
Dinorá Adelaide Musetti Grotti	Maria Sylvia Zanella Di Pietro
Diogo de Figueiredo Moreira Neto (in memoriam)	Ney José de Freitas
Egon Bockmann Moreira	Oswaldo Othon de Pontes Saraiva Filho
Emerson Gabardo	Paulo Modesto
Fabrício Motta	Romeu Felipe Bacellar Filho
Fernando Rossi	Sérgio Guerra
Flávio Henrique Unes Pereira	Walber de Moura Agra

Luís Cláudio Rodrigues Ferreira
Presidente e Editor

Coordenação editorial: Leonardo Eustáquio Siqueira Araújo / Aline Sobreira de Oliveira
Revisão: Patrícia Falcão
Capa e projeto gráfico: Walter Santos
Diagramação: Derval Braga

Rua Paulo Ribeiro Bastos, 211 – Jardim Atlântico – CEP 31710-430
Belo Horizonte – Minas Gerais – Tel.: (31) 99412.0131
www.editoraforum.com.br – editoraforum@editoraforum.com.br

Técnica. Empenho. Zelo. Esses foram alguns dos cuidados aplicados na edição desta obra. No entanto, podem ocorrer erros de impressão, digitação ou mesmo restar alguma dúvida conceitual. Caso se constate algo assim, solicitamos a gentileza de nos comunicar através do *e-mail* editorial@editoraforum.com.br para que possamos esclarecer, no que couber. A sua contribuição é muito importante para mantermos a excelência editorial. A Editora Fórum agradece a sua contribuição.

Dados Internacionais de Catalogação na Publicação (CIP) de acordo com ISBD

E34a   Eidt, Elisa Berton

Autocomposição na Administração Pública: o desenvolvimento da consensualidade por meio das câmaras administrativas de prevenção e resolução de conflitos / Elisa Berton Eidt. Belo Horizonte: Fórum, 2024.

261p. 14,5x21,5cm

ISBN impresso 978-65-5518-705-2

ISBN digital 978-65-5518-709-0

1. Consensualidade. 2. Advocacia pública. 3. Câmara administrativa. 4. Administração Pública. 5. Mediação. I. Título.

CDD 351
CDU 35

Ficha catalográfica elaborada por Lissandra Ruas Lima – CRB/6 – 2851

Informação bibliográfica deste livro, conforme a NBR 6023:2018 da Associação Brasileira de Normas Técnicas (ABNT):

EIDT, Elisa Berton. *Autocomposição na Administração Pública*: o desenvolvimento da consensualidade por meio das câmaras administrativas de prevenção e resolução de conflitos. Belo Horizonte: Fórum, 2024. 261p. ISBN 978-65-5518-705-2.

AGRADECIMENTOS

Agradeço a Deus por me conceder perseverança e por me permitir chegar à conclusão de minha pesquisa, que agora vem a público. A minha família, meus pais, José Felix e Marise, e minhas irmãs, Helena e Laura, que estão sempre ao meu lado e a quem eu sempre recorro. Ao Professor José Sérgio da Silva Cristóvam, cujos ensinamentos transcenderam a orientação na pós-graduação, pelas palavras de confiança e de incentivo durante toda a trajetória do doutorado. Ao Professor Gustavo Justino de Oliveira, por ampliar meu conhecimento na área da consensualidade administrativa e por tão bem me acolher em suas aulas de pós-graduação na USP. Ao Professor Ricardo Stersi, por me receber no programa de doutorado da UFSC e por permitir que desenvolvêssemos o Grupo de Estudos em Mediação e Conciliação, a quem também agradeço pela experiência no universo das competições de mediação. À Procuradoria-Geral do Estado do Rio Grande do Sul, instituição que muito contribuiu para o meu aperfeiçoamento acadêmico e que me despertou para a área da mediação na Administração Pública. Aos colegas da RENAAP (Rede Nacional de Autocomposição na Administração Pública), advogados públicos tão competentes e engajados no desenvolvimento da consensualidade administrativa. Às Professoras Jéssica Gonçalves, Kaline Ferreira e Leila Cuéllar, pessoas que muito admiro, pela honra de aceitarem o meu convite para participar da banca de defesa de minha tese de doutorado e cujas contribuições estão refletidas na presente obra. Aos amigos Célia Cunha, Tatiana Linn e Rafael Ramos, em nome de quem agradeço a todos os amigos e amigas que me apoiaram durante esta jornada intelectual, acompanhada também de bastante transformação pessoal.

SUMÁRIO

PREFÁCIO
Gustavo Justino de Oliveira.. 11

PREFÁCIO
José Sérgio da Silva Cristóvam... 15

APRESENTAÇÃO
Marco Antonio Rodrigues.. 21

INTRODUÇÃO 23

CAPÍTULO 1
A PREPONDERÂNCIA DO ESTADO NO GERENCIAMENTO DE
CONFLITOS DA ADMINISTRAÇÃO PÚBLICA.................................. 29
1.1   A origem do Direito Administrativo na França...................... 29
1.2   O Direito Administrativo que se aproxima da sociedade.............. 39
1.3   O clássico ensinamento do conceito de interesse público e de seus
       atributos.. 44
1.4   Começando a desmistificar: o interesse público e as relações mais
       paritárias.. 49
1.5   A autoridade em conflito: a delegação para o Poder Judiciário........ 61
1.5.1 Presunção de legalidade do ato administrativo............................ 63
1.5.2 Imperatividade do ato administrativo.. 65
1.5.3 Autoexecutoriedade do ato administrativo................................ 67
1.5.4 Autotutela da Administração.. 69
1.5.5 Cláusulas exorbitantes.. 71
1.6   Síntese conclusiva.. 76

CAPÍTULO 2
UMA MUDANÇA DE PERSPECTIVA: A PRODUÇÃO
NORMATIVA BRASILEIRA EM DIREÇÃO AOS MÉTODOS
CONSENSUAIS.. 77
2.1   O protagonismo do Poder Judiciário não é exclusivo para os
       conflitos da Administração... 77

2.2	A inserção dos meios consensuais no ordenamento jurídico brasileiro	82
2.2.1	A Resolução nº 125/2010 do CNJ e a Lei nº 13.105/2015	83
2.2.2	Juizados Especiais	85
2.2.3	Termo de Ajustamento de Conduta	87
2.2.4	Acordo de leniência e colaboração premiada	88
2.2.5	Acordo nas ações de improbidade administrativa	91
2.2.6	A Lei nº 13.655/2019	93
2.3	Os procedimentos consensuais na solução de conflitos	94
2.3.1	Mediação	96
2.3.2	Conciliação	115
2.3.3	Negociação	119
2.3.4	Comitês de Resolução de Disputas	121
2.4	Síntese conclusiva	128

CAPÍTULO 3
ADMINISTRAÇÃO PÚBLICA E CONSENSUALIDADE: UM ENTRELAÇAMENTO VIÁVEL 129

3.1	A inserção dos métodos adequados de solução de conflitos na Administração Pública: por que mudar?	129
3.2	O processo do acordo extrajudicial envolvendo a Administração Pública	139
3.3	O processo administrativo da Lei nº 9.784/1999: uma regra subsidiária para a consensualidade?	142
3.3.1	Os princípios do processo administrativo	146
3.4	O processo administrativo consensual	149
3.4.1	Competência para condução, participação e celebração de acordos extrajudiciais	150
3.4.2	A discricionariedade na realização de acordos extrajudiciais	155
3.4.3	A publicidade do processo consensual	161
3.4.4	Hipóteses de cabimento: o conteúdo dos acordos	164
3.4.5	A participação no procedimento administrativo	170
3.4.6	A interação com o Poder Judiciário e com os órgãos de controle	173
3.5	Síntese conclusiva	177

CAPÍTULO 4
A ATIVIDADE DAS CÂMARAS ADMINISTRATIVAS DE PREVENÇÃO E RESOLUÇÃO DE CONFLITOS PELAS ADVOCACIAS PÚBLICAS ESTADUAIS 179

4.1	A habilitação concedida pela Lei nº 13.140/2015	180
4.2	A regulamentação dos Estados federados	181
4.2.1	Pernambuco	182
4.2.2	Alagoas	183
4.2.3	Goiás	184

4.2.4	Pará	186
4.2.5	Minas Gerais	187
4.2.6	Rio de Janeiro	189
4.2.7	Rio Grande do Sul	191
4.2.8	Espírito Santo	193
4.2.9	Santa Catarina	194
4.2.10	Tocantins	195
4.3	O que as regulamentações revelam	195
4.4	O caminhar na prática: análise das entrevistas com Procuradores do Estado a frente das câmaras administrativas de prevenção e resolução de conflitos	199
4.4.1	Criação e implementação das câmaras	199
4.4.2	Composição das câmaras	200
4.4.3	As matérias submetidas a uma tentativa de autocomposição	202
4.4.4	As formas de autocomposição	203
4.4.5	Pagamento de valores pela via da autocomposição	204
4.4.6	A incidência do controle sobre os acordos firmados	205
4.4.7	A confidencialidade do procedimento	206
4.4.8	A capacitação em métodos autocompositivos	206
4.4.9	O impacto da câmara administrativa no órgão da advocacia pública	207
4.4.10	A avaliação do sucesso da câmara	208
4.4.11	Dificuldades na execução das atividades da câmara	208
4.4.12	O aperfeiçoamento das câmaras administrativas	209
4.5	Análise das entrevistas: o que ainda falta construir?	209
4.6	O *Administrative Dispute Resolution Act* de 1996 (ADRA) e o que a experiência norte-americana pode ensinar ao Brasil	212
4.6.1	A autorização geral	214
4.6.2	Designação de um especialista: revisão da política interna e enfoque no treinamento em técnicas de negociação e mediação	214
4.6.3	*Neutrals*	215
4.6.4	Confidencialidade	216
4.7	As conclusões dos relatórios de 2016 e de 2021 a respeito do desenvolvimento de ADR no governo federal norte-americano: tendências e desafios	217
4.8	As lacunas da Lei da Mediação e a realidade das câmaras: o que faltou?	223
4.9	A estrutura de uma normativa geral para a autocomposição por meio das câmaras administrativas	225
4.9.1	A autorização geral para a adoção dos métodos adequados de solução de conflitos	225
4.9.2	O desenho normativo da câmara administrativa	225
4.10	Síntese conclusiva	238

CONSIDERAÇÕES FINAIS 241

REFERÊNCIAS..245

APÊNDICE A – PERGUNTAS SEMIESTRUTURADAS...............................259

APÊNDICE B – PROPOSIÇÃO LEGISLATIVA...261

PREFÁCIO

Um prazer genuíno prefaciar a obra da Elisa Berton Eidt, fruto da conversão de sua tese de doutorado defendida na Universidade Federal de Santa Catarina (UFSC) em 2023, intitulada *Autocomposição na Administração Pública: o desenvolvimento da consensualidade por meio das câmaras administrativas de prevenção e resolução de conflitos.*

Tendo participado ativamente de parte significativa a formação acadêmica da Elisa neste bonito caminho por ela trilhado rumo ao Doutoramento, posso asseverar que sou testemunha ocular, não somente de seu brilhantismo enquanto investigadora no Direito Público, mas igualmente de sua empatia e humanidade gigantescas, características pessoais que reforçam sobremaneira a qualidade da entrega desta pesquisa primorosa que a autora nos oferece em área e temática que vêm atraindo a atenção de tantos jovens publicistas brasileiros.

Fui professor da Elisa no doutorado da Faculdade de Direito da Universidade de São Paulo (USP), em disciplina sobre Acordos Administrativos e em seguida tive o privilégio de ser alçado a seu coorientador no doutorado da UFSC, colaborando com o dileto amigo e grande administrativista José Sérgio da Silva Cristóvam.

Esses momentos acadêmicos foram ímpares e fizeram não somente com que eu conhecesse Elisa de perto, mas principalmente que eu passasse a admirá-la na tenacidade e no rigor metodológico que lhe são marcas registradas, o que me leva a afirmar com segurança que estamos diante de uma jovem e promissora juspublicista, contemporânea em sua atuação e extremamente elegante e corajosa na escrita e na proposição das linhas de transformação da temática da autocomposição administrativa, com um papel de destaque no tratamento científico e prático das essenciais câmaras administrativas de prevenção e resolução de conflitos.

Nessa linha, cumpre-me ressaltar desde já a seriedade e a robustez deste trabalho investigativo. Este livro é resultado de um caminho de pesquisa minucioso e detidamente planejado, que perpassou não somente por um intenso momento de investigação teórica, mas igualmente por momentos de pesquisa empírica, conduzidos magistralmente pela autora e que conferem a esta obra um frescor pragmático e um vigor prospectivo não comumente encontrados em teses de doutorado sobre o tema, fazendo despontar a natureza seminal da obra, a qual certamente contribuirá para a evolução do que venho assinalando como sendo um autêntico "dever da Administração Pública de autocomposição dos conflitos públicos".

Tenho para mim – e esta também parece ser a opinião abalizada da autora – que a Administração Pública brasileira detém atualmente todo o instrumental normativo e jurídico para bem se desincumbir do mister de prevenir, gerir e resolver os conflitos públicos, muitos dos quais são originados ou provocados pelos próprios órgãos, entidades e autoridades administrativas. A Administração Pública não mais pode se colocar ACIMA dos conflitos públicos, e muito menos "terceirizá-los" ao Judiciário, sob pena de ver reduzida a sua autoridade e utilidade na sociedade.

Obviamente, um dos grandes desafios ainda parece ser o de superar o paradigma da litigância e de substituí-lo pela cultura da pacificação do conflito, seara na qual a autocomposição administrativa via câmaras administrativas ganha especial relevância.

E é justamente aqui que o livro da Elisa apoia todos os atores do sistema de justiça multiportas brasileiro – aí incluídos todos os entes federados e suas organizações administrativas – a cooperar e a colaborar para conferir *enforcement* a todos os desígnios que o legislador e o próprio sistema determinaram com cores fortes no Novo Código de Processo Civil, na Lei Geral de Mediação e Autocomposição Administrativa, e em tantos outros diplomas normativos de natureza federal, estadual e municipal.

Nesse contexto promissor de "virada de chave", no qual a busca preponderante pela via autocompositiva haverá de imperar, as câmaras administrativas de prevenção e de resolução de conflitos – ainda em desenvolvimento e formação – desempenharão um papel sistêmico cada vez mais fundamental, pois conferem institucionalidade e segurança jurídica a todas as partes do conflito, qualificando enormemente as inúmeras potencialidades que a Administração Pública tem chamado para si na frente da gestão dos conflitos públicos.

O livro da Elisa preenche uma lacuna considerável na doutrina brasileira, e lança luzes a diversas problemáticas e desafios que o processo de empoderamento das câmaras administrativas passa e ainda vai passar. A boa notícia é que Elisa também nos propõe caminhos e soluções extremamente razoáveis para avançarmos cada vez mais nesse *point of no return* que a autocomposição administrativa via Câmaras Públicas parece sinalizar, resultando em ganhos de efetividade administrativa e de cidadania para toda a sociedade brasileira.

Eis uma obra obrigatória, que veio para ficar e que indubitavelmente servirá de base e estimulará outras obras monográficas sobre a temática.

Gustavo Justino de Oliveira

Professor Doutor de Direito Administrativo na Faculdade de Direito da USP e do IDP (Brasília). Árbitro, mediador, consultor e advogado especialista em Direito Público. Membro integrante do Comitê Gestor de Conciliação da Comissão Permanente de Solução Adequada de Conflitos do CNJ.
www.justinodeoliveira.com.br

PREFÁCIO

Recebi, com enorme satisfação, o convite da jovem e promissora administrativista Elisa Berton Eidt, para prefaciar sua destacada obra *Autocomposição na Administração Pública: o desenvolvimento da consensualidade por meio das câmaras administrativas de prevenção e resolução de conflitos.*

Por certo, convites para prefaciar uma obra que está para nascer vêm tomados de simbolismos dos mais variados matizes. Permitem que participemos de um momento ímpar para o(a) autor(a), até porque a publicação de um livro invariavelmente sintetiza o coroamento de largo esforço e também de muitas renúncias. Ainda, há a alegria da lembrança do nosso nome para a empreitada, a revelar elevado sentimento de respeito pessoal, acadêmico e profissional daquele(a) que nos convida.

Mas esta que em geral já é uma grande alegria e, posso dizer, honrosa satisfação, aqui, no caso, fica sobremaneira ampliada, vez que o convite parte da Elisa Eidt, colega pela qual nutro um especial carinho e destacada admiração, e isso por diversos motivos: primeiro, porque Elisa é daquelas pessoas singulares, que encantam a nós professores não somente pelo empenho e pretensão de perfeição em tudo que fazem; segundo, pela enorme capacidade e qualidade que imprime em todas as suas empreitadas; terceiro, pelo destacado relevo da obra que agora traz à publicação; e, quarto, essa uma questão bem particular, porque Elisa é a minha primeira orientanda a concluir o curso de Doutorado em Direito pelo PPGD/UFSC – isso, de fato, tem um sentido deveras especial!

Conheci Elisa lá pelos idos de 2019, quando ainda nem sabíamos que essa terrível pandemia da COVID-19 iria assim a nós todos assolar, ou seja, ainda na "era" pré-pandêmica. Nossas primeiras conversas iniciaram em uma disciplina que ofereci para o curso de doutorado em Direito do PPGD/UFSC, sendo que a interação e integração foram instantâneas. Posso dizer que, de cara, começamos a conversar sobre o seu projeto, que até então eu não conhecia, já que ela havia ingressado no Programa sob a orientação do estimado e competente colega Prof. Dr. Ricardo Soares Stersi dos Santos. Em poucas semanas já vieram as primeiras reuniões sobre o projeto e como os debates relacionados ao Direito Administrativo e o regime jurídico-administrativo impactavam direta, decisiva e fecundamente na sua pesquisa, o que rapidamente evoluiu para uma sondagem inicialmente para a coorientação da pesquisa, o que sequer foi efetivado, porque poucas semanas adiante já estava a orientá-la no seu projeto de doutorado.

Já em 2020, o projeto passou por alguns realinhamentos e ajustes no seu enfoque de pesquisa, bem como passou também a contar com o inestimável reforço da coorientação do dileto e competente Prof. Dr. Gustavo Henrique Justino de Oliveira (USP), prosseguindo para a sua qualificação em 15 de dezembro de 2020, após aprovação perante mui destacada banca de qualificação de projeto de tese, composta pelos colegas Profa. Dra. Fabiana Marion Spengler (UNISC), Prof. Dr. Juliano Heinen (FMP - RS) e Prof. Dr. Ricardo Soares Stersi dos Santos (UFSC).

Depois disso, sucedeu um tempo de intensa produção acadêmica e instigante pesquisa relacionada à tese da Elisa, também marcado pelo chamado período pandêmico, em especial nos anos de 2021 e 2022, culminando com a defesa pública da tese em 27 de abril de 2023, aprovada com destaque perante exigente e mui qualificada banca de defesa 100% feminina, composta pelas colegas Profa. Dra. Jéssica Gonçalves (UNIVALI), Profa. Dra. Kaline Santos Ferreira (UFBA) e Profa. Dra. Leila Cuéllar (ESA/PR), sendo que foram reiterados os registros da banca acerca da elevada distinção e qualidade do trabalho, com a viva indicação de publicação da tese do doutoramento que, passadas as revisões e atualizados, agora é trazida a lume na forma de livro.

Durante o seu período de doutoramento, pude acompanhar de perto o salto de crescimento e amadurecimento acadêmico da agora Dra. Elisa Berton Eidt, inclusive com parceria que rendeu diversos capítulos de livros e artigos em revistas especializadas, alguns deles que serviram de base bibliográfica para a tese e que, agora, frutificam ainda mais com a publicação dessa bela obra que o(a) leitor(a) tem em suas mãos.

Sobre o livro, o(a) leitor(a) mais atento(a) logo perceberá, já desde as primeiras linhas, que está diante de um trabalho diferenciado e isso em muitos aspectos: primeiro, trata-se de uma pesquisa pioneira no Brasil, quando enfoca na dimensão teórico-normativa e prática da consensualidade por meio das câmaras administrativas de prevenção e resolução de conflitos; segundo, porque aborda tema realmente atual, de forma inovadora e crítico-propositiva, sendo que Elisa assume posição sobre diversos dos imbricados temas que enfrenta, inclusive oferecendo, ao final da sua densa e aprofundada pesquisa, apêndice com a lista de perguntas que aplicou na fase de coleta de dados para pesquisa semiestruturada e, ainda, proposta legislativa inicial para a institucionalização das câmaras administrativas de prevenção e resolução de conflitos; terceiro, pela qualidade da revisão bibliográfica realizada, que destoa positivamente de muitos trabalhos monográficos que, embora interessantes, pecam pela reduzida profundidade nos temas centrais que abordam; quarto, pela sua capacidade de abordagem e, embora jovem, pela escrita que já indica um pensamento autônomo e maduro – isso vem, obviamente, forjado a partir de muita pesquisa acadêmica, atenta leitura e o resultado da sua densa experiência profissional como Procuradora do Estado junto à Procuradoria-Geral do Estado do Rio Grande do Sul (PGE/RS).

O livro está estruturado em quatro capítulos: o primeiro vem destinado ao importante e sempre atual pano de fundo do debate em torno da preponderância do Estado no gerenciamento de conflitos da Administração Pública; no segundo, há o rico e fecundo debate em torno do marco teórico-normativo da consensualidade no Brasil; o terceiro traz o enfoque da modelagem não adversarial de resolução de conflitos no âmbito da Administração Pública e as principais nuances do processo administrativo consensual; no quarto, coração da proposição mais inovadora e destacada da obra, são discutidas e pormenorizadamente enfrentadas as principais questões teórico-normativas e, sobretudo, práticas das atividades das câmaras administrativas de prevenção e resolução de conflitos, com especial destaque à atuação das advocacias públicas estaduais.

Elisa Eidt é segura e serena mesmo no enfrentamento das mais imbrincadas temáticas, não fugindo e nem desviando dos temas mais espinhosos, sempre, e isso merece destacado relevo, com o olhar atento e preocupado com as implicações práticas e os reflexos das suas proposições lá no dia a dia das procuradorias dos entes públicos, onde efetivamente essas reflexões e proposições vão ganhar vida e concretização. Elisa, antes de ser Doutora em Direito, é advogada pública e muito bem conhece as agruras, os desafios, os limites e os problemas do mundo real. Não faz proposições ingênuas ou mesmo defesas festivas e apaixonadas dessa ou daquela ferramenta ou mecanismo de forma a exagerar seus potenciais positivos – conhece bem a realidade e sabe das múltiplas e multifacetadas dificuldades!

Mas é firme e certeira ao apontar os caminhos para uma adequada e alvissareira modelagem consensual de prevenção e resolução de conflitos no âmbito da Administração Pública.

Apenas para destacar algumas das suas bem lançadas conclusões, Elisa Eidt é enfática ao afirmar, no que "diz respeito ao funcionamento das câmaras administrativas de prevenção e resolução de conflitos, tema central do presente livro, restou evidenciado o avanço dos estados federados na previsão, instalação e funcionamento deste órgão no âmbito das respectivas advocacias públicas estaduais. O comando genérico do art. 32 da Lei nº 13.140/2015, aliado à quebra de paradigma que representa, pode ter intimidado no início (a maior parte das câmaras foram instaladas a partir do ano de 2018), mas são barreiras que vêm sendo superadas".

E, ainda, marcando sua efetiva preocupação com os aspectos concretos da temática abordada, Elisa ressalta em suas conclusões que "o processo administrativo delineado ao final do capítulo 4 cuidou não somente de dispor sobre as etapas e as providências necessárias ao bom funcionamento de uma câmara administrativa de prevenção e resolução de conflitos, mas também de concebê-la como um instrumento difusor de consensualidade no âmbito da administração estadual".

A título de arremate, das suas pesquisas conseguiu "perceber a feição das câmaras administrativas como órgão que se preocupa em empregar uma metodologia, uma processualidade no rito da consensualidade, não se vinculando a uma matéria específica ou a assuntos predeterminados. A fluidez própria da mediação parece ter encontrado espaço nas câmaras já instaladas, em que o procedimento a ser adotado se adapta ao conflito que é apresentado, e não ao contrário, como acontece nos processos judiciais sob o rito do Código de Processo Civil".

Pois bem! Melhor parar por aqui e deixar que o leitor tire suas próprias conclusões...

Aqui se buscou apenas dar pequenas mostras, suficientes para apresentar a qualidade das reflexões críticas que a autora constrói, de forma segura e muito bem embasada, a transparecer sua relevância teórica e pragmática. Elisa Eidt transita com talento e desenvoltura por esses e diversos outros espinhosos assuntos, o que, *de per si*, já justifica a publicação da obra e nossa leitura, sendo que o(a) atento(a) leitor(a) logo perceberá diversas outras importantes dimensões desses inovadores e promissores debates aqui propostos, do que decorre a firme convicção de que esta obra, que agora tenho a satisfação de prefaciar, alcançará o merecido sucesso.

Por fim, registro os mais sinceros cumprimentos à jovem e promissora autora e à destacada e reconhecida Editora Fórum, pela acertada e importante publicação.

Ilha de Santa Catarina (Desterro), 3 de dezembro de 2023 – domingo, já às portas do verão que sucederá um outubro/novembro dos mais chuvosos de todos os tempos aqui no Sul do Brasil, mas que oxalá nos lave o corpo e a alma e nos reserve um 2024 melhor, de efetiva retomada e avanço para um país mais justo e menos desigual para todos nós!

José Sérgio da Silva Cristóvam

Mestre e Doutor em Direito pela Universidade Federal de Santa Catarina (UFSC). Professor da Graduação, Mestrado e Doutorado em Direito da UFSC. Coordenador do Grupo de Estudos em Direito Público (GEDIP/CCJ/UFSC).

APRESENTAÇÃO

Recebi com muita alegria o convite da Elisa Berton Eidt para apresentar sua obra *Autocomposição na Administração Pública: o desenvolvimento da consensualidade por meio das câmaras administrativas de prevenção e resolução de conflitos*, fruto de sua tese de doutorado apresentada e aprovada na Universidade Federal de Santa Catarina.

Com base não apenas em seus estudos, mas também em sua atuação prática enquanto Procuradora do Estado do Rio Grande do Sul, a autora parte da correta premissa de que a Administração Pública deve ter preponderância no gerenciamento e resolução dos seus conflitos. O Direito Administrativo confere uma série de instrumentos ao administrador público para que implemente seus atos e solucione as controvérsias administrativas, como é o caso da autotutela e da autoexecutoriedade de seus atos, por exemplo. Assim, a atuação do Poder Judiciário na resolução de tais conflitos acabaria por representar uma delegação de uma das missões administrativas a este último Poder.

No entanto, seria o Poder Judiciário a instância mais adequada para solucionar todas as controvérsias que envolvam a Administração Pública? A resposta deve ser negativa a tal pergunta. A indisponibilidade do interesse público não representa a indisponibilidade do Judiciário. Este deve ser apenas uma das portas possíveis para a resolução dos conflitos administrativos.

Essa também é a posição da autora, que analisa diversos instrumentos normativos, como é o caso da Resolução nº 125/2010, do Conselho Nacional de Justiça, para demonstrar a inserção dos métodos consensuais no sistema de justiça multiportas, assim como suas semelhanças, passando, então, à aplicação da consensualidade no âmbito da Administração Pública.

Nesse ponto, Elisa desenvolve duas importantes frentes: a do processo administrativo consensual e a das câmaras administrativas de prevenção e solução de controvérsias.

No que se refere ao processo administrativo, tradicionalmente instrumento assimétrico, Elisa procura demonstrar os espaços de consensualidade e os princípios que devem reger tal processo.

Após, a autora passa à análise das câmaras administrativas, de que também possui experiência enquanto advogada pública.

Nesse contexto, a obra analisa as regulamentações de diversos estados da federação, assim como traz resultados de entrevistas com advogados públicos nelas atuantes e realiza uma análise do sistema dos Estados Unidos, em que a justiça multiportas já é uma realidade há décadas, para procurar buscar acertos e lacunas, contribuindo para a sedimentação dessa nova realidade no âmbito da Administração Pública brasileira.

A consensualidade na Administração Pública é uma realidade. É preciso, então, que a doutrina contribua com a adequada compreensão dessas esferas de acesso a uma solução justa para os conflitos administrativos. Livros como o presente trazem, portanto, maior segurança para aqueles que pretendem atuar nessa nova realidade, que se mostra como uma possível via econômica e eficiente para o Poder Público.

A mudança da cultura na resolução de conflitos que envolvam a Administração deve ser feita aqui e agora, e Elisa traz uma importante contribuição para isso com seu livro.

Uma ótima leitura a todos!

Marco Antonio Rodrigues

Professor Associado de Direito Processual Civil da UERJ. Procurador do Estado do Rio de Janeiro. Pós-Doutor pela Universidade de Coimbra/Portugal. Doutor em Direito Processual pela Faculdade de Direito da Universidade do Estado do Rio de Janeiro (UERJ). Mestre em Direito Público pela UERJ. Advogado. Master of Laws pela King's College London. Formação avançada em negociação e tomada de decisão pela Harvard Kennedy School. Membro da International Association of Procedural Law, do Instituto Ibero-Americano de Direito Processual e do Instituto Brasileiro de Direito Processual.

INTRODUÇÃO

O convite para mudar está feito. Sem muito esforço, percebe-se o esgotamento do Poder Judiciário como única alternativa possível para a solução dos conflitos envolvendo a Administração Pública no Brasil. O cenário pouco satisfatório da excessiva judicialização das relações do poder público, intensificada desde o início do século XXI, contribui para que doutrina e legislação dediquem-se ao incremento da consensualidade no modo de agir da Administração.

Quando se volta para a Administração, a legislação brasileira tratou de prever uma série de autorizações ao poder público para a utilização dos meios consensuais, bastante impulsionadas pela Lei nº 13.105/2015, responsável pela nova codificação do Código de Processo Civil. Dentre os mecanismos dispostos pela legislação, encontra-se a câmara administrativa de prevenção e resolução de conflitos, que vem prevista tanto no art. 174 do CPC quanto no art. 32 da Lei nº 13.140/2015 (Lei da Mediação) e cujo lócus de funcionamento é no âmbito das advocacias públicas.

Inserida em um contexto mais amplo, em que a mediação, a conciliação e até mesmo a arbitragem ganham espaço no âmbito das relações privadas, a consensualidade administrativa apresenta-se como instrumento apto a ensejar entregas mais qualificadas pelos órgãos que compõem a Administração. Essa é a promessa dos meios consensuais em geral, que se utilizam de técnicas que promovem a autonomia e o diálogo entre os envolvidos a fim de se alcançar um resultado mais satisfatório para todos.

O acesso ao Judiciário como única forma de solução de controvérsias que envolvem o poder público há muito revelou sua incapacidade, de modo que urge expandir novas maneiras de a Administração resolver seus problemas, tanto entre seus órgãos internos quanto em relação ao cidadão. Há necessidade de um *espaço institucional* em que possam ser desenvolvidos o diálogo e os esclarecimentos pertinentes a fim de alcançar uma solução administrativa para os conflitos envolvendo os entes públicos.

Vive-se atualmente uma fase de transição, em que as funções essenciais à Justiça e o próprio Poder Legislativo voltam sua atenção para métodos adequados de soluções de conflitos, com possibilidade de maior participação da sociedade nos procedimentos, estando o poder público incluído nessa inovação. Nessa lógica, a manutenção de um sistema moroso, custoso e excessivamente burocrático de resolução de conflitos é que deve ser vista como anomalia, e não o contrário.

Uma vez estabelecida a possibilidade legal de criação de um órgão com a incumbência exclusiva de desenvolver a consensualidade nos órgãos da Administração, remanesce o questionamento de como fazê-lo. Isto é, como efetivamente aderir ao convite para a utilização de métodos alternativos ao Judiciário para a solução de conflitos envolvendo os órgãos públicos?

É a partir desse questionamento que são lançadas as ideias da presente obra, com foco nas *advocacias públicas estaduais* e no estabelecimento de um *processo administrativo* que vise alcançar a autocomposição.

Em estágios variados, desde o ano de 2015 os entes estaduais vêm experimentando o desenvolvimento da consensualidade por meio das câmaras administrativas, não obstante o comando bastante genérico constante nos artigos supramencionados.

Nota-se que a previsão do art. 32 da Lei nº 13.140/2015 goza de caráter nacional, vez que se direciona a todos os entes da federação. No entanto, optou-se na presente obra em debruçar-se sobre os entes estaduais. Dentre as razões para tal recorte, destaca-se a constatação da possibilidade de ampliação da implementação das câmaras no âmbito dos estados, ao contrário do que ocorre com a União, que conta com uma câmara administrativa já bastante consolidada (CCAF – Câmara de Mediação e de Conciliação da Administração Pública Federal). Em relação aos entes municipais, observa-se que o movimento de instalação de câmaras é bastante incipiente, quase inexistente, o que dificultaria a realização de um diagnóstico mais variado acerca de como as atividades das câmaras municipais vêm ocorrendo na prática. Por fim, menciona-se a intrínseca relação da autora com as câmaras administrativas estaduais, vez que contribuiu para a regulamentação da câmara administrativa no âmbito da Procuradoria-Geral do Estado do Rio Grande do Sul.

Para fins de melhor percepção de como os estados da federação estão implementando e/ou desenvolvendo as suas câmaras

INTRODUÇÃO | 25

administrativas, utiliza-se de entrevistas realizadas com Procuradores do Estado designados para a função de regulamentar o funcionamento das câmaras e de iniciar as suas atividades.[1] Por meio de um bloco de perguntas semiestruturadas que buscam uma abordagem qualitativa, tenta-se melhor compreender qual o procedimento adotado pelas advocacias públicas estaduais para o desenvolvimento dos métodos autocompositivos extrajudiciais e quais as dificuldades enfrentadas ao longo do percurso.

Por fim, pretende-se mostrar, ao final da obra, quais os obstáculos enfrentados pelas advocacias públicas estaduais no desenvolvimento da consensualidade e, em âmbito normativo, propor algumas possibilidades de aperfeiçoamento, a fim de que tais dificuldades sejam minimamente superadas.

Para tanto, o presente livro está *dividido em 4 (quatro) capítulos*, a saber:

O *capítulo 1 (um)* faz uma abordagem histórica da concepção do Direito Administrativo francês, cuja base teórica exerceu grande influência em solo brasileiro. Opta-se em destacar a transformação que o conceito de interesse público sofreu entre os séculos XIX e XXI, e a consequente ressignificação dos princípios que o acompanham, quais sejam, sua supremacia e indisponibilidade. Também é destacada a predominância da *puissance publique* no regime jurídico-administrativo no Brasil, o que pode ser facilmente constatado na análise dos atributos do ato administrativo.

---

[1] A utilização de pesquisa empírica, em conjunto com a pesquisa teórica, pretende trazer elementos mais consistentes para a exposição, qual seja, do que é preciso aprimorar para que as câmaras administrativas se configurem como adequados instrumentos de desenvolvimento da consensualidade. Neste sentido, a argumentação teórica que sustenta a inserção de métodos autocompositivos na Administração Pública será verificada por meio da análise do desenvolvimento das atividades consensuais pelas advocacias públicas estaduais, em uma verdadeira combinação dos estilos de pesquisa (argumentação lógica e observação empírica, cuja combinação é defendia por Thomas S. Uelen como um método científico aplicável ao Direito: "Embora a coerência lógica da doutrina seja um elemento extremamente importante para o direito, outro elemento importante é sua eficácia." ULEN, Thomas. Um Prêmio Nobel para a Ciência Jurídica: teoria, trabalho empírico e o método científico no estudo do direito. *In*: PORTO, A. J. M; SAMPAIO, P. (orgs.) *Direito e economia em dois mundos*: doutrina jurídica e pesquisa empírica. Rio de Janeiro: FGV, 2013, p. 53-54). Dessa forma, acredita-se que o objetivo do aperfeiçoamento legislativo no que diz respeito à realização de acordos pelo poder público recebe adicional contribuição ao se investigar a maneira como a Lei da Mediação impulsionou esse tipo de atividade: "To be effective, the law must be empirically examined in the real world and insights gleaned must inform lawmakers through some sort of feedback mechanism". NIELSEN, Laura Beth. The need for multi-method approachs in empirical legal research. *In*: CANE, Peter; KRITZER, Herbert M. The Oxford handbook of empirical legal research. Oxford: Oxford University, 2012, p. 972.

Busca-se, com isso, contextualizar a quão significativa é a mudança de paradigma da Administração quando adota a consensualidade como modo de agir, de modo a evidenciar a natural dificuldade na sua implementação. Além disso, o quão natural é que a solução de conflitos envolvendo entes públicos desemboque no Judiciário, haja vista a autoridade e coercibilidade inerentes à função jurisdicional e muitas vezes necessária para compelir a Administração a agir.

Já o *capítulo 2 (dois)* é exclusivamente direcionado para as metodologias consensuais de solução de conflitos, com abordagem das previsões legislativas que as inserem no ordenamento jurídico brasileiro e da sua utilização pelo poder público. Inicialmente, aborda-se o fenômeno do excesso de judicialização em um contexto mais amplo, e não somente em relação aos conflitos da Administração. O incentivo legislativo para a mudança de postura do agente público quando diante do conflito também merece atenção e, ao final, são explicitadas as metodologias consensuais que vêm previstas na legislação, inclusive o recente Comitê de Resolução de Disputas, disposto na Lei nº 14.133/2021.

Por seu turno, *o capítulo 3 (três)* faz uma espécie de junção das ideias lançadas nos dois primeiros capítulos, isto é, aprofunda-se no estudo de como os métodos consensuais de solução de conflitos coadunam-se com o regime jurídico-administrativo, ainda que com alguma adaptação. Inicialmente, o capítulo traz uma reflexão do porquê inserir os métodos consensuais no modo de agir da Administração, o que é ilustrado por meio da apresentação de dados a respeito da tramitação de processos judiciais no Brasil.

Em seguida, avança-se no estudo de um processo administrativo negocial, tendo-o como instrumento legítimo para amparar a opção da Administração pela via consensual. A vontade processualizada da Administração, prevista a partir da Constituição Federal de 1988 e regulamentada por meio da Lei nº 9.784/1999, ganha contornos mais específicos quando diante do desenvolvimento da consensualidade, o que também é exposto no capítulo.

Por fim, o *capítulo 4 (quatro)* traz uma abordagem mais prática das câmaras administrativas, com análise das regulamentações já editadas em relação às câmaras administrativas. Nessa perspectiva também é que são feitas entrevistas pessoais com procuradores do estado em atuação nas câmaras administrativas de prevenção e resolução de conflitos de suas respectivas instituições.

Além da pesquisa empírica, optou-se em adotar como referência as sugestões que foram trazidas nos relatórios dos anos de 2016 e de 2021 a respeito do desenvolvimento dos métodos alternativos de solução de controvérsias (*ADR*) no governo federal norte-americano. Não obstante seu sistema jurídico da *common law*, o fato é que os Estados Unidos exercem significativa influência, no Brasil, no que diz respeito à utilização de metodologias consensuais, em especial a mediação e negociação. Além da ampla produção bibliográfica daquele país sobre o tema, muitos cursos práticos são lá promovidos, os quais despertam grande interesse de advogados públicos e privados em atuação nacional. Ademais, a existência de um programa específico de utilização de métodos alternativos no âmbito do governo federal, cujas informações encontram-se disponibilizadas de modo organizado e sistemático, também contribuiu para constar como referencial comparativo na presente obra.

CAPÍTULO 1

A PREPONDERÂNCIA DO ESTADO NO GERENCIAMENTO DE CONFLITOS DA ADMINISTRAÇÃO PÚBLICA

O capítulo inaugural da presente obra faz um resgate da origem do Direito Administrativo na França, cuja base teórica exerceu grande influência na formação desse ramo do Direito em solo brasileiro. A intenção do apanhado histórico visa tornar evidente ao leitor o desafio que representa falar em consensualidade administrativa, bem como torná-la prática na aplicação do direito público. A noção de interesse público também é abordada em uma perspectiva histórica, culminando com a compreensão de seu conteúdo de forma compartilhada com os interesses da sociedade, e não de forma exclusivamente coincidente com os interesses da Administração. Ao final, o texto expõe alguns dos atributos do ato administrativo, de forma a associá-los com a excessiva utilização do Poder Judiciário para a solução de conflitos que envolvem os órgãos da Administração. Ao longo do texto será possível perceber que, ainda que necessária para a preservação dos interesses da coletividade, em especial em momentos de crise, a *puissance publique* torna a arena judicial o espaço mais propício para que o particular busque solucionar conflitos oriundos da sua relação com a Administração.

1.1 A origem do Direito Administrativo na França

O assunto que será aqui abordado relaciona-se com a Administração Pública e com a maneira como ela soluciona seus conflitos. Antes de se chegar à ideia da consensualidade e do funcionamento das câmaras administrativas, necessário se faz a contextualização da trajetória do Direito Administrativo, desde a sua concepção até o momento atual. Não há como compreender novos conceitos sem associar quais mudanças são efetivamente por eles causadas, melhor dizendo, sem haver uma considerável noção do "antes".

Com efeito, a consensualidade e as câmaras administrativas de prevenção e resolução de conflitos constituem-se em inovação que exige esforço para o seu desenvolvimento, conforme será demonstrado mais adiante. É preciso, portanto, compreender a base da concepção do Direito Administrativo no Brasil e a sua relação, ainda atual, com a aplicabilidade do direito público.

Como premissas básicas desta parte introdutória, primeiro, tem-se a finalidade de trazer um recorte da concepção do Direito Administrativo francês para melhor compreender o desafio que representa a implementação da consensualidade administrativa. Não obstante a trajetória evolutiva desse ramo do Direito rumo a uma maior paridade na relação entre Estado e sociedade, conforme a seguir exposto, assume-se a posição de que a concepção inicial, que privilegia a autoridade sobre o particular, exerceu grande influência no desenvolvimento dos acordos administrativos, tornando-os raros ou até mesmo impedidos.

Segundo, não obstante a presença do elemento da autoridade, não se concorda com a identificação do Direito Administrativo como um "direito autoritário", conforme comumente é referido na doutrina nacional até os dias atuais. Ainda que a raiz desse ramo do Direito tenha contribuído para tal identificação, o contexto democrático atual traz nova configuração na relação entre Estado e sociedade, e, por consequência, afeta as bases teóricas da doutrina administrativista. No entanto, esta obra pretende trazer ao leitor uma melhor compreensão de por que afirmações como "o Estado não faz acordo" ou "a realização de acordo fere o interesse público" adentraram no modo de agir dos agentes públicos e dos órgãos de controle.

Por fim, a defesa da incorporação dos meios consensuais de solução de conflitos pela Administração não significa, de modo algum, negar o exercício da autoridade legalmente atribuída aos agentes públicos. Sempre em prol da defesa da coletividade, há situações que demandam o uso de prerrogativas pela autoridade estatal que se sobrepõem à vontade individual do particular, o que inclusive se traduz em um dos fundamentos da origem do Estado.

Dito isso, inicialmente, convém destacar que o Direito Administrativo configura-se uma ciência que acompanha as transformações do

Estado. Do Estado liberal ao Estado social, na forma de regime autoritário ou democrático de Direito, não há dissociação entre as teorias que são concebidas pelo Direito Administrativo e os modelos de Estado configurados ao longo do tempo.

Mais precisamente, passa-se a falar de um Direito Administrativo a partir do nascimento do Estado liberal francês, cujo modelo político é produto da Revolução Francesa, que eclodiu naquele país ao final do século XVIII.[2] Do modelo feudal que concentrava todas as funções estatais na pessoa do monarca, transmuta-se para o modelo liberal, cujas bases passam a ser sustentadas na lei e não mais na vontade do rei.

Nesse momento histórico, as ideias iluministas que guiaram a transformação do sistema político na França adotam a teoria da tripartição de poderes do Estado como fundamento para preservar a consagrada liberdade dos cidadãos. A divisão das funções estatais exposta por Montesquieu na sua obra clássica *De l'esprit des lois* é adotada como garantia dos indivíduos perante o arbítrio do Estado, proporcionada pela dinâmica dos *checks and balances*.[3]

A partir dessa autolimitação do Estado por meio da separação dos poderes é que o Direito Administrativo se desenvolve como ramo autônomo, dedicando-se ao estudo da atividade administrativa.[4]

---

[2] Conforme contextualiza Edimir Netto de Araújo, a função administrativa de qualquer Estado ou sociedade sempre existiu, ao contrário da legislação e da jurisdição. No entanto, a organização dessas funções de forma estruturada e o seu estudo enquanto ciência encontram terreno fértil com o advento das ideias liberais pós Revolução Francesa, que tem como um dos princípios fundantes a teoria da tripartição de poderes do Estado. Como marco normativo do Direito Administrativo, cita-se a Lei de 28 do pluviôse, na França, em 17 de fevereiro de 1800, que inaugurou a Administração como uma "organização juridicamente garantida e estável" e, como marcos doutrinários, a obra *Principes d'Administration Publique*, de Charles Jean Bonin, em 1808, além da criação da cátedra de Direito Administrativo na Universidade de Paris, em 1819. ARAÚJO, Edmir Netto de. O Direito Administrativo e sua história. *Revista da Faculdade de Direito*, Universidade de São Paulo, v. 95, p. 147-166, 2000, p. 147-148.

[3] MONTESQUIEU, Charles de Secondat, Baron de, 1689-1755. *Do espírito das leis*. São Paulo: Martin Claret, 2010, p. 160.

[4] A superação do absolutismo do Antigo Regime consolida-se a partir da entrada em vigor da Lei de 28 do pluviôse, na França, em 17 de fevereiro de 1800. A legislação disciplina a organização do Estado e os litígios contra ele instaurados, tendo como base regras próprias derrogatórias do direito privado, o que destaca a autenticidade do Direito Administrativo em relação ao direito comum: "Solo in seguito alla Rivoluzione francese, affermatosi il principio dela divisione dei poteri e dela intera soggezione del potere esecutivo alle norme deliberate dal potere legislativo, fu possibile che tutte le leggi riguardanti l'organizzazione e l'attività degli organi ammnistrativi acquistasero efficácia exteriormente vincolante e divenissero fonti di rapporti giuridici fra lo Stato e i cittadini. L'atto di nascita del diritto amministrativo è generalmente ritenuta la legge 28 piovoso dell'anno VIII (1800), che per la prima volta diede all'amminisrazione francese un'organizzazione giuridicamente garantita ed exteriormente obbligatoria". ZANOBINI, Guido. *Corso di Diritto Administrativo*. 5 ed. Milano: Giuffre, 1947. v. 1, p. 33.

Antes todas concentradas nas mãos do rei, as funções do Estado estão agora distribuídas e delimitadas em suas competências, quais sejam, o Poder Legislativo, o Poder Executivo e o Poder Judiciário.

Para além dessa divisão clássica, na França, houve a criação de órgão específico para fazer frente aos julgamentos dos atos da Administração, o denominado Conselho de Estado. Trata-se de uma função paralela àquelas concebidas por Montesquieu, uma vez que concedem ao Estado o privilégio de ter seus atos julgados por um órgão da própria Administração, e não pelo Judiciário.

Nesse sentido, a criação de uma justiça administrativa, composta por juízes internos à Administração, vai ao encontro do que promoviam os lemas libertários da Revolução Francesa.[5] Há, na atividade do Conselho de Estado, um evidente resquício do Estado Absolutista, em que a Administração ainda se preserva o direito de não ser submetida ao julgamento comum, mas somente a um órgão que compõe a estrutura do Poder Executivo.[6]

A não submissão ao Poder Judiciário significa dizer, também, a não submissão às regras estabelecidas pelo Parlamento. O Conselho de Estado não só funciona dentro da Administração como também se utiliza de regras próprias para decidir os casos envolvendo a Administração, basicamente criadas por meio de sua própria jurisprudência.

É a denominada origem pretoriana do Direito Administrativo francês, em total contradição ao que estabeleciam o dogma da separação dos poderes de Montesquieu e a vontade geral de Rousseau.[7]

---

[5] A separação da autoridade administrativa da autoridade judiciária dá ao Direito Administrativo francês um aspecto bastante original, conforme destaca Vedel. A jurisdição administrativa permite que os litígios administrativos sejam submetidos a uma jurisdição especializada, na qual não incidem as regras do direito privado, mas sim um conjunto de regras autônomas. VEDEL, Georges. *Droit Administratif*. Paris: PUF, 1973, p. 19.

[6] De acordo com a explicação de Vasco Pereira da Silva, na França se entendeu inconcebível o julgamento da Administração por "um qualquer juiz". Havia, dessa forma, um receio dos revolucionários de que os tribunais pudessem dificultar a atuação da Administração, que agora se encontrava sob boa condução, não mais ao sabor do rei. Esta visão é de certa forma compartilhada por Montesquieu, ao limitar a atividade dos juízes como "bocas da lei", restrita a pronunciar o que definido pelo Poder Legislativo. Havia uma desconfiança em relação ao poder judicial que permeava as atividades do Estado liberal, de modo que "é precisamente a tentativa de defender a Administração, traduzida na proibição do seu controle pelas autoridades judiciárias, que vai justificar a criação de órgãos administrativos especiais, como sucede com o Conselho de Estado". SILVA, Vasco Pereira da. *O contencioso administrativo no divã da psicanálise*: ensaio sobre as acções no novo processo administrativo. 2. ed. Coimbra: Almedina, 2009, p. 16-23.

[7] Rousseau prenunciou as grandes mudanças políticas da Revolução Francesa. A obra *O contrato social* foi publicada em 1762, em um contexto da Europa do século XVIII, recebido como capaz de enfraquecer o respeito dos povos para com os seus reis. Essa reação revelava

CAPÍTULO 1
33

Os membros do Conselho de Estado são protagonistas na formação do Direito Administrativo, em que ao caso concreto são aplicadas as regras que ele próprio constrói, comportando no que Paulo Otero definiu como um "rude golpe"[8] à supremacia do parlamento na criação do Direito.

Portanto, é no âmbito da atividade de um contencioso administrativo próprio, que difere do rito que se passa nos processos judiciais, que nascem as teorias do Direito Administrativo francês. No entendimento de Paulo Otero,[9] a gênese do Direito Administrativo na França revela-se violadora do princípio da separação de poderes, eis que "não se mostra consentânea com uma visão do Poder Executivo subordinado ao Poder Legislativo, lei e ao parlamento: a legalidade administrativa produzida pelo Conseil d'État é rebelde ao parlamento, alheia à lei e contrária à supremacia do Poder Legislativo", de modo que concentra a sua força no Poder Executivo.

A concepção de um órgão com a função de julgar a Administração, dentro do Poder Executivo, já é suficiente para configurar o que Vasco Pereira da Silva define como "acontecimento traumático" na origem do Direito Administrativo.[10] Além disso, e como decorrência lógica, o conteúdo deste novo ramo do Direito é moldado para privilegiar a Administração em detrimento do particular, qual seja, um Direito especial criado para preservar as garantias do Estado quando diante de alguma situação conflituosa.

---

a já presente preocupação que os ventos do Iluminismo sopravam para o autocrático contexto à época. Sua teoria da organização social e fundamentos da ordem política contradiziam os princípios estruturadores do Antigo Regime. A ideia central de Rousseau consiste na soberania do povo, que se manifesta por meio da vontade geral. A vontade geral é a manifestação de um corpo político, moral, fundado a partir do contrato social. O contrato social, por sua vez, é o instrumento utilizado por Rousseau para dar legitimidade ao sistema político de organização social e sua administração. Antes do contrato social, o homem vivia no Estado de Natureza, onde o limite era a força do indivíduo; após o contrato, o homem assume o papel de cidadão, como parte do Estado Civil, em que o limite está na vontade geral. A vontade geral não é a soma das vontades individuais, mas sim a vontade que visa ao bem comum. Diversamente do que estabelecido por Hobbes, que previa um pacto de submissão da sociedade à vontade do soberano, para Rousseau o contrato social é um ato racional dos indivíduos que passam a compor o corpo político, baseado no valor de justiça social: os compromissos assumidos a partir do pacto somente são obrigatórios porque são mútuos. Todos são iguais a partir do pacto e livres, pois obedecem a leis abstratas e impessoais, de cuja elaboração participaram diretamente. ROUSSEAU, Jean-Jacques. *O contrato social*. Porto Alegre: L&PM, 2018.

[8] OTERO, Paulo. *Legalidade e Administração Pública*: o sentido da vinculação administrativa à juridicidade. Coimbra: Almedina, 2007, p. 270.

[9] *Ibidem*, p. 271.

[10] SILVA, Vasco Pereira da. *Op. cit.*, p. 10-11.

Se houve a preocupação dos revolucionários franceses em subtrair dos juízes a função de julgar a Administração, houve também o cuidado na criação de um Direito Administrativo unilateral e privilegiado, que preservasse a *puissance publique*[11] do Estado por meio do reforço de sua autoridade e da eficácia de suas ações.[12] A contradição com o que foi perseguido pela Revolução Francesa fica evidente: no lugar de conceder maior garantia ao cidadão, o Direito Administrativo serve a apenas um sujeito, a Administração.

Assim, além do nascimento "traumático" já destacado, utiliza-se do ensinamento de Maria Sylvia Zanella Di Pietro para reforçar as "contradições e paradoxos"[13] presentes no surgimento do Direito Administrativo, os quais, segundo afirma, permanecem até os dias atuais. Em primeiro lugar, a preservação de prerrogativas à Administração em meio a um contexto de completa transformação política e social, em que a grande preocupação recaía na proteção das liberdades do cidadão. A função administrativa autônoma dos demais poderes e o primado da legalidade não impedem que sejam criadas regras especiais para a Administração Pública, garantindo-lhe uma autoridade que carrega resquícios do Antigo Regime.[14]

---

[11] A Escola da *Puissance Publique* é identificada com a centralização do poder de coação no governo do Estado. Conforme explica Juliana Bonacorsi de Palma, com base na produção acadêmica do publicista francês Maurice Hauriou, o regime administrativo permite à Administração Pública dispor da *puissance publique* para desenvolver suas atividades de tutela e de satisfação do interesse geral. São os direitos da *puissance publique* que concedem prerrogativas à Administração na sua relação marcadamente verticalizada com particulares, como forma de viabilizar o cumprimento das finalidades do Estado. Trata-se de elemento central do regime administrativo como ramo autônomo do direito comum e que exerce influência sobre o Direito Administrativo no Brasil, tal como os demais países do sistema da *civil law*. "O componente autoritário do Direito Administrativo é reconhecido pelo regime administrativo composto por prerrogativas públicas que, exorbitantes e instrumentais, terminam por colocar a Administração Pública em posição de superioridade frente ao administrado, com o qual estabelece relações administrativas verticalizadas, nos moldes da construção teórica da Escola da *Puissance Publique*". PALMA, Juliana Bonacorsi de. *Sanção e acordo na Administração Pública*. São Paulo: Malheiros, 2015, p. 38-53.

[12] MASUCCI, Alfonso. Formación y evolución del derecho administrativo en Francia y Alemania. *Revista de Administración Pública*, [s.l.], n. 184, p. 9-39, 2011, p. 10.

[13] DI PIETRO, Maria Sylvia Zanella. O Direito Administrativo brasileiro sob influência dos sistemas de base romanística e da *common law*. *Revista Eletrônica de Direito Administrativo Econômico*, [s.l.], v. 8, 2006. Disponível em: http://www.direitodoestado.com.br/redae/edicao/08. Acesso em: 21 jan. 2020.

[14] A associação do momento inicial do Direito Administrativo às práticas do Antigo Regime é destacada por Gustavo Binenbojm: "O surgimento do Direito Administrativo, e de suas categorias peculiares (supremacia do interesse público, prerrogativas da Administração, discricionariedade, insidicabilidade do mérito administrativo, entre outras), representou antes uma forma de reprodução e sobrevivência das práticas administrativas do Antigo Regime do que a sua superação. A juridicização embrionária da Administração Pública

Em seguida, o lema da legalidade também incide de forma contraditória quando se trata do início do Direito Administrativo: o Conselho do Estado francês é quem produz as regras que incidirão sobre a Administração, de modo que a jurisprudência elaborada pela jurisdição administrativa constitui-se na sua principal fonte.[15] Nessa dinâmica, julgar a Administração também significa legislar, por meio do acúmulo de funções que é atribuído ao Conselho de Estado, à revelia das atividades do parlamento e dos juízes.

Dessa forma, há uma legalidade *sui generis* na concepção do Direito Administrativo francês, pois a Administração submete-se às regras criadas pelo seu órgão julgador, tudo dentro do mesmo poder – o Executivo. Tal singularidade se expressa na ideia de que julgar a Administração é administrar,[16] em um sistema hermético, com a tentativa de blindar a intervenção dos demais poderes, em especial do Judiciário.

A fórmula de um contencioso administrativo conduzido por um administrador-juiz, com regras próprias e não submetidas a um julgamento comum proporciona um cenário em que o Executivo basicamente decide em causa própria. Nesta lógica, o Direito Administrativo, como produto do Conselho de Estado francês, "nasce estigmatizado por uma genérica suspeita de parcialidade",[17] em evidente contraste com o que ocorre com o Direito produzido pelo parlamento.

O Direito da Administração forjado na criação do Direito Administrativo estabelece, portanto, uma relação de sujeição entre autoridade e cidadão. As decisões administrativas gozam de autoexecutoriedade, sem necessidade da formação de um título judicial para imposição de sua vontade. O consentimento do indivíduo mostra-se irrelevante no processo de tomada de decisão da Administração, restando-lhe apenas a alternativa de recorrer ao Conselho de Estado para impugnar o ato que compreende abusivo.[18]

---

não logrou subordiná-la ao direito; ao revés, serviu-lhe apenas de revestimento e aparato retórico para sua perpetuação fora da esfera de controle dos cidadãos". BINENBOJM, Gustavo. *Uma teoria do Direito Administrativo*: direitos fundamentais, democracia e constituição. 3. ed. rev. e atual. Rio de Janeiro: Renovar, 2014, p. 11.

[15] DI PIETRO, Maria Sylvia Zanella. *Op. cit.*, p. 2.

[16] Essa intensa interação entre as tarefas de administrar e de julgar é definida por Vasco Pereira da Silva como "pecado original" do nascimento do Direito Administrativo. Basicamente, não há diferenciação entre as atividades de administrar e de julgar no âmbito da Administração, pois os juízes são internos ao próprio Poder Executivo. SILVA, Vasco Pereira da. *Op. cit.*, p. 13.

[17] OTERO, Paulo. *Op. cit.*, p. 279.

[18] De acordo com a explicação de Alfonso Masucci, o *recours pour excès de pouvoir* visou muito mais transparecer uma ideia de legalidade da atuação administrativa do que efetivamente

Nessa linha de proteção da autoridade da Administração, o Direito Administrativo francês coloca o indivíduo na situação de objeto destinatário da vontade do administrador, e não de sujeito de direitos perante o poder público. Essa desconsideração do indivíduo enquanto sujeito de direitos deu ao modelo inicial de Administração Pública no Estado Liberal uma configuração de "Administração-poder, investida de *imperium*, aplicadora e executora da lei através de atos típicos unilaterais (fundamentalmente a ordem, a proibição, a autorização, a concessão e a sanção), suscetíveis de execução forçosa".[19]

Com efeito, em uma análise da jurisprudência do Conselho de Estado francês, Paulo Otero extrai a consolidação de prerrogativas especiais da autoridade, como as cláusulas exorbitantes, o privilégio da autoexecutoriedade dos atos, a presunção de legalidade, a irresponsabilidade civil. Em seguida, conclui, que "só por manifesta ilusão de óptica ou equívoco se poderá vislumbrar uma gênese garantística no Direito Administrativo: o Direito Administrativo surge como o Direito da Administração Pública e não como o Direito dos administrados".[20]

A primeira sentença de Direito Administrativo enquanto ciência autônoma remonta ao caso Agnès-Blanco (1873), em que a responsabilidade da Administração resta limitada em prol de prerrogativas do poder público.[21] Esse marco inicial da aplicação do Direito Administrativo estabelece a competência do juiz administrativo para a resolução de causas que envolvam a Administração e, além disso, que caberia a este juízo construir regras próprias e diversas do que previa o *Code civil*.[22] A partir de uma elaboração jurisprudencial, o Direito Administrativo vai sendo moldado de forma a conciliar o

---

tutelar situações subjetivas dos cidadãos. Além do mais, foi imposta a exigência de comprovação do interesse de agir para a interposição do recurso administrativo, por meio da demonstração de que o ato administrativo atingiu situação pessoal do requerente. MASUCCI, Alfonso. *Op. cit.*, p. 11.

[19] SILVA, Vasco Pereira da. *Op. cit.*, p. 37.

[20] OTERO, Paulo. *Op. cit.*, p. 281.

[21] No caso, os pais de uma criança de cinco anos (Agnès Blanco) buscaram o pagamento de indenização decorrente de acidente fatal envolvendo sua filha em um vagão de trem. Por se tratar de um serviço público, tanto o Tribunal comum quanto o Conselho de Estado se declaram incompetentes, eis que entenderam que o conflito não poderia ser decidido sob as bases do Direito Civil. O Tribunal de Conflitos decidiu, então, ser o Conselho de Estado o órgão competente para o julgamento, mas, não só isso, que a indenização a ser paga deveria levar em conta a situação especial da Administração. SILVA, Vasco Pereira da. *Op. cit.*, p. 11.

[22] MASUCCI, Alfonso. *Op. cit.*, p. 13.

direito de sujeitos privados com os direitos do Estado, qual seja, com a manutenção de sua autoridade e supremacia.[23]

A importância do estudo sobre como o Direito Administrativo se desenvolveu na França decorre da sua influência sobre todos os países que adotaram a mesma família jurídica do *civil law*, dentre eles o Brasil. Conforme expõe Caio Tácito, nas primeiras obras de Direito Administrativo publicadas no país, na metade do século XIX, "transparece a fonte única da nascente doutrina francesa,"[24] ainda que aqui, no período do Império, não se tenha desenvolvido um Conselho de Estado com função tipicamente jurisdicional, mas somente consultiva.

A predominância da doutrina francesa, contudo, não impede que no desenvolvimento do Direito Administrativo no Brasil ocorram influxos de outros países, em especial de família da *common law*. Isso porque, conforme relaciona Maria Sylvia Zanella Di Pietro, com o início do período da República inaugura-se o exercício uno da jurisdição, sob responsabilidade exclusiva do Judiciário e consequente abandono da atividade do Conselho de Estado.[25]

Nos termos do já destacado, o que marcou o início do Direito Administrativo na França foi a não sujeição do Estado aos tribunais judiciais, bem como a utilização de um regime jurídico próprio para a solução de casos envolvendo autoridade e particular, algumas delas arredias também ao parlamento, eis que criadas pelos mesmos juízes administrativos. Quando, no Brasil, passa-se a submeter a Administração à autoridade do Judiciário, o Direito Administrativo igualmente se aproxima da família da *common law*, que de todas as formas repudiava a existência de uma justiça administrativa e a aplicação de regras especiais em relação ao Estado.

Sobre o ponto, esclarece-se que o Direito Administrativo da *common law* é inicialmente sustentado nas lições de Albert Venn Dicey, para quem não havia qualquer possibilidade de equiparação das regras do Direito Administrativo francês com algum ramo do Direito na

---

[23] A justiça administrativa vai aos poucos desenhando um modelo jurídico de superioridade da Administração, "especialmente quanto à supremacia e à indisponibilidade do interesse público, quanto ao caráter exorbitante e derrogatório do Direito comum de que são dotadas as normas de Direito Administrativo, quanto à continuidade dos serviços públicos e, finalmente, quanto aos princípios e regras que devem determinar a responsabilidade patrimonial do Estado por prejuízos causados aos particulares por atos ou omissões de seus agentes". ARAÚJO, Edmir Netto de. *Op. cit.*, p. 153.

[24] TÁCITO, Caio. Presença norte-americana no Direito Administrativo brasileiro. *Revista de Direito Administrativo*, [s.l.], v. 129, p. 21-33, 1977, p. 22.

[25] DI PIETRO, Maria Sylvia Zanella. *Op. cit.*, p. 4.

Inglaterra.[26] De acordo com o autor inglês, a aplicação de princípios diferentes na relação entre indivíduos e Estado (o próprio conceito de contencioso administrativo, a diferença entre atos de gestão e atos de império, e os limites entre a jurisdição das cortes e a jurisdição dos tribunais administrativos), que não se identificam com aqueles aplicados na relação entre indivíduos privados, não encontra eco na legislação inglesa.[27]

Não obstante a ausência de reconhecimento quanto à existência de um Direito Administrativo na Inglaterra, Dicey chama a atenção para o fato de que, na sua formação, o Direito Administrativo francês guarda muito mais relação com o sistema jurídico da *common law* do que propriamente do *civil law*.[28] Isso porque, houve a preocupação na França de não codificar as normas desse novo ramo Direito, cuja construção se deu muito mais por meio das decisões dos juízes administrativos do que pela letra da lei, tal como ocorre com o sistema de precedentes do *common law*.[29]

A tese de Dicey quanto à inexistência de um Direito Administrativo na Inglaterra foi posteriormente revista, pois reconhecido que existem, tanto na Inglaterra quanto nos Estados Unidos, regras administrativas direcionadas ao funcionamento do Estado e a sua relação com os particulares. A diferença está na atenuação[30] quanto à supremacia da

---

[26] Nas palavras do autor: "Droit administratif, in short, rests upon ideas absolutely foreign to English law: the one, as I have already explained, is that the relation of individuals to the State is governed by principles essentially different from those rules of private law which govern the rights of private persons towards their neighbours; the other is that questions as to the application of these principles do not lie within the jurisdiction of the ordinary Courts. This essential difference renders the identification of droit administratif with any branch of English law an impossibility". DICEY, Albert Venn; WADE, Emlyn Capel Stewart. *Introduction to the Study of the Law of the Constitution*. London: Macmillan. Disponível em: https://iorg.ca/wp-content/uploads/2017/05/INTRODUCTION-TO-A.V.Dicey-min.pdf. Acesso em: 23 jan. 2020.

[27] O reconhecimento de uma *puissance publique* (atos de império) e de prerrogativas processuais ao Estado não obedecem aos princípios do *rule of law* e do *due process of law*, uma vez que diferenciam a aplicação da lei conforme o sujeito, no caso a Administração.

[28] DICEY, Albert Venn; WADE, Emlyn Capel Stewart. *Op. cit.*

[29] Maria Sylvia Zanella Di Pietro também chama atenção para o fato: "É curioso que, embora o direito francês considerasse o princípio da legalidade como uma das bases do Direito Administrativo, na prática, afastou-se desse postulado, na medida em que a jurisprudência adotada pela jurisdição administrativa transformou-se, aos poucos, na principal fonte do Direito Administrativo. No direito francês, falar em princípio da legalidade significa falar na força obrigatória das decisões do Conselho de Estado, órgão de cúpula da jurisdição administrativa". DI PIETRO, Maria Sylvia Zanella. *Op. cit.*, p. 6.

[30] Explica Edmir Netto de Araújo que a Administração se coloca em posição horizontal em relação ao particular, ao contrário da verticalidade (*puissance publique*) que impera no Direito Administrativo de base francesa, em que há prerrogativas de autoridade pública.

autoridade e na utilização de regras privadas para disciplinar as relações com os particulares.[31]

Ainda que marcadas as diferenças no desenvolvimento do Direito Administrativo a depender do sistema jurídico adotado, utiliza-se do ensinamento de Floriano de Azevedo Marques Neto para afirmar que, no Brasil, ocorre uma "influência recíproca" da tradição do *civil law* e do *common law* sobre esse ramo do Direito, seguindo a tendência de uma maior "comunicabilidade" entre os sistemas para a formação de um "Direito Administrativo global".[32] Consoante o que já anteriormente explanado, esta ruptura com a hegemonia da influência do Direito Administrativo francês deu-se com o início da República, quando a Administração passa a se submeter ao julgamento pelo Judiciário e não mais ao Conselho do Estado, cujas funções são extintas.

Nessa linha, são diversas as influências que incidem sobre o Direito Administrativo no Brasil, ainda que aqui, diferentemente do que ocorreu na França, sua base encontre-se fundamentalmente na lei e não na jurisprudência. Não obstante, o que interessa para a presente pesquisa é destacar a semelhança com o país francês quanto ao estabelecimento do regime jurídico de direito público, derrogatório e exorbitante do Direito comum.

1.2 O Direito Administrativo que se aproxima da sociedade

Uma vez exposto ao leitor o nascimento do Direito Administrativo, sem ignorar seus "traumas", "pecados" e "contradições", avança-se no sentido de explorar a evolução dessa ciência até os dias atuais, de modo a demonstrar o que mudou e o que ainda permanece desde a sua origem.

Mais uma vez, cabe trazer a noção de que o Direito Administrativo não é uma ciência de dogmática definida e imutável, pois seu conteúdo

---

No entanto, destaca o autor que "há fatos e atos, mesmo nos países britânicos, que deixam clara a prevalência do interesse público sobre interesses ou mesmo direitos dos particulares, como desapropriações, atos do poder de polícia, ruptura de contratos prejudiciais ao Estado, auto-executoriedade de regras de trânsito, etc., e esta prevalência é a pedra angular do Direito Administrativo." ARAÚJO, Edmir Netto de. *Op. cit.*, p. 159.

[31] A noção de soberania jurídica revela que a vontade estatal será, em essência, superior à vontade privada. No entanto, não escapa da absoluta submissão ao Direito, autolimitação esta que não se fazia presente no período do *Ancien Régime*. DALLARI, Dalmo de Abreu. *Elementos de teoria geral do Estado*. 19. ed. São Paulo: Saraiva, 1995, p. 69-70.

[32] MARQUES NETO, Floriano de Azevedo. O Direito Administrativo no sistema de base romanística e de common law. *Revista de Direito Administrativo*, [s.l.], v. 268, p. 55-81, 2015.

é intrinsecamente relacionado com a configuração da Administração em dado momento histórico. Quer isso dizer que os conceitos de Direito Administrativo e a interpretação de suas regras invariavelmente levam em conta o papel do Estado perante a sociedade e a sua relação com os cidadãos.[33]

A passagem do Estado liberal para o Estado social e democrático evidencia a indigitada correlação, quando se percebe que os fundamentos do liberalismo não mais são suficientes para atender às demandas da sociedade, sobretudo no período após a 1ª Guerra Mundial.[34] Com efeito, a concepção de um Estado liberal que tem como função principal resguardar a liberdade individual de seus cidadãos cede espaço, a partir de meados do século XIX, para um Estado que "passa a assumir tarefas positivas, prestações públicas, a serem asseguradas ao cidadão como direitos peculiares à cidadania, agindo, assim, como ator privilegiado do jogo socioeconômico".[35]

Nesse contexto, a Administração Pública abandona a feição "vertical, autoritaria, alejada del ciudadano", em que o Estado era separado da sociedade, para assumir uma postura mais democrática, mais próxima dos cidadãos, incumbida a promover o bem-estar social e econômico e a igualdade material[36]. A Administração Pública do Estado liberal calcava-se no modelo de "Administração-poder", cuja finalidade

---

[33] Nas palavras de Odete Medauar, "o modo como se configuram as relações entre o Estado e a sociedade repercute no Direito Administrativo". Acrescenta a autora que o Direito Administrativo é ciência de criação recente, consolidada a partir da metade do século XIX. Ainda que inicialmente de elaboração jurisprudencial ou pretoriana, por meio das atividades do *Conseil d'État*, a tendência atual é de elaboração legislativa de seus institutos e princípios. Não obstante, o Direito Administrativo em geral não encontra suas normas englobadas em um único texto, a exemplo da codificação do direito civil e do direito penal. No Brasil, o Direito Administrativo não se encontra codificado, "daí a importância dos princípios, sobretudo para possibilitar a solução de casos não previstos, para permitir melhor compreensão dos textos esparsos e para conferir certa segurança aos cidadãos quanto à extensão de seus direitos e deveres". MEDAUAR, Odete. *Direito Administrativo Moderno*. 20. ed., rev. atual. e ampl. São Paulo: Editora dos Tribunais, 2016, p. 48, p. 56-57 e p. 148.

[34] Essa mutação do intervencionismo estatal, de condição de excepcionalidade à exigência de sua prática para seus direitos sociais e políticos sejam assegurados, decorre de determinados eventos históricos e, também, é fruto das próprias transformações que o modelo liberal propiciou. A Revolução Industrial e as necessidades do proletariado, assim como a Crise de 1929 e as duas Guerras Mundiais, demandaram do Estado maior controle da economia, culminando na inviabilidade da separação entre economia e política a fim de manutenção da estabilidade social. MOREIRA, Alexandre Mussoi. *A transformação do Estado*: neoliberalismo, globalização e conceitos jurídicos. Porto Alegre: Livraria do Advogado, 2002.

[35] STRECK, Lenio Luiz; MORAIS, José Luiz Bolzan de. *Ciência política e teoria do estado*. 8. ed. rev. e atual. Porto Alegre: Livraria do Advogado, 2014, p. 64.

[36] GARCÍA, José Eugenio Soriano. El concepto de Derecho Administrativo y de la Administración Pública en el Estado social y democrático de Derecho. *Revista de Administración Pública*, [s.l.], n. 121, p. 149-158, 1990.

A PREPONDERÂNCIA DO ESTADO NO GERENCIAMENTO DE CONFLITOS DA ADMINISTRAÇÃO PÚBLICA

maior era garantir a liberdade dos particulares por meio da aplicação da lei e de atos unilaterais, com poder de império.[37] Nessa lógica, o cidadão não era alçado à condição de sujeito perante a Administração, pois não se cogitava da possibilidade de ele pleitear algum cumprimento por parte do Estado. O que fundamentava a submissão da sociedade ao poder do Estado era a garantia de que este iria promover a segurança da propriedade e a liberdade, de modo que o arcabouço jurídico sustentava o ato estatal predominantemente autoritário.

A partir do advento do Estado Social, explica José Sérgio da Silva Cristóvam que "o poder público passa a assumir o protagonismo na consecução e na concretização dos direitos sociais, exigindo da Administração Pública uma postura muito ativa e prestacionista,"[38] não mais bastando aquele abstencionismo característico do Estado liberal. Por consequência, a assunção dessa postura mais ativa reflete de modo significativo na relação Estado-administrado, em que o ato administrativo unilateral e autoritário cede espaço para o conceito de serviço público,[39] que visa primordialmente satisfazer a necessidade dos cidadãos.[40]

---

[37] SILVA, Vasco Pereira da. *Op. cit.*, p. 37.

[38] CRISTÓVAM, José Sérgio da Silva. *Administração Pública democrática e supremacia do interesse público*: novo regime jurídico-administrativo e seus princípios constitucionais estruturantes. Curitiba: Juruá, 2015, p. 74.

[39] A noção de serviço público tem origem a partir de autores franceses que integram a linha de pensamento conhecida como Escola do Serviço Público. Trata-se de proposta que intenciona superar o fundamento do Direito Administrativo na *puissance publique* para a ideia de serviço público, com a afirmação de que é obrigação do Estado o provimento dos serviços públicos necessários à coletividade: "El Derecho público moderno se convierte en um conjunto de reglas que determinan la organización de los servicios públicos y aseguran su funcionamiento regular e ininterrumpido. De la relación de soberano a súbditos no queda nada. Del Derecho subjetivo de soberania, de poder, tampoco. Pero sí una regla fundamental, de la cual se derivan todas las demás: la regla que impone a los governantes la obligación de organizar los servicios públicos, de fiscalizar su funcionamiento, de evitar toda interrupción." DUGUIT, León. *Las Transformaciones del Derecho Público*. Buenos Aires: Editorial Heliasta, 2001, p. 37. A caracterização do serviço público é que ele é regulado por um regime próprio, de direito público, tendo em a conta sua finalidade de atender ao bem comum. "Se uma atividade é considerada serviço público, ela vai ser merecedora de um regime próprio. Existirá também uma série de condicionantes, uma série de sujeições que o prestador terá que observar. A função dessas atividades como serviços públicos, atribui ao Estado responsabilidade com relação a estas atividades (prestando, fiscalizando ou regulando). Antes de saber qual é o figurino jurídico, o regime jurídico, é importante saber que existe um dever do Estado quanto a essas atividades, justamente por serem consideradas serviços públicos (tanto na concepção tradicional, como nas atividades econômicas de interesse geral ou dos serviços públicos no regime de competição)". KLEIN, Aline Lícia; MARQUES NETO, Floriano Peixoto Azevedo. *In*: DI PIETRO, Maria Sylvia Zanella (coord.). *Tratado de Direito Administrativo* – v. 4. Funções administrativas do Estado. São Paulo: Thomson Reuters Brasil, 2019, p. RB-4.2 [livro eletrônico].

[40] Da mesma forma, a explicação de Afonso Masucci: "La función administrativa, encerrada hasta entonces en la legalidad e imperatividad de la resolución administrativa, se extiende

Então, essa transformação das funções do Estado atinge o conteúdo do Direito Administrativo, eis que inicialmente concebido para tratar do papel de garantidor de direitos. No Estado Social, por sua vez, exigem-se prestações positivas do Estado e a sua atuação passa a ser de colaboração com a sociedade.[41]

Essa mudança de concepção é verificada quando o contencioso administrativo francês se torna jurisdicionalizado, configurando-se em uma justiça autônoma e delegada por lei. A partir de um processo longo e demorado, construído pela jurisprudência e com intervenção do legislador, passa-se a ter um verdadeiro tribunal, "cujo fim não é a defesa da Administração, mas a garantia dos direitos dos particulares".[42] Neste momento, pode-se começar a falar da transição do "Direito da Administração" para o "Direito Administrativo".

Daí que o advento do Estado Social contribui de maneira significativa para a transformação do Direito Administrativo, não só na França, mas também nos países do sistema da *common law*. Passa-se a adotar um Direito especial para a realização de políticas públicas de bem-estar, em que a relação entre público e privado "deixa de ser exclusivamente episódica e conflitual para se tornar permanente e de colaboração".[43]

Por consequência, a autoridade do ato administrativo unilateral,[44] que visava precipuamente garantir a liberdade dos cidadãos, é paulatinamente substituída pela atuação colaborativa entre Estado e sujeitos privados, no intuito de dar cabo às novas e crescentes demandas sociais.

---

a la de mecanismo productor de utilidades o de prestaciones para satisfacer intereses colectivos. La Administración pública fue llamada a garantizar el acceso de los individuos a aquellos bienes o servicios útiles o necesarios, a dar plenitud a la vida del individuo en su dimensión social". MASUCCI, Alfonso. Formación y evolución del derecho administrativo en Francia y Alemania. *Revista de Administración Pública*, [s.l.], n. 184, p. 9-39, 2011, p. 20.

[41] Conforme pontua Ingo Sarlet, os direitos sociais "reclamam uma atuação positiva do legislador e do Executivo, no sentido de implementar a prestação que constitui o objeto do direito fundamental. Neste sentido, enquanto os direitos de liberdade demandam uma abstenção da atividade estatal no que diz respeito à liberdade dos indivíduos, os direitos sociais "encontram-se intimamente vinculados às tarefas de melhoria, distribuição e redistribuição dos recursos existentes, bem como à criação de bens essenciais não disponíveis para todos os que deles necessitem". SARLET, Ingo Wolfgang. *A eficácia dos direitos fundamentais*: uma teoria geral dos direitos fundamentais na perspectiva constitucional. 10. ed., rev. atual. e ampl. Porto Alegre: Livraria do Advogado, 2011, p. 284.

[42] SILVA, Vasco Pereira da. *Op. cit.*, p. 53.

[43] *Ibidem*, p. 55.

[44] Sobre a presença da unilateralidade e imperatividade como atributos do ato administrativo, Juliana Bonacorsi de Palma observa o destaque concedido pela doutrina nacional de Direito Administrativo, sob o fundamento da sua instrumentalidade para a realização do interesse público. Dessa forma, a relação de passividade e de sujeição dos administrados é a forma predominante de contato com a Administração, sendo a ausência de tais atributos caracterizada como exceção. PALMA, Juliana Bonacorsi de. *Op. cit.*, p. 84-85.

Aquela atuação distante e desfavorável ao particular perde força para a configuração de um ato muito mais prestacional, cujo destinatário não mais é um objeto de coerção, mas sim um sujeito titular de direitos a serem atendidos pelo poder público.

Na dicção de Onofre Alves, afirma-se que a passagem da Administração Pública "agressiva" do Estado liberal para uma Administração "prestadora" do Estado social inevitavelmente passa a "flexibilizar e diversificar os seus modos de atuação, deixando de lado, por vezes, os meios autoritários, em prol de outras formas de atuar mais consensuais."[45] Nesse sentido, avança-se na utilização do contrato como uma das formas de atuar do poder público, em que a colaboração e o consenso começam a ganhar espaço na relação entre Administração e sujeitos privados.[46]

Assim é que a doutrina do Direito Administrativo parcial e autoritário não conversa com a opção constitucional do regime democrático, além de impedir que a Administração atue de maneira mais eficiente. Isso porque o Estado é insuficiente de, sozinho, dar conta das demandas que lhe foram impostas pela Constituição, tornando-se a cooperação uma condição para o funcionamento da Administração.[47]

Nessa lógica, a dogmática do Direito Administrativo superior ao particular está distante da realidade das relações entre Estado e

---

[45] "A Administração Pública prestadora, diferentemente da administração "agressiva", que se valia do ato de autoridade como instrumento privilegiado, quando não exclusivo, tenda, cada vez mais, a flexibilizar e diversificar os seus modos de atuação, deixando de lado, por vezes, os meios autoritários, em prol de outras formas de atuar mais consensuais, tais como a "privatização", a "contratualização" e a "tecnicização". BATISTA JÚNIOR, Onofre Alves. *Transações administrativas*. São Paulo: Quartier Latin, 2007, p. 245.

[46] A contratualização administrativa é fenômeno que se destaca a partir da crescente utilização de instrumentos contratuais pela Administração Pública a fim de dar cumprimento às suas obrigações, com preferência de mecanismos negociais de acordo de vontades, em detrimento à intervenção direta, coercitiva e unilateral. No ensinamento de Gustavo Justino de Oliveira, a contratualização administrativa é concebida como uma das expressões da consensualidade administrativa, em conjunto com a concertação administrativa, que se relaciona à maior participação do cidadão no processo de tomada de decisões pelo poder público, a exemplo da audiência e da consulta pública: "[...] entende-se como formas de expressão da administração consensual o modo de atuação dos órgãos e entidades administrativas a partir de bases e de procedimentos que privilegiam o emprego de técnicas, métodos e instrumentos negociais, propondo-se a atingir resultados que normalmente poderiam ser alcançados por meio da ação impositiva e unilateral da Administração Pública. A concertação administrativa e a contratualização administrativa podem ser arroladas como formas de expressão da Administração consensual". OLIVEIRA, Gustavo Justino de. A administração consensual como a nova face da Administração Pública no século XXI: fundamentos dogmáticos, formas de expressão e instrumentos de ação. *In*: OLIVEIRA, Gustavo Justino de. *Direito Administrativo democrático*. Belo Horizonte: Fórum, 2010, p. 222.

[47] SCHMIDT-ASSMANN, John Eberhard. *La teoria general del derecho administrativo como sistema*. Madrid; Barcelona: INAP; Marcial Pons, 2003, p. 115.

sociedade, a qual demanda um estilo muito mais cooperativo e consensual a fim de que bons resultados sejam alcançados. Essa forma de atuação conjunta resulta no que Schimidt-Assmann denomina "Direito Administrativo democrático",[48] cujo estilo de administrar encontra no consenso e na participação critérios de tomada de decisão.

Essa mudança de perspectiva da relação do Estado com a sociedade e consequentemente na interpretação das regras do Direito Administrativo revela-se etapa fundamental para a implementação da consensualidade administrativa. Contudo, ainda que já se possa falar em horizontalidade das relações público-privadas, é certo que remanescem concepções do século XIX na aplicação do regime jurídico-administrativo, conforme se verá a seguir.

1.3 O clássico ensinamento do conceito de interesse público e de seus atributos

A exposição até aqui realizada em relação ao percurso do Direito Administrativo, desde o Estado moderno liberal até o Estado de Direito constitucional, permite concluir pela elasticidade de suas teorias, a depender da configuração da estrutura de poder estatal e, sobretudo, do modo como esta estrutura se relaciona com a sociedade. A escolha da elasticidade para adjetivação dos conceitos de Direito Administrativo tem como objetivo despertar o leitor para o assunto que ora se introduz, justamente porque se abordarão concepções da doutrina nacional que parecem ter escapado à ideia de maleabilidade, quais sejam, a supremacia do interesse público e a sua indisponibilidade.[49]

Importante ponderar que não se defende a extinção dos referidos atributos, os quais se revelam essenciais para atuações determinadas do poder estatal, trazendo como exemplo o instituto da desapropriação. O ponto aqui desenvolvido diz respeito aos significados que tais conceitos receberam na aplicação do Direito Administrativo no Brasil, com enfoque na doutrina nacional. Busca-se com isso demonstrar que a possibilidade de soluções consensuais com a Administração permaneceu por muito tempo adormecida e suscetível de questionamentos.

---

[48] *Ibidem*, p. 115.

[49] Na lição de Celso Antônio Bandeira de Mello, ao Direito Administrativo é atribuída uma disciplina normativa peculiar, que consiste no regime jurídico-administrativo. A supremacia do interesse público sobre o interesse privado e a indisponibilidade, pela Administração, dos interesses públicos, consistem, em suas palavras, nas "pedras de toque" desse regime especial. MELLO, Celso Antônio Bandeira de. *Curso de Direito Administrativo*. 25. ed. São Paulo: Malheiros, 2008, p. 55.

A PREPONDERÂNCIA DO ESTADO NO GERENCIAMENTO DE CONFLITOS DA ADMINISTRAÇÃO PÚBLICA

Assim, a teoria psicanalítica adotada por Vasco Pereira da Silva[50] para explicar os "traumas" que acometeram o "nascimento" e a "infância" do Direito Administrativo ganha um sentido ainda maior no que diz respeito à interpretação e aplicação dos indigitados conceitos em território nacional. Isso porque remanescem os contornos de superioridade e de privilégios à Administração quando se aborda o interesse público, como se o trauma da atividade pretoriana do Conselho de Estado francês ainda assombrasse a sua definição.

De acordo com o já exposto, o Direito Administrativo no Brasil é fruto de uma aglomeração de teorias originárias de diferentes países, prevalecendo, contudo, a influência francesa.[51] Também foi explicado que o passado autoritário do ato administrativo típico do Estado liberal transmutou-se para outras formas de manifestação, que permitiram ao poder público atender às demandas sociais e, ao mesmo tempo, estabelecer relações mais horizontais com o setor privado.

Para acompanhar esse trajeto evolutivo até se chegar à adoção da consensualidade como uma das maneiras de agir da Administração Pública – tema central da presente pesquisa –, necessário se faz analisar, preliminarmente, a acepção do interesse público como algo de valor supremo e indisponível. Ainda, de que forma tais classificações contribuem para "alimentar os traumas" do passado e, consequentemente, impedir um desenvolvimento mais pleno do Direito Administrativo, já na fase adulta.

Veja-se que a noção de interesse público possui papel primordial no estudo do Direito Administrativo.[52] E quando se fala em consensualidade na Administração, a relevância da compreensão do conceito de interesse público ganha contornos ainda mais acentuados. A implementação da solução extrajudicial de conflitos e da realização de acordos pelos órgãos administrativos somente ganha sentido se houver o atendimento do interesse público no seu procedimento, tanto na escolha da via do acordo quanto no cumprimento de seus termos.

---

[50] SILVA, Vasco Pereira da *Op. cit.*, p. 8-11.

[51] De acordo com o que conclui Juliana Bonacorsi de Palma, "o Direito Administrativo brasileiro é notadamente autoritário, em razão da presença de prerrogativas públicas, fundamentadas no poder estatal e teorizadas com base na Escola da *Puissance Publique*. PALMA, Juliana Bonacorsi de. *Sanção e Acordo na Administração Pública*. São Paulo: Malheiros, 2015, p. 38-53. Discorda-se da qualificação, pois pode ensejar interpretação no sentido de obediência absoluta e inquestionável às suas regras, o que é incompatível com o Estado Democrático de Direito. Lida-se, é certo, com a autoridade administrativa, não importando dizer que a prevalecerá uma conduta em desacordo com os direitos assegurados, em especial aqueles previstos na Constituição Federal de 1988.

[52] VEDEL, Georges. *Op. Cit.*, p. 310.

Conforme foi exposto no item anterior, a inspiração francesa sobre o Direito Administrativo pátrio permite compreender a existência de um regime jurídico-administrativo próprio, que visa regular as atividades da Administração por meio de regras que diferem daquelas que incidem sobre as relações privadas. Em uma acepção tradicional desse regime jurídico, a supremacia do interesse público e a sua indisponibilidade dão a estrutura normativa e a sustentabilidade para os atos do poder público, de forma a contribuir para o afastamento do Estado em relação aos indivíduos.

Nos termos do que explica José Sérgio da Silva Cristóvam, o paradigma tradicional do Direito Administrativo remonta à sua origem autoritária, cuja base encontra-se "alicerçada na posição privilegiada (assimetria em relação aos particulares) do órgão encarregado de zelar pelo interesse público e na sua condição de supremacia nas relações com os particulares em geral (verticalização)."[53] Nesse sentido, ao tratar do conceito de supremacia, leciona o autor que a sua base está na concepção do Estado liberal-abstencionista, em que o ato estatal era revestido de superioridade e de imperatividade, sob a justificativa de bem preservar a integridade dos indivíduos.[54]

No clássico ensinamento de Celso Antônio Bandeira de Mello, a supremacia do interesse público enquanto "axioma reconhecível no moderno direito público" permite a sustentação de uma posição privilegiada da Administração com os particulares, com fundamento na proteção do interesse público. Daí decorrem, por exemplo, a presunção de veracidade e legitimidade dos atos administrativos, o benefício de prazos maiores ao longo do processo judicial, o poder de autotutela e a autoexecutoriedade dos atos administrativos.[55]

Em conjunto com a supremacia do interesse público, o autor também elenca a indisponibilidade do interesse público como princípio estrutural do regime jurídico-administrativo. Nele se sustenta a ideia de que "os bens e interesses não se acham entregues à livre disposição da vontade do administrador", eis que o titular do interesse público é o Estado, não a Administração.[56]

Nessa linha, o interesse público pertence à coletividade, cabendo ao administrador apenas "curá-los". Bandeira de Mello conclui ainda

---

[53] CRISTÓVAM, José Sérgio da Silva. *Op. cit.*, p. 245.

[54] *Ibidem*, p. 126.

[55] MELLO, Celso Antônio Bandeira de. *Curso de Direito Administrativo*. 25. ed. São Paulo: Malheiros, 2008, p. 70. Tais características serão tratadas no item 1.3 do presente capítulo.

[56] *Ibidem*, p. 74.

que, em decorrência do princípio da indisponibilidade, demais princípios se aplicam à Administração Pública, como o princípio da legalidade, da isonomia dos administrados em face da Administração, da publicidade, da inalienabilidade dos direitos concernentes a interesses públicos e do controle jurisdicional sobre os atos administrativos.[57]

Na ponderação feita por Hely Lopes Meirelles, o Direito Administrativo admite a aplicação de regras de direito privado, sem perder de vista as exigências de "regras próprias de interpretação" desse ramo do direito público. Tal diferenciação decorre, segundo o autor, dos fins sociais e da tutela do interesse público aos quais o Direito Administrativo se destina, de modo que as leis, atos e contratos relacionados ao poder público sejam interpretados de maneira específica.

Essa interpretação específica deve ser orientada de acordo com três princípios básicos, quais sejam: a desigualdade jurídica entre Administração e administrado; a presunção de legitimidade dos atos da Administração e, por fim, o uso do poder discricionário para que a Administração possa atender ao interesse público.[58] Dito isso, Meirelles avança em seus ensinamentos para afirmar que a supremacia da Administração é resultado da prevalência dos interesses coletivos sobre os individuais, da qual derivam "inegáveis privilégios e prerrogativas" ao poder público. Além disso, ao intérprete cabe dispensar a Administração da comprovação da legitimidade de seus atos, incumbindo ao particular a prova em contrário, bem como respeitar a existência de poderes discricionários às autoridades administrativas para a adequada realização do interesse público.[59]

Seguindo a mesma linha de raciocínio, a supremacia do interesse público e a sua indisponibilidade são categorizados por José dos Santos Carvalho Filho como "princípios reconhecidos", uma vez que, embora não previstos no art. 37 da Constituição Federal,[60] são aceitos

---

[57] *Ibidem*, p. 75.

[58] Dessa forma, ao invés da igualdade de partes estabelecida na relação entre particulares, sob as regras do direito público há supremacia do poder público sobre os cidadãos: "Dessa desigualdade originária entre a Administração e os particulares resultam inegáveis privilégios e prerrogativas para o poder público, privilégios e prerrogativas que não podem ser desconhecidos nem desconsiderados pelo intérprete ou aplicador das regras e princípios desse ramo do Direito. Sempre que entrarem em conflito o direito do indivíduo e o interesse da comunidade, há de prevalecer este, uma vez que o objetivo primacial da Administração é o bem comum." MEIRELLES, Hely Lopes. *Direito Administrativo Brasileiro*. 35. ed. São Paulo: Malheiros, 2009, p. 50.

[59] *Ibidem*, p. 50.

[60] Os princípios aplicáveis à Administração Pública foram estabelecidos de forma expressa no art. 37 da Constituição Federal. São eles: legalidade, impessoalidade, moralidade, publicidade e eficiência.

e aplicados tanto pela doutrina quanto pela jurisprudência. Carvalho Filho afirma ainda que a prevalência do interesse coletivo sobre o particular encontra fundamento na própria configuração do Estado do bem-estar (*Welfare State*), o qual destina proteção maior os interesses sociais se confrontados com os individuais.[61]

Nessa lógica, o Estado, enquanto garantidor do bem-estar social, tem seus interesses preservados no caso de situações de conflito com interesses individuais. A "preponderância das maiorias" é o motor que conduz a esta supremacia, explica o autor, pois as "as atividades administrativas são desenvolvidas pelo Estado para benefício da coletividade".[62]

A respeito do princípio da indisponibilidade, Carvalho Filho reforça o primado do interesse da coletividade, "verdadeira titular dos direitos e interesses públicos", o que impede a Administração de livremente deles dispor.[63] No mesmo sentido, Meirelles destaca que não é a Administração a titular do interesse público, mas sim o Estado, de modo que somente por lei pode haver a disponibilidade ou renúncia a tais direitos.[64]

Desse modo, é possível aferir que o regime jurídico-administrativo estabelecido no Brasil acolhe a verticalidade nas relações da Administração com a sociedade, por meio do estabelecimento de prerrogativas públicas em detrimento da vontade dos particulares. Essas prerrogativas estão fundamentadas na manutenção da ordem pública, com a faculdade de imposição unilateral da decisão administrativa ao administrado.[65]

A possibilidade de a Administração atuar de forma unilateral pode tornar confusa a perspectiva de celebração de acordos, como se para haver consensualidade devessem ser extintas as prerrogativas a ela conferidas. No entanto, reforça-se que não é intuito da autora defender a eliminação dos atos de autoridade, mas sim trazer a lume uma fundamentação adequada para o desenvolvimento da

---

[61] CARVALHO FILHO, José dos Santos. *Manual de Direito Administrativo*. 17. ed. rev. ampl. e atual. São Paulo: Malheiros, 2007, p. 25-26.

[62] *Ibidem*, p. 26.

[63] *Ibidem*, p. 27-28.

[64] MEIRELLES, Hely Lopes. *Op. cit.*, p. 105.

[65] "Afirmar a unilateralidade de determinado provimento administrativo significa reconhecer que as decisões administrativas foram definidas de forma autônoma à vontade do administrado, sujeito passivo da imposição do teor do ato administrativo. Ainda que coincidente com a vontade do administrado, a decisão administrativa unilateral não se emoldura sobre um acordo entre Administração Pública e administrado, pois que fruto do exercício do poder estatal". PALMA, Juliana Bonacorsi de. *Op. cit.*, p. 74.

consensualidade administrativa, não obstante as peculiaridades do regime jurídico-administrativo.

1.4 Começando a desmistificar: o interesse público e as relações mais paritárias

Delineados os conceitos da doutrina *clássica* do Direito Administrativo no Brasil, importa a referência contemporânea de que a verticalização na relação entre Estado e particular vem cedendo espaço para relações mais horizontais, com maior paridade entre partes pública e privada. A mudança de paradigma está intrinsecamente ligada à transformação das atividades da Administração, na medida em que o Estado passa a se valer de entes privados para atingir suas finalidades essenciais.

Nos termos do já exposto, a passagem do Estado liberal para o Estado social coloca em evidência a necessidade de mudança da estrutura da Administração e de sua forma de agir, não mais bastando o modelo burocrático, que veio para substituir o patrimonialismo do período monárquico. Com efeito, a adoção da Administração burocrática serviu não apenas para delimitar o público e o privado, o que não ocorria à época do absolutismo, mas também para separar a atividade política da atividade da Administração.[66]

Ocorreu que esse modelo mais racional e legalista de conduzir as ações estatais foi conveniente para um determinado contexto histórico, em que do Estado era esperada uma postura essencialmente abstencionista, só excepcionada para atos de preservação do direito da liberdade, valor máximo da sociedade iluminista. À medida que o contexto social modifica e evolui, também o Estado se adapta para atender às crescentes demandas oriundas do crescimento econômico, sem se esquecer das prestações sociais.

Nesse sentido, o Estado social exige maior eficiência e agilidade para atendimento das novas demandas, resultando em uma crise do modelo burocrático.[67] No diagnóstico de Luiz Carlos Bresser Pereira,

---

[66] BRESSER-PEREIRA, Luiz Carlos. Da Administração Pública burocrática à gerencial. *Revista do Serviço Público*, Brasília, ano 47, v. 120, n. 1, p. 7-29, jan./abr. 1996, p. 10.

[67] Acerca da demanda por eficiência na atuação estatal, explica Luiz Carlos Bresser Pereira a sua relação com o incremento nas atribuições do Estado: "O problema da eficiência não era, na verdade, essencial. No momento, entretanto, que o Estado se transformou no grande Estado social e econômico do século XX, assumindo um número crescente de serviços sociais – a educação, a saúde, a cultura, a previdência e a assistência social, a pesquisa

ELISA BERTON EIDT
AUTOCOMPOSIÇÃO NA ADMINISTRAÇÃO PÚBLICA

o excesso de formalismo e procedimentalização resultou em alto custo e baixo desempenho das ações estatais, cujas rotinas estavam muito mais voltadas para a própria estrutura do Estado do que para o cidadão. A partir desta insuficiência, avança-se para uma Administração gerencial, com menores níveis hierárquicos e mais descentralização, com a mitigação da desconfiança generalizada que incidia sobre os administradores públicos e cidadãos e com foco mais voltado para resultados do que processos, em atendimento ao cidadão.[68]

No momento em que a Administração começa a interagir com o indivíduo, novas interpretações do Direito Administrativo vêm acompanhar essa nova configuração de relação. A verticalização perde cada vez mais sentido, na medida em que se percebe que a estrutura do Estado existe para servir à sociedade e, mais que isso, que essa estrutura depende do setor privado para bem realizar suas atividades.

Disso decorre, na dicção de Gustavo Henrique Justino de Oliveira, uma inegável "retração da Administração de cunho autoritário",[69] em favor de relações mais horizontais com o particular, em que a colaboração de esforços assume papel de maior destaque para a consecução das finalidades estatais. As atividades negociais configuram a Administração consensual e provocam uma mudança do eixo do Direito Administrativo, "que passa a ser orientado pela lógica da autoridade, continuamente permeada e temperada pela lógica do consenso".[70]

Tal concepção é corolário lógico da mudança de perspectiva do Estado, seus órgãos e suas funções, os quais descem de seus pedestais

---

científica – e de papeis econômicos – regulação do sistema econômico interno das relações econômicas internacionais, estabilidade da moeda e do sistema financeiro, provisão de serviços públicos e de infraestrutura –, o problema da eficiência tornou-se essencial". *Ibidem*, p. 11.

[68] *Ibidem*, p. 10-11. A pauta da reforma da Administração Pública no Brasil, ocorrida no final do século XX, visou trazer maior competitividade, eficiência e transparência às atividades da Administração. José Matias-Pereira bem sintetiza as deficiências da estrutura estatal, que a tornam incapaz de responder aos desafios da modernidade: a) intempestividade nas respostas; b) forma de funcionamento não competitivo em nível global; processos de decisão longos e complexos, "que impedem a resolução, em tempo útil, dos problemas dos cidadãos e que criam desconfiança em matéria de transparência e de legalidade"; d) funcionários públicos desmotivados e desvalorizados. MATIAS-PEREIRA, José. Administração Pública comparada: uma avaliação das reformas administrativas do Brasil, EUA e União Europeia. *Revista de Administração Pública*, [s.l.], v. 42, p. 61-82, 2008.

[69] OLIVEIRA, Gustavo Henrique Justino de. A arbitragem e as parcerias público-privadas. *Revista de Direito Administrativo*, v. 241, p. 241-272, 2005, p. 252.

[70] *Ibidem*, p. 253.

para patamares mais igualitários com cidadãos e entidades privadas.[71]

A preservação dos interesses da autoridade administrativa em toda e qualquer situação não se coaduna com a permeabilidade advinda das demandas de cunho social, das novas tecnologias e da fluidez das relações sociais.

A paridade de posições que emerge a partir de interesses mútuos permite compreender o conceito de interesse público como algo convergente, qual seja, que alia interesses do poder público e do setor privado.[72] Nesse sentido, não haveria um duelo entre o que quer o Estado e o que almeja o particular, nem bem uma exclusividade na titularidade do interesse público.

No contexto iluminista de formação do Estado de Direito Liberal, predominou o uso da coerção nas relações com a sociedade, o que se coadunava com a finalidade maior do aparato estatal, de garantia de liberdade. Por sua vez, o Estado Democrático de Direito, que tem sua base formada a partir da segunda metade do século XX, apresenta um modelo político que permite o desenvolvimento do consenso no âmbito das relações cada vez mais paritárias entre Estado e sociedade, com o "primado da concertação sobre a imposição".[73]

A abertura para um modelo de Estado menos autoritário e fundado em valores que emanam dos direitos fundamentais e da primazia da cidadania reflete na conceituação do interesse público. O constitucionalismo que emerge após a 2ª Guerra Mundial traz para o Direito Administrativo novos conceitos, a partir de novos pactos que são firmados entre Estado e sociedade, não mais imperativos, mas sobretudo contratuais.[74]

---

[71] Há uma mudança de paradigma na relação entre Estado e cidadão, saindo de um "paradigma bipolar", onde os interesses estão contrapostos, para um paradigma mais policêntrico, em que há maior intercâmbio das relações, de modo a permitir a ponderação dos interesses envolvidos e a abrir espaço para negociações. CASSESE, Sabino. *A crise do Estado*. Aparecida de Goiânia: Saberes, 2010, p. 83-90.

[72] MEGNA, Bruno Lopes. *Arbitragem e Administração Pública*: fundamentos teóricos e soluções práticas. Belo Horizonte: Fórum, 2019, p. 92.

[73] MOREIRA NETO, Diogo de Figueiredo. *Novas mutações juspolíticas*: em memória de Eduardo García de Enterría, jurista de dois mundos. Belo Horizonte: Fórum, 2016, p. 161.

[74] *Ibid.*, p. 177-178. O constitucionalismo pode ser compreendido como o fenômeno que insere, dentro dos ordenamentos jurídicos, os princípios constitucionais e os direitos fundamentais do cidadão, além de contribuir para a construção da democracia. Para maior aprofundamento, conferir: SCHIER, Paulo Ricardo. Constitucionalização do Direito no contexto da Constituição de 1988. *In*: CLÈVE, Clèmerson Merlin (coord.). *Direito Constitucional brasileiro*: Teoria da Constituição e Direitos Fundamentais. São Paulo: Revista dos Tribunais, 2014 [livro eletrônico].

Nesse contexto, explica Diogo de Figueiredo Moreira Neto que o conceito de interesse público também sofre modificação, afastando-se da ideia absoluta e positivista relacionada ao poder de império que persistiu do Estado Absolutista ao Estado Liberal. Com o advento do Estado Democrático, o interesse público passa a ser considerado "em cada hipótese, ante a concorrência de outros valores", não mais de modo exclusivo, mas ponderado.[75]

A noção de interesse público, portanto, acompanha as transformações do Estado. Inicialmente concebido em um ambiente liberal, de Estado não intervencionista e focado nas atividades de segurança, polícia e justiça, seu conceito passa a assumir feição diversa, a fim de adaptar-se ao Estado social e democrático de Direito. Valores como existência digna e redução das desigualdades sociais são incluídos na agenda do interesse público, em consonância com o texto da Constituição de 1988.[76]

A partir dessa nova concepção, a interação do Estado com a sociedade despe-se do seu caráter de relação de supremacia, a fim de dar espaço para ponderações de valores delineados na carta constitucional. Moreira Neto defende que a "administração dos interesses públicos" pode ocorrer de forma concorrencial, diretamente pelos órgãos executivos do Estado, indiretamente pelos entes públicos por eles criados e, também, de forma associada, por meio de pessoas jurídicas de direito privado que colaboram com as atividades do poder público.[77]

Estabelece-se, portanto, a premissa de que o interesse público é próprio do Estado, mas não é dele exclusivo, de forma que Estado e sociedade possam ter ações concorrentes na sua perseguição e realização. É o que o autor chama de "soma de esforços" entre setor público e setor privado, para que as finalidades do Estado sejam alcançadas de maneira mais efetiva e eficiente.[78]

A compreensão do interesse público pode ser feita a partir de uma concepção mais ampla, com base na persecução do bem comum

---

[75] Lembra ainda o autor que à época do *Ancien Régime,* o interesse público era geralmente confundido com o interesse do rei. Com a Revolução Francesa e o primado da legalidade, o conceito passa a ser definido positivamente no ordenamento jurídico.

[76] DI PIETRO, Maria Sylvia Zanella. O princípio da supremacia do interesse público: sobrevivência diante dos ideais do neoliberalismo. *In:* DI PIETRO, Maria Sylvia Zanella; ALVES RIBEIRO, Carlos Vinícius (coord.). *Supremacia do Interesse Público e outros temas relevantes do Direito Administrativo.* São Paulo: Atlas, 2020, p. 92-93.

[77] *Ibidem*, p. 183.

[78] *Ibidem*, p. 183

CAPÍTULO 1
A PREPONDERÂNCIA DO ESTADO NO GERENCIAMENTO DE CONFLITOS DA ADMINISTRAÇÃO PÚBLICA | 53

pelo Estado, conforme sugere Onofre Alves Batista Júnior.[79] Insculpido no art. 3º da Constituição Federal, o bem comum apresenta-se como finalidade essencial do Estado e como a própria razão de existir de todo o aparato estatal.[80]

Na sociedade contemporânea e plural, deve-se ter em mente que ao Estado não se reservam funções específicas como garantir a liberdade ou promover políticas públicas de cunho social. Nessa lógica, o interesse público não pode ser interpretado como um só, mas sim como a conjugação de variados interesses, a serem ponderados na medida da máxima preservação do bem comum.

A Constituição Federal de 1988 tratou de consagrar direitos de ordem individual e coletiva, todos a serem buscados legitimamente pela sociedade e pelo Estado. Daí que há variados interesses públicos no ordenamento jurídico brasileiro, de modo que não pode a Administração Pública perseguir na realização do bem comum sem levar em conta esta multiplicidade de desejos e necessidades, proporcionada pelo próprio texto constitucional.[81]

Nesse sentido, afirma Adilson Abreu Dallari que o interesse público não deve ser confundido com o interesse da Administração. Segundo o autor, a realização do interesse público está na correta aplicação da lei e na concretização da justiça, ainda que isso importe em decidir contra a Administração.[82]

A partir da constitucionalização de uma extensa lista de direitos fundamentais, de ordem coletiva e individual, José Sérgio da Silva Cristóvam defende uma reconformação dos próprios parâmetros do regime jurídico-administrativo, o que inevitavelmente importa na revisão do princípio da supremacia do interesse público. Essa revisão

---

[79] BATISTA JÚNIOR, Onofre Alves. *Op. cit.*, p. 53.

[80] A garantia do bem comum como fundamento para a origem do Estado, por meio de um contrato social, foi preconizada por Rousseau, no contexto do Estado liberal. No Estado social, o bem comum aproxima-se da concepção de sociedade, das relações humanas e dos bens que interessam à coesão do tecido social. Para maior aprofundamento, conferir: MEZZAROBA, Orides; STRAPAZZON, Carlos Luiz. Direitos fundamentais e a dogmática do bem comum constitucional. *Sequência*, Florianópolis, n. 64, p. 335-372, 2012.

[81] Nas palavras de Batista Júnior: "Além de contar com recursos escassos, à Administração Pública são colocados diversos interesses públicos, muitas vezes até contraditórios entre si, perante uma realidade concreta, e a atuação administrativa deve se alinhar rumo a um interesse de síntese, resultante de uma ponderação equilibrada desses diversos interesses intervenientes. O Estado persegue fins diversificados. A função administrativa deve pautar-se pela satisfação do bem comum, como composição concertada dos interesses públicos". BATISTA JÚNIOR, Onofre Alves. *Op. cit.*, p. 62.

[82] DALLARI, Adilson Abreu. Arbitragem na concessão de serviço público. *Revista Trimestral de Direito Público*, [s.l.], v. 13, n. 9, p. 66, 1996, p. 66.

inicia-se pela construção de um conceito de interesse público harmônico com a centralidade da dignidade da pessoa humana, como um vetor máximo da carta fundamental.[83]

Até chegar nessa harmonização, Cristóvam analisa o conceito de interesse público nos diferentes modelos de Estado, desde a concepção do Estado moderno. Quer dizer, da mesma forma que ocorre com o próprio conteúdo do Direito Administrativo, também o interesse público sofre mutação de seu conceito a partir de determinado contexto político e social.

Com efeito, inicialmente associado aos interesses do soberano, o interesse público passa a revelar a garantia dos interesses privados e individuais, por meio da superação do Estado absolutista pelo Estado de direito liberal. No liberalismo, o valor máximo está no desenvolvimento das vontades individuais, de modo que o interesse público se vincula à atividade não intervencionista do Estado, ao mesmo tempo garantidora da autonomia individual.[84]

Com a passagem para o Estado de direito social, o interesse público revela-se no prestacionismo da estrutura estatal, por meio de ações positivas que visem garantir o bem-estar geral da sociedade. Já no Estado constitucional, o autor destaca que a noção de interesse público está na proteção da carta constitucional aos direitos fundamentais, de ordem coletiva e individual, ainda que aparentemente conflituosos entre si. Nem individualista nem totalizante, o interesse público transita em uma dinâmica "instável e contraditória", mas sempre atrelado às normas constitucionais.[85]

No entanto, como bem pontua Cristóvam, ainda que a definição do que seja interesse público não se constitua em tarefa fácil, sua fluidez conceitual não permite definições isoladas e distantes da realidade. Além disso, ainda que sua natureza seja de conceito jurídico indeterminado,[86] não equivale a dizer que haja liberalidade ou ampla discricionariedade do agente público na sua definição e realização.

Dessa forma, defende o autor a construção de uma relação bidimensional do conceito de interesse público, tanto sob uma perspectiva

---

[83] CRISTÓVAM, José Sérgio da Silva. *Op. cit.*, p. 63-65.

[84] *Ibidem*, p. 65-72.

[85] *Ibidem*, p. 72-78.

[86] Para uma melhor compreensão da definição de conceito jurídico indeterminado e as divergências doutrinárias a respeito, conferir: GABARDO, Emerson; MOURA REZENDE, Maurício Corrêa de. O conceito de interesse público no Direito Administrativo brasileiro. *Revista Brasileira de Estudos Políticos*, [s.l.], v. 115, 2017. O assunto será mais bem abordado no Cap. 3, quando se tratar da discricionariedade administrativa. O assunto também é abordado no item 3.4.2 desta obra.

CAPÍTULO 1
A PREPONDERÂNCIA DO ESTADO NO GERENCIAMENTO DE CONFLITOS DA ADMINISTRAÇÃO PÚBLICA | 55

político-axiológica (sentido amplo) quanto em sua dimensão jurídico-normativa (sentido estrito).[87] Mediante situação em que há conflito entre interesse público e interesse individual, essa relação bidimensional conduz à via experimental da ponderação, levando em conta a realidade concreta e não definições abstratas e apriorísticas.

Esse exercício de ponderação impõe à Administração o dever de fundamentar e de justificar suas escolhas, sem espaço para a vazia expressão "razões de interesse público", o que permite que Poder Judiciário, órgãos de controle e sociedade em geral tenham conhecimento dos critérios adotados pelo gestor público.

Outra questão em relação à fluidez do conceito de interesse público diz respeito à autoridade competente para defini-lo. Na concepção de José Sérgio da Silva Cristóvam, não se pode conceber outra autoridade legítima para a sua definição que não o Parlamento, eis que representa a vontade soberana do povo. É na Constituição e nas leis que o interesse público é revelado e onde estão os parâmetros para o agir estatal e para a solução eventuais situações conflitantes.[88]

No mesmo raciocínio, a suposta supremacia do interesse público sobre o interesse particular é taxativamente definida por Odete Medauar como um princípio "ultrapassado".[89] Para tanto, a autora defende que a Constituição Federal de 1988 prioriza os direitos fundamentais, que são essencialmente privados e, portanto, não haveria lógica na supremacia invocada por tal princípio.[90] Além disso, que não deve haver

---

[87] Na perspectiva político-axiológica, o interesse público é definido a partir dos valores e princípios constantes na Constituição – igualdade, liberdade, equidade, segurança, democracia e justiça – de modo que sua satisfação pode residir na defesa de determinado interesse individual (privado). Já na perspectiva normativa-jurídica, levam-se em conta os interesses coletivos e sociais estabelecidos pela carta constitucional, sem oposição entre cidadão e comunidade. CRISTÓVAM, José Sérgio da Silva. *Op. cit.*, p. 108-110.

[88] Por outro lado, não nega o autor que pode haver lacunas no ordenamento jurídico em determinados casos, quando então se reconhece à própria Administração a função de realizar o interesse público a partir de um exercício de ponderação: "Não se deve, pois, buscar o interesse público (singular), mas os interesses públicos consagrados no texto constitucional, que inclusive podem apresentar-se entre si conflitantes (ou com outros interesses privados) na conformação do caso concreto, a exigir necessariamente uma adequada e sofisticada ponderação de valores, ainda que não imune a uma elevada dose de instabilidade e insegurança jurídico-política". CRISTÓVAM, José Sérgio da Silva. *Op. cit.*, p. 114-117.

[89] MEDAUAR, Odete. *Op. cit.*, p. 162.

[90] A referência na Constituição Federal de 1988 igualmente é utilizada por Gustavo Binenbojm, que fala de uma "constitucionalização do conceito de interesse público". A centralidade do sistema de direitos fundamentais, instituída pela Constituição, afasta a preponderância do coletivo sobre o individual ou do público sobre o particular, pois incompatíveis entre si. BINENBOJM, Gustavo. *Op. cit.*, p. 33.

a priori o sacrifício de nenhum interesse, mas sim a "ponderação dos interesses presentes numa determinada situação", de modo a melhor compatibilizá-los. Por meio de referências bibliográficas, Medauar também destaca que tal princípio não aparece mais indicado na doutrina contemporânea, nacional e estrangeira.[91]

Ainda sobre a supremacia, Gustavo Binenbojm trabalha em sua obra com uma teoria de "desconstrução" de tal princípio, da mesma forma defendendo que a Constituição Federal de 1988 não admite prévia definição acerca de qual interesse deve prevalecer. O autor contesta a naturalidade com que essa supremacia é encarada pela doutrina clássica do Direito Administrativo no Brasil e aponta um equívoco comum: a associação do conceito de interesses de particulares com favorecimentos pessoais em detrimento da máquina administrativa, e não como interesses igualmente legítimos, que devem ser balanceados com os interesses públicos.[92]

O afastamento da concepção defendida por Celso Antônio Bandeira de Mello, no sentido de que a supremacia do interesse público consiste em "verdadeiro axioma" do direito público, ganha coro com a fundamentação de Humberto Ávila. Segundo o autor, a supremacia não pode ser entendida como um postulado explicativo do Direito Administrativo, nem bem um princípio jurídico ou norma-princípio.[93]

Sem negar a relevância do interesse público no ordenamento jurídico brasileiro, uma vez que vincula a atividade administrativa, Humberto Ávila explana que não se trata de conceito que possa ser

---

[91] No Brasil, destaca-se a defesa do princípio da supremacia por Maria Sylvia Zanella Di Pietro. A autora afirma que a supremacia do interesse público é decorrência das prerrogativas concedidas à Administração para defender os interesses da coletividade. Neste sentido, "negar a existência do princípio da supremacia do interesse público é negar o próprio papel do Estado". Conforme anota, o Direito Administrativo lida constantemente com a bipolaridade dos princípios da liberdade do indivíduo e autoridade da Administração, não significando um antagonismo entre eles, mas antes princípios que se entrelaçam e que assumem diversas feições ao longo do tempo. Em um resgate histórico, Di Pietro afirma que não poderia a supremacia do interesse público colocar em risco os direitos fundamentais do homem, eis que o próprio Direito Administrativo tem origem no período do Estado Liberal, cuja maior preocupação era a proteção dos indivíduos em face de abusos de poder. Conforme conclui, a ponderação e a razoabilidade é que devem orientar o equilíbrio entre a autoridade estatal e os direitos do indivíduo. Por fim, assinala a autora que a supremacia do interesse público pode ser encontrada em diversos dispositivos da Constituição, ao mesmo tempo que há, no ordenamento jurídico brasileiro, diversas hipóteses que preveem que o direito individual deve ceder espaço diante do interesse público. DI PIETRO, Maria Sylvia Zanella. *Op. cit.*, p. 93-100.

[92] BINENBOJM, Gustavo. *Op. cit.*, p. 89-92.

[93] ÁVILA, Humberto. Repensando o princípio da supremacia do interesse público sobre o particular. *Revista Trimestral de Direito Público*, [s.l.], v. 24, p. 159, 1999.

definido antecipadamente e de forma separada dos interesses particulares. Assim, para se realizar a "preferência" do interesse público, necessita-se da sua dissociação do interesse privado e que seu conteúdo venha previamente determinado, objetiva e normativamente.

No entanto, destaca o autor, trata-se de dogma que não encontra respaldo na Constituição Federal, não por acaso qualificado como axioma. Dessa forma, os interesses públicos devem ser ponderados com os interesses privados e até mesmo entre si, sem possibilidade de definição *a priori* de eventual prevalência.

A inadequação do suposto princípio da supremacia do interesse público é também ressaltada por José Sérgio da Silva Cristóvam, que o define como postulado do paradigma tradicional do regime jurídico-administrativo, atualmente insustentável.[94] Isso porque, a ideia de supremacia relaciona-se com o autoritarismo do Estado liberal, que existia para garantir a liberdade e a propriedade dos indivíduos.[95]

Essa desigualdade jurídico-política entre Estado e cidadãos fundamenta a concepção de que o Estado é superior aos indivíduos, de modo que seus interesses devam prevalecer sobre os demais. Na formatação do Estado social, a supremacia do interesse público ganha ainda mais força, dessa vez para afastar o controle jurídico e social sobre os atos administrativos e, além disso, para justificar condutas do Estado na sua política prestacional, muitas vezes sem fundamento e razão.[96]

A essa ausência de exclusividade do Estado enquanto titular do interesse público, acrescenta-se o raciocínio exposto por Carlos Ari Sundfeld e Jacintho Arruda Câmara, ao afirmarem que nem todos os atos praticados pela Administração referem-se a interesses públicos indisponíveis.[97] Quer dizer, a Administração também pratica atos relacionados a interesses disponíveis, isto é, passíveis de alienação, de negociação e de contratação com a outra parte.

Explicam referidos autores que o princípio da indisponibilidade do interesse público não se relaciona com um dever ou uma proibição,

---

[94] No mesmo sentido: "Não se pode perder de vista que o princípio da supremacia consiste em uma construção teórica, desenvolvida por estudiosos do Direito Administrativo com a finalidade de apresentar uma proposta de sistematização do regime administrativo. O significado do princípio deve ser compreendido dentro de suas próprias limitações, sem que seja erigido à categoria de dogma do direito administrativa, na medida em que seu conteúdo e seu método de aplicação se relacionam com a teoria que o respalda". PALMA, Juliana Bonacorsi de. *Op. cit.*, p. 167.

[95] CRISTÓVAM, José Sérgio da Silva. *Op. cit.*, p. 124-125.

[96] *Ibidem*, p. 126-127.

[97] SUNDFELD, Carlos Ari; CÂMARA, Jacintho Arruda. O cabimento da arbitragem nos contratos administrativos. *Revista de Direito Administrativo*, [s.l.], v. 248, p. 117-126, 2008.

mas com um valor que irradia sobre a interpretação das normas de Direito Administrativo. Por meio desse princípio-valor é que as autoridades têm sua conduta pautada pela vontade da coletividade, mediante autorização legal, e não por vontade própria.[98]

A título de exemplo, citam o direito a alimentos, que possui caráter patrimonial, mas não admite disponibilidade. Por outro lado, há direitos não patrimoniais, como direito à vida, à liberdade, à saúde, que igualmente não admitem possibilidade de negociação ou contratação. Esta é a lógica que se aplica também ao Direito Administrativo: um direito da Administração que é objeto de contrato administrativo significa que se trata de direito disponível e que pode ser negociado.

Sundfeld e Câmara fazem um paralelo com a teoria clássica de Celso Antônio Bandeira de Mello, que divide os atos do Estado em atos de império e de gestão.[99] Ao tratar das situações que possam submeter o Estado ao procedimento da arbitragem, definem que os eventos gerados por meio dos atos de gestão são aqueles que se enquadram nessa possibilidade, pois fundamentados no Direito comum e despidos do caráter autoritário, próprio dos atos de império.

Ao analisar a abordagem do princípio da supremacia do interesse público na doutrina nacional de Direito Administrativo, Juliana Bonacorsi de Palma sintetiza duas vertentes; a linha tradicional, que confere valor metodológico ao princípio, e a vertente mais contemporânea, que nega a sua incidência automática.[100] Ao adotar o valor metodológico, o interesse público é colocado em perspectiva oposta ao interesse privado e, na eventualidade de um conflito, o interesse público sempre deve prevalecer.[101]

Na outra vertente do Direito Administrativo, há o entendimento de que a supremacia não se constitui em um fundamento em si, de modo que deve haver previsão normativa para tanto e, especialmente, ponderação dos interesses mediante análise em uma situação concreta.

---

[98] *Ibidem.*

[99] De acordo com o ensinamento de García de Enterría, a divisão entre atos de autoridade e atos de gestão é considerada como a primeira sistematização do Direito Administrativo moderno. Nos atos de autoridade, a Administração age como sujeito de direito público e sob a jurisdição do contencioso administrativo. Por meio do ato de gestão, está despojada de seu poder de império e no "mesmo nível" que os sujeitos privados e em igualdade com eles, submetendo-se, portanto, à jurisdição comum. GARCIA DE ENTERRÍA, Eduardo. La figura del contrato administrativo. *Revista de Ciências Jurídicas*, n. 26, 1975. Disponível em: https://revistas.ucr.ac.cr/index.php/juridicas/article/view/16472. Acesso em: 26 jul. 2020.

[100] PALMA, Juliana Bonacorsi de. *Op. cit.*, p. 65.

[101] Vide Nota nº 59.

O reconhecimento abstrato de poderes administrativos não é correspondente com o Estado Democrático de Direito, em que há preservação de uma pluralidade de interesses e direitos, reflexo de uma sociedade igualmente plural.

A existência desse princípio não exclui a possibilidade de a Administração lidar com interesses que permitam o diálogo e a negociação, a fim de que sejam melhor executados.[102] É o que ocorre com a contratação para aquisição de algum bem, por exemplo, em que o ente público negocia valores e contrapartidas, em uma relação de caráter patrimonial com o setor privado.

Sobre o tema, Eros Roberto Grau[103] qualifica como um "erro" associar a indisponibilidade de direitos a tudo que diga respeito, ainda que ligeiramente, à Administração. Isso porque, há confusão na doutrina entre indisponibilidade do interesse público e disponibilidade de direitos materiais.

Eros Roberto Grau observa que, no dinamismo do contrato administrativo, ainda que remanesçam poderes reveladores de *puissance publique*, a Administração dispõe de determinados direitos patrimoniais. Ao dispor desses direitos em uma relação contratual, por exemplo, não significa dizer que está dispondo do interesse público. Conforme explica o autor, justamente a realização do interesse público pode ser alcançada por meio da disposição de direitos patrimoniais.[104]

Em seguida, utilizando-se da classificação dada por Renato Alessi, exemplifica o autor que o interesse público encontra-se atendido quando a Administração deixa de interpor recursos processuais meramente protelatórios, os quais somente atenderiam ao seu interesse secundário.[105] [106] Na mesma linha, defende Odete Medauar que o interesse

---

[102] A supremacia do interesse público serve muito mais para legitimar a autoridade estatal do que um critério viável de solução de conflitos de interesses. PALMA, Juliana Bonacorsi de. *Op. cit.*, p. 169.

[103] GRAU, Eros Roberto. Arbitragem e contrato administrativo. *Revista da Faculdade de Direito da UFRGS*, [s.l.], v. 21, n. 21, 2002, p. 142.

[104] *Ibidem*, p. 144-148.

[105] *Ibidem*, p. 148.

[106] Na distinção feita por Celso Antônio Bandeira de Mello, com base na teoria de Alessi, o interesse público pode ser subdividido em interesse primário e interesse secundário. Interesses secundários seriam aqueles particulares do Estado, enquanto pessoa jurídica, similares, portanto, a qualquer outro sujeito. E conclui: "o Estado, concebido que é para a realização de interesses públicos (situação, pois, inteiramente diversa da dos particulares), só poderá defender seus próprios interesses privados quando, sobre não se chocarem com os interesses públicos propriamente ditos, coincidam com a realização deles". (MELLO, Celso Antônio Bandeira de. *Op. cit.*, p. 66). Sobre o equívoco dessa divisão, vale-se do ensinamento de Janaína Soares Noleto Castelo Branco, ao expor que "não pode o Estado legitimamen-

público realiza-se plenamente "na rápida solução de controvérsias, na conciliação de interesses, na adesão de particulares às suas diretrizes, sem os ônus e a lentidão da via jurisdicional".[107]

Com efeito, coincidir o interesse público com todo e qualquer ato da Administração Pública torna inviável a solução de conflitos com o poder público pela via consensual. Nessa linha, contrapõe Carlos Alberto de Salles que tal coincidência não reconhece que os particulares também são possuidores de interesses legítimos em face do Estado, além de que o interesse patrimonial estatal nem sempre representa de fato o interesse público.[108]

O mesmo autor também faz a ponderação sobre a generalidade com que é abordado o conceito de interesse público, na forma de um escudo para fazer prevalecer a vontade da Administração Pública em qualquer situação.[109] No entanto, a identificação desse interesse não prescinde de um contexto social e normativo determinados, a partir de quando será possível averiguar qual a conduta que mais se aproxima da sua preservação e quais os melhores meios para se atingi-lo, inclusive os métodos consensuais.

É dizer, não pode o interesse público e seus atributos travestir-se de argumento para impermeabilizar toda e qualquer conduta do Estado. Essa interpretação inviabiliza qualquer possibilidade de solução negociada com a Administração. Uma interpretação mais condizente com os valores fundamentais da Constituição Federal, por outro lado, é capaz de incentivar a adoção de métodos consensuais como forma de concretizá-los e preservá-los.[110]

---

te possuir interesse (secundário) que vá de encontro com o interesse público (primário)". Segundo explica, o que pode ocorrer são divergências quanto à definição do interesse público em uma determinada situação, mas sempre considerando que não cabe falar em espécies de interesse público que colidem entre si, muito menos que o Estado perseguiria interesses próprios, divergentes do interesse geral. CASTELO BRANCO, Janaína Soares Noleto. *Advocacia pública e solução consensual de conflitos*. Salvador: JusPodivm, 2018, p. 44.

[107] MEDAUAR, Odete. *Op. cit.*, p. 163.

[108] Tal como já afirmado, trabalha-se atualmente com uma nova concepção do Estado, com o abandono do que Sabino Cassese denominou de "paradigma bipolar" da relação entre autoridade estatal e indivíduo (vide Nota nº 71). Dessa forma, há uma maior fluidez entre o público e o privado, o que torna menos clara a distinção entre sociedade civil e poderes públicos, bem como entre interesses puramente públicos ou privados.

[109] SALLES, Carlos Alberto de. *Arbitragem em contratos administrativos*. Rio de Janeiro: Forense; São Paulo: Método, 2011, p. 128.

[110] O problema parece residir, portanto, muito mais na interpretação casuística que se dá aos atributos do interesse público do que propriamente a sua definição. GABARDO, Emerson. O princípio da supremacia do interesse público sobre o interesse privado como fundamento do Direito Administrativo Social. *Revista de Investigações Constitucionais*, [s.l.], v. 4, p. 95-130, 2019.

1.5 A autoridade em conflito: a delegação para o Poder Judiciário

A parte final do presente capítulo dedica-se à tentativa de fazer algumas relações entre o histórico do Direito Administrativo até aqui narrado e a predominância da Administração nos processos judiciais que atualmente tramitam na justiça brasileira. A reflexão que se pretende colocar é de que forma a concepção tradicional da supremacia do interesse público, bem como da sua indisponibilidade, podem contribuir para que os conflitos com o poder público sejam eminentemente resolvidos pelo Poder Judiciário.

Inicialmente, a existência de regras diversas para a Administração e para o particular é por si só um fator que potencializa um diálogo mais truncado nas relações que estabelecem entre si, em que duas realidades distintas se fazem presentes. O já citado paradigma bipolar enseja que os sujeitos privados recorram aos juízes para se defender dos atos administrativos, em uma ideia de permanente divergência entre os interesses do Estado e do cidadão, qual seja, em uma ideia de conflito.

Se não há *conversa* entre o regime público e o privado (em uma concepção mais ampla da palavra) não se vislumbra possibilidade diversa que não a utilização de uma outra autoridade, legítima e com poderes coercitivos, para administração das tensões. Conforme já demonstrado, não se trata somente de regras próprias de direito público, mas de regras que visaram, em um primeiro momento, preservar certos privilégios do Estado em detrimento de interesses dos cidadãos.

Esta obra não pretende questionar a adequação da disciplina destinada aos atos da Administração, mas refletir como alguns de seus atributos podem contribuir para um cenário de ausência de diálogo e de deslocamento das discussões para a arena judicial. Para isso, serão expostas as características do ato administrativo unilateral ou as denominadas prerrogativas da Administração,[111] com o intuito de contribuir para melhor compreensão do atual contexto de excesso de judicialização

---

[111] Na definição de José Cretella Júnior, "Prerrogativa pública ou prerrogativa de potestade pública é a posição especial em que fica a Administração, na relação jurídico-administrativa, derrogando o direito comum, ou, em outras palavras, é a faculdade especial conferida à Administração, quando se decide a agir contra o particular". Conforme fundamenta o autor, a atribuição de poderes especiais à Administração encontra razão na incumbência da satisfação dos interesses coletivos, que muitas vezes exige o sacrifício de direitos do particular. CRETELLA JÚNIOR, José. Prerrogativas e sujeições da Administração Pública. *Revista de Direito Administrativo*, Rio de Janeiro, v. 103, p. 16-32, out. 1971. Disponível em: http://bibliotecadigital.fgv.br/ojs/index.php/rda/article/view/35280/34070. Acesso em: 10 jul. 2020. O ato administrativo, por sua vez, refere-se a toda declaração jurídica do Estado investida de prerrogativa pública, não se confundindo, portanto, com qualquer ato da Administração.

de conflitos envolvendo a Administração Pública.[112]

Além disso, ao se tratar de prerrogativas da Administração, não se deve deixar de mencionar o contraponto trazido por Georges Vedel em sua obra, com base no ensinamento de Jean Rivero. Com efeito, ao mesmo tempo que a *puissance publique* dá à Administração a prerrogativa de expropriar, requisitar, exercer o poder de polícia, de executar suas próprias decisões, ela também traz o dever de a Administração decidir somente com base na defesa do interesse público. Assim, consoante pondera o autor, enquanto o particular possuir liberdade de decidir conforme motivo de sua escolha (desde que não seja imoral ou ilegal), a Administração goza de restrição no seu processo de decidir, sempre atrelado à defesa do interesse público.[113]

---

[112] No relatório "100 Maiores Litigantes" 2012, consta que "o setor público (federal, estadual e municipal), os bancos e a telefonia representam aproximadamente 35,5% do total de processos ingressados entre 1º de janeiro e 31 de outubro de 2011 do consolidado das Justiças Estadual, Federal e do Trabalho". Disponível em: https://www.cnj.jus.br/wp-content/uploads/2011/02/100_maiores_litigantes.pdf. Acesso em: 12 ago. 2020. Em levantamento de dados elaborado pela Associação dos Magistrados Brasileiros, intitulado *O uso da Justiça e o Litígio no Brasil*, fez-se o diagnóstico em onze tribunais de justiça do país, abrangendo os anos de 2010 a 2013. Consta nas conclusões do relatório: "Verifica-se, no caso brasileiro, uma propensão ao litígio por um grupo concentrado de atores – e um dos mais contumazes é a administração pública". Disponível em: https://www.amb.com.br/wp-content/uploads/2018/05/Pesquisa-AMB-10.pdf. Acesso em: 12 ago. 2020. No relatório *Supremo em ação 2018*, consta que "considerando o total da demanda que o STF recebeu em 2017 (102.227 casos novos), os dois maiores litigantes foram a União e o INSS, tanto no polo ativo quanto no passivo. Entre os maiores demandantes (polo ativo) figuram, além da União (com 6.354 ou 6,2% dos casos novos em 2017) e do INSS (3.847 processos – 3,8%), o Estado de São Paulo (com 3.434 processos – 3,4%) e o Banco do Brasil (1.785 processos – 1,7%). Entre os maiores demandados (polo passivo) estão, além do INSS (com 6.964 ou 6,8% dos processos), e da União (5.976 – 5,8%), o Estado de São Paulo (com 3.852 processos – 3,8%) e o STJ (2.933 processos – 2,9%)". Disponível em: https://www.cnj.jus.br/wp-content/uploads/2017/06/fd55c3e8cece47d9945bf147a7a6e985.pdf. Acesso em: 12 ago. 2020. Por fim, no Relatório Justiça em Números 2019, consta como as execuções fiscais contribuem para a taxa de congestionamento nas instâncias judiciárias: "o Poder Judiciário contava com um acervo de 79 milhões de processos pendentes de baixa no final do ano de 2018, sendo que mais da metade desses processos (54,2%) se referia à fase de execução. [...] A maior parte dos processos de execução é composta pelas execuções fiscais, que representam 73% do estoque em execução. Esses processos são os principais responsáveis pela alta taxa de congestionamento do Poder Judiciário, representando aproximadamente 39% do total de casos pendentes e congestionamento de 90% em 2018 – a maior taxa entre os tipos de processos constantes desse Relatório. Há de se destacar, no entanto, que há casos em que o Judiciário esgotou os meios previstos em lei e ainda assim não houve localização de patrimônio capaz de satisfazer o crédito, permanecendo o processo pendente. Ademais, as dívidas chegam ao judiciário após esgotados os meios de cobrança administrativos – daí a difícil recuperação". Disponível em: https://www.cnj.jus.br/wp-content/uploads/conteudo/arquivo/2019/08/justica_em_numeros20190919.pdf. Acesso em: 12 ago. 2020.

[113] VEDEL, Georges. *Op. cit.*, p. 27.

1.5.1 Presunção de legalidade do ato administrativo

A assunção de que o interesse público coincide com a posição da Administração, aliada ao "axioma" da supremacia, parece afastar qualquer possibilidade de adoção de soluções participativas e consensuais para os conflitos administrativos. Soma-se a isso o entendimento doutrinário que por muito tempo preponderou em relação à presunção de legalidade e de legitimidade dos atos administrativos, o que de antemão afasta a possibilidade de revisão da conduta da Administração que não por meio do Judiciário.

A obediência dos atos administrativos ao princípio de legalidade vem expressa no art. 37, *caput*, da Constituição Federal, significando que a Administração somente pode agir conforme o que diz a lei. Em razão de tal premissa, a doutrina brasileira passou a verificar uma presunção de legitimidade aos atos da Administração, no sentido de que, se há o dever de absoluta subsunção à lei, presume-se que foram eles praticados com observância aos comandos legais.[114]

Trata-se de presunção concebida como relativa, podendo ser afastada acaso demonstrado o contrário. No entanto, estabeleceu-se entendimento na doutrina, o qual foi acompanhado pela jurisprudência, de que o ônus da prova da invalidade do ato administrativo deve recair sobre quem o alega, qual seja, sobre o particular.[115]

Sobre a característica da presunção de legitimidade, Bandeira de Mello apresenta ponderação ao defender que ela se faz presente até o momento da impugnação do ato em juízo.[116] Nota-se que a limitação trazida pelo administrativista, quanto à concepção do ato administrativo como legítimo, não afasta a necessária intervenção do Judiciário

---

[114] ARAGÃO, Alexandre Santos de. Algumas notas críticas sobre o princípio da presunção de veracidade dos atos administrativos. *Revista de Direito Administrativo*, Rio de Janeiro, v. 259, p. 73-87, maio 2012. ISSN 2238-5177. Disponível em: http://bibliotecadigital.fgv.br/ojs/index.php/rda/article/view/8630/7374. Acesso em: 23 jun. 2020.

[115] MEIRELLES, Hely Lopes. *Op. cit.*, p. 161. Da mesma forma: "A presunção comum, diversamente da legal, não dispensa a autoridade administrativa do ônus da prova, mas coloca-a em situação passiva, cabendo ao autor da impugnação produzir a demonstração das irregularidades alegadas". ROCHA, Cármen Lúcia Antunes. *Princípios constitucionais da Administração Pública*. Belo Horizonte: Del Rey, 1994. p. 121-123. Por outro lado, nos casos em que é extremamente difícil ou impossível ao administrado comprovar que a motivação que embasou a edição do ato administrativo ocorreu de outro modo, a jurisprudência inverte a incumbência à própria Administração, em respeito ao devido processo legal, ao contraditório e à ampla defesa. Cf. SANTOS, Adriano Vitalino dos. A prova diabólica e sua influência sobre a presunção de legitimidade do ato administrativo. *Revista de Doutrina da 4ª Região*, Porto Alegre, n. 67, ago. 2015. Disponível em: https://revistadoutrina.trf4.jus.br/artigos/edicao067/Adriano_dosSantos.html. Acesso em: 12 ago. 2020.

[116] MELLO, Celso Antônio Bandeira de. *Op. cit.*, p. 411.

para definição em contrário. Isto é, na conclusão do autor, a ausência de legitimidade somente poderia ser confirmada por meio da decisão judicial, sequer se cogitando um procedimento de revisão interna, com oportunidade de participação do particular que manifestou a contrariedade.[117]

Daí que se percebe a configuração do Poder Judiciário como a única possibilidade de revisão de entendimentos previamente adotados pela Administração.[118] A presunção de legalidade tornou as ações administrativas herméticas à possibilidade de discussão e de novas interpretações além daquela inicialmente adotada pelo poder público.

Dessa forma, em havendo interpretações diferentes quanto à prática de determinado ato administrativo, a presunção de legalidade que aqui se trata impede qualquer possibilidade de diálogo com o administrado, a não ser que este opte por concordar com o entendimento da Administração. Quer dizer, uma vez que a adequação do ato é definida previamente pela Administração, não se abre a possibilidade de posteriores ajustes ou adaptações, por meio da participação do particular atingido pela ação estatal.[119]

A partir dessa dinâmica, configura-se decorrência lógica a intervenção do Poder Judiciário para confirmar ou não a validade de ato administrativo eventualmente impugnado pelo particular. Recorre-se a uma outra autoridade estatal que, à luz do inciso XXXV do art. 5º da Constituição Federal, possui legitimidade para invalidar

---

[117] A possiblidade de revisão – anulação ou revogação – dos atos administrativos pela própria Administração está consolidada, no Brasil, por meio do enunciado da súmula 473 do Supremo Tribunal Federal: "A administração pode anular seus próprios atos, quando eivados de vícios que os tornam ilegais, porque deles não se originam direitos; ou revogá-los, por motivo de conveniência ou oportunidade, respeitados os direitos adquiridos, e ressalvada, em todos os casos, a apreciação judicial". Com efeito, trata-se de procedimento que ainda privilegia a unilateralidade, com pouco espaço destinado à interferência do particular na tomada de decisão pela revisão ou não do ato.

[118] Como traz Demian Guedes, a presunção de veracidade dos atos administrativos não encontra qualquer respaldo legislativo, mas causa constrangimento para quem litiga com a Administração. GUEDES, Demian. A presunção de veracidade e o Estado Democrático de Direito: uma reavaliação que se impõe. *In*: ARAGÃO, Alexandre dos Santos; MARQUES NETO, Floriano de Azevedo. *Direito Administrativo e seus novos paradigmas*. Belo Horizonte: Fórum, 2018, p. 249.

[119] Na constatação de Carlos Alberto de Salles: "O resultado, de circunscrever a legalidade aos juízos normativos formados de maneira unilateral pela Administração, é impedir a revisão interna, em bases participativas, da posição jurídica assumida inicialmente. Afinal, firmada de maneira peremptória a posição quanto à legalidade de determinado ato, sua revisão traz evidentes constrangimentos para a autoridade por ele responsável. Com isso, inviabiliza-se a possibilidade de se criar mecanismos internos de solução de conflitos, remetendo toda revisão de legalidade ao âmbito exclusivamente judicial". SALLES, Carlos Alberto de. *Op. cit.*, p. 123.

atos da Administração que se apresentem em desconformidade com o ordenamento jurídico.

Isso porque, para que ocorra um contexto de diálogo e de soluções negociadas, demanda-se da Administração – assim como do particular – uma postura aberta a possíveis revisões de entendimentos previamente firmados, em que todos os interesses em jogo sejam ponderados e levados em conta na construção de solução. Tal ambiente não se configura possível se a conduta do agente público for pautada na premissa de que a legalidade opera somente a seu favor, muito menos se o ônus argumentativo recair inteiramente sobre o outro lado da relação.

1.5.2 Imperatividade do ato administrativo

A qualificação do ato como unilateral guarda relação com a sua possibilidade de produzir efeitos jurídicos independentemente da participação ou do consentimento da outra parte. No âmbito do direito civil brasileiro, os atos unilaterais relacionam-se com a possibilidade de seu autor obrigar-se de forma individual perante outrem, sem a necessidade de um contrato.[120]

No regime jurídico-administrativo, os efeitos do ato unilateral recaem sobre o seu destinatário, qual seja, é o particular quem deve suportar suas consequências, não importando a sua vontade. Por isso a relação com o conceito de imperatividade, decorrente da imposição de obrigação por parte da Administração, cabendo ao particular o seu cumprimento ou a sua impugnação, na via administrativa ou judicial.[121]

A possibilidade de imposição de seus atos coloca a Administração em uma posição privilegiada e superior em relação ao particular, cujo fundamento está na finalidade de suas ações, voltadas para o interesse coletivo. Tal disparidade de forças não ocorre na relação entre particulares, eis que se trata de prerrogativa decorrente do regime diferenciado que regula as relações do Estado.

Não são todos os atos administrativos que se revestem dessa prerrogativa, o que ensejou a distinção doutrinária entre atos de

---

[120] DINIZ, Maria Helena. *Curso de Direito Civil*. 25. ed. São Paulo: Saraiva. 2009. v. 3: Teoria das Obrigações Contratuais e Extracontratuais, p. 17.

[121] Nos itens 1.1 e 1.2 do presente capítulo utilizou-se da expressão "autoritário" para destacar o caráter vertical e de sujeição que preponderou nas relações do Estado Liberal, os quais influenciaram a dogmática do Direito Administrativo. Conforme já afirmado, atualmente, entende-se que o conceito de "imperatividade" se enquadra melhor no âmbito do Estado Democrático, uma vez que o autoritarismo pode remeter a uma concepção de ato que atenta contra os princípios democráticos, o que não é o caso.

império e atos de gestão.[122] Atos de gestão, portanto, são aqueles que se submetem a um regime de direito privado, sem os poderes exorbitantes do direito comum, típicos dos atos de império.[123]

Em determinadas relações com a Administração, portanto, a vontade do particular não é relevante para a formação do ato administrativo. Ainda que ocorra alguma resistência, o poder público possui a prerrogativa de interferir na esfera individual para satisfazer conduta que esteja alinhada com a realização do interesse público.[124]

A tentativa de fazer a distinção entre atos que gozam de imperatividade e aqueles que se submetem a um regime comum coloca a possibilidade de participação e de construção de consensos com o poder público em uma zona cinzenta de cenários de aplicação. Trata-se de classificação doutrinária que não encontra exatidão na prática dos atos administrativos, o que pode conduzir à ideia de generalização quanto ao caráter unilateral e inegociável das ações da Administração.[125]

---

[122] Bandeira de Mello propõe uma divisão dos atos administrativos em atos ampliativos e atos restritivos, com características diversas em relação à presença dos atributos da presunção de legitimidade, da imperatividade, da exigibilidade e da autoexecutoriedade. A imperatividade e a presunção de legitimidade estariam presentes em todo e qualquer ato da Administração, pois presumidos conforme o Direito e com a força jurídica de constituírem por si mesmos a situação jurídica almejada. A exigibilidade e a autoexecutoriedade, contudo, somente se apresentam nos atos administrativos restritivos de direitos dos particulares. BANDEIRA DE MELLO, Celso Antônio. Para uma teoria do ato administrativo unilateral. *Revista Trimestral de Direito público*, São Paulo, v. 58, p. 58-63, 2013.

[123] De acordo com o exposto acima (vide nota nº 100), a classificação de atos administrativos como atos de gestão permite que a doutrina inclua esta categoria como atos que tratam de direitos patrimoniais disponíveis, passíveis, portanto, de se submeterem a outros procedimentos de revisão que não o judicial. Com efeito, trata-se de distinção que buscou enquadrar os atos administrativos como aqueles praticados com fundamento no regime jurídico-administrativo ou como atos praticados em regime de igualdade com os particulares. DI PIETRO, Maria Sylvia Zanella. *Direito Administrativo*. 27. ed. São Paulo: Atlas, 2014. p. 717.

[124] Na fundamentação de José Cretella Jr.: "A Administração ficaria inerte, paralisada, se cada vez que pretendesse movimentar-se, efetivando os atos administrativos editados, precisasse consultar os interêsses privados atingidos. Por isso, o Estado dotou os órgãos administrativos de um poder ou potestade para vencer a injustificada resistência do particular recalcitrante. As decisões administrativas, tomadas com vistas ao interêsse público, impõem-se sem prévia consulta ao administrado e, muitas vêzes, um título hábil expedido pelo Judiciário, como ocorre no âmbito do processo civil comum". CRETELLA JÚNIOR, José. *Op., cit.* Acesso em: 12 jul. 2020. Veja-se que o requisito da imperatividade é extremamente necessário para que a Administração execute suas funções em determinadas situações, em que não se mostra possível aguardar o consentimento de eventual destinatário para posterior execução. Situações urgentes e que trazem risco para a coletividade, por exemplo, demandam que a Administração lance mão de tal prerrogativa em sua atuação.

[125] Fernando Dias Menezes de Almeida reforça que o enquadramento dos atos administrativos conforme seu regime jurídico, comum ou próprio, serviu para o equacionamento da responsabilidade civil do Estado, entre os séculos XIX e XX. No entanto, o autor afasta a incidência da teoria nos dias de hoje, pois "exigiria distinguirem-se com precisão situações em que uma mesma pessoa (o Estado) está a agir com ou sem seus atributos de soberania",

Uma vez que as consequências jurídicas do ato administrativo já são suportadas pelo particular desde a sua edição, a única alternativa que se apresenta viável é o seu cumprimento ou, acaso haja motivos, a sua impugnação. A relação já nasce formada sob a concepção de sujeição ou de antagonismo, o que, a princípio, afasta a promoção de um diálogo consensual e participativo.

1.5.3 Autoexecutoriedade do ato administrativo

A autoexecutoriedade é o atributo por meio do qual o ato administrativo pode ser executado de forma imediata, sem intervenção do Poder Judiciário.[126] Também em decorrência da tutela dos interesses da coletividade, pode a Administração adentrar na esfera do particular a fim de realizar determinada ação administrativa, independentemente de autorização.

Diferencia-se, dessa forma, do atributo da exigibilidade, pois concede a possibilidade de coação material, em que pode o poder público compelir diretamente o particular a realizar ou se abster de determinado ato. Trata-se de característica que vem associada ao poder de polícia[127] da Administração, em que se utiliza da sua autoridade para limitar direitos de propriedade e de liberdade.[128]

---

o que dificulta a solução de problemas concretos de aplicação do direito. ALMEIDA, Fernando Dias Menezes de. *Tratado de Direito Administrativo*: controle da Administração Pública e responsabilidade civil do Estado. São Paulo: Revista dos Tribunais, 2015, p. 284. A dificuldade é percebida na tentativa de conceituação do direito patrimonial disponível, em que os atos da Administração a ele relacionados podem ser objeto de composição.

[126] "A posição privilegiada da Administração, diante do administrado, confere-lhe a faculdade excepcional de pôr em execução, com os próprios meios de que dispõe, os atos administrativos editados, sem a necessidade prévia de submeter tais pronunciamentos à apreciação da autoridade judiciária". CRETELLA JÚNIOR, José. *Op., cit.* Acesso em: 16 jul. 2020.

[127] No Estado Absolutista, o poder de polícia confundia-se com a própria atividade administrativa, compreendendo o conjunto das ações das autoridades públicas. Com o advento do Estado de Direito, o poder de polícia atua ao lado de demais funções estatais, além de ser limitado pela autonomia concedida ao cidadão frente ao poder estatal. "Em linhas gerais, a doutrina define a atividade de polícia, no contexto do Estado de Direito, a partir dos seguintes elementos: imposição de restrições, limitações ou condicionamentos à autonomia privada, que forem previamente estipulados pela lei. Trata-se de delimitar a atividade privada, inclusive mediante o emprego da coerção, nos limites permitidos pela lei e com o objetivo de preservação da ordem pública". KLEIN, Aline Lícia; MARQUES NETO, Floriano Peixoto Azevedo. *In*: DI PIETRO, Maria Sylvia Zanella (coord.). *Tratado de Direito Administrativo* – v. 4. Funções administrativas do Estado. São Paulo: Thomson Reuters Brasil, 2019, p. RB-7.8.

[128] O exercício do poder de polícia impõe restrições ao gozo de direitos e suas medidas podem implicar obrigações de fazer e de abster. Expressam-se por meio da concessão de licença, da autorização, da fiscalização. O descumprimento das prescrições dá ao agente

Apresenta-se como característica que coloca a Administração em patamar diverso do particular, pois não há necessidade de ir a juízo para tornar exigível a sua vontade. Bandeira de Mello destaca, contudo, que a autoexecutoriedade está presente em situações limitadas, previstas expressamente em lei[129] e em que há urgência de atuação para resguardo o interesse público.[130]

A possibilidade de o Estado interferir na vida privada do indivíduo sem o seu consentimento está muito associada ao modelo de Estado Absolutista, cujo poder concentrava-se nas mãos do monarca sem qualquer espécie de controle. Avançando-se para o modelo Democrático de Direito, o poder de polícia vem reconhecido no ordenamento jurídico, em que limitações ao usufruto de direitos são permitidas a fim de garantir o bem-estar da coletividade.[131]

---

público a possibilidade de imposição de sanções, entre as quais Odete Medauar classifica: "as formais – cassação de licença, revogação de autorização; as pessoais – quarentena; as reais (atuação sobre coisas, tolhendo sua disponibilidade) – apresentação e destruição de gêneros alimentícios deteriorados, apreensão de armas e instrumentos usados na caça e pesca proibidas, guinchamento de veículos; as pecuniárias – multa única e multa diária; impedimentos temporários ou definitivos de atividades – suspensão de atividade, interdição de atividade, fechamento de estabelecimento, embargo de obra, demolição de obra, demolição de edificação". MEDAUAR, Odete. *Direito Administrativo Moderno. Op. cit.*, p. 405.

[129] Sob perspectiva diversa, Alexandre dos Santos Aragão sustenta que a autoexecutoriedade somente não estará presente quando a lei, de modo expresso ou implícito, vedá-la. O exercício do contraditório e da ampla defesa pelo particular atingido pelo ato devem ser preservados (art. 5º, LIV e LV, CF), admitindo-se sua postergação, em caso de risco eminente para a segurança ou para a saúde pública. ARAGÃO, Alexandre dos Santos. *Curso de Direito Administrativo. Op. cit.*, p. 165. Esta divergência doutrinária em relação à interpretação restritiva ou ampliativa da autoexecutoriedade do ato administrativo é exposta por Bonfim e Fidalgo, as quais concluem que, não havendo previsão legal, o atributo somente poderá ser utilizado em hipóteses concretas de urgência e como medida cautelar, portanto nunca como meio punitivo. BOMFIM, Nina Laporte; FIDALGO, Carolina Barros. *Releitura da autoexecutoriedade como prerrogativa da Administração Pública. In*: ARAGÃO, Alexandre Santos de; MARQUES NETO, Floriano de AZEVEDO. *Op. cit.*, p. 267-309.

[130] Sobre a preservação do interesse público, Marçal Justen Filho reforça que não bastaria a mera alegação de sua preservação, haja vista a indeterminação de seu conceito, conforme já exposto no item 1.2 do presente capítulo. Ainda, aponta a necessidade da indicação concreta do bem jurídico a ser tutelado e a motivação da necessidade do uso da força, e exemplifica a situação de demolição de uma obra particular. JUSTEN FILHO, Marçal. *Curso de Direito Administrativo*. 5. ed. São Paulo: Thomson Reuters Brasil, 2018 [livro eletrônico]. Trata-se de ponderação importante, mas que, entendemos, não se aplica a determinadas situações urgentes, em que o agir administrativo não pode aguardar um procedimento de fundamentação anterior (vide nota nº 124).

[131] A relação do poder de polícia com o poder autoritário faz com que Agustín Gordillo entenda não mais se aplicar tal classificação para os atos do Estado. Conforme pontua, as limitações aos direitos individuais, por parte da Administração, não podem ocorrer sob o vago fundamento de poder de polícia, cabendo ao agente público trazer a fundamentação

CAPÍTULO 1
A PREPONDERÂNCIA DO ESTADO NO GERENCIAMENTO DE CONFLITOS DA ADMINISTRAÇÃO PÚBLICA | 69

A configuração do Estado de Direito dá ao particular, obviamente, opções para se proteger de danos irreparáveis decorrentes da conduta administrativa, por meio de concessão de liminares em ações ajuizadas em face do poder público, como o mandado de segurança.[132] Na linha do que vem sendo aqui destacado, o desnível no jogo de forças entre a Administração e o particular é mais uma vez evidenciado, colocando este último em uma situação de sujeição ao ato administrativo unilateral e coercitivo.

Veja-se que a doutrina coloca como opção de defesa do particular o socorro ao Poder Judiciário, não se cogitando algum procedimento administrativo participativo e consensual para a revisão da decisão por parte da Administração. Claro que, diante de situação limite em que o dano se revela iminente e irreparável, inevitavelmente se conduz a uma interferência judicial, pois a relação entre as partes já está desgastada e a ameaça do emprego do uso da força administrativa já se revelou presente.

A possibilidade do uso da força pela Administração, ainda que em uma situação limite, contribui para que a via judicial se apresente como alternativa mais palpável ao particular para escoamento de sua insatisfação. O processo judicial torna, portanto, a relação mais equilibrada,[133] pois o emprego da coerção passar a recair exclusivamente sobre o juiz.

1.5.4 Autotutela da Administração

A autotutela pode ser identificada como a possibilidade que possui a Administração de rever unilateralmente seus próprios atos, seja em razão de eventual ilegalidade, seja por motivo de conveniência e oportunidade. No Brasil, a prerrogativa veio inserida por meio das

---

legal, constitucional ou principiológica aplicáveis ao caso. GORDILLO, Agustín. *Tratado de Derecho Administrativo*. 9. ed. Buenos Aires: F.D.A., 2009. 2º tomo: la defensa del usuario y del administrado. Disponível em: https://www.gordillo.com/pdf_tomo2/capitulo5.pdf. Acesso em: 20 jul. 2020. Em entendimento diverso, com o qual concordamos: "Entendemos que, se o poder de polícia só pudesse ter a conotação que possuía no Estado absolutista, deveria realmente ser abolido. Mas a necessidade que ele expressa, de adequação das liberdades individuais ao bem-estar da coletividade, sempre estará presente em qualquer grupo social. Sendo assim, esse poder continua a existir, sujeito, porém, aos ditames do Estado Democrático de Direito". ARAGÃO, Alexandre dos Santos. *Op. cit.*, p. 185.

[132] MEDAUAR, Odete. *Direito Administrativo Moderno. Op. cit.*, p. 164.

[133] Sobre a incidência da "paridade de armas" em processos judiciais que envolvem a Fazenda Pública, ver: GRECO, Leonardo. A busca da verdade e a paridade de armas na jurisdição administrativa. *Revista CEJ*, [s.l.], v. 10, n. 35, p. 20-27, 2006.

súmulas 346 e 473 do Supremo Tribunal Federal, que estabelecem, respectivamente, que a "Administração Pública pode declarar a nulidade de seus próprios atos" e "revogá-los, por motivo de conveniência ou oportunidade, respeitados os direitos adquiridos, e ressalvada, em todos os casos, a apreciação judicial".[134]

A anulação diz respeito ao desfazimento de atos eivados de ilegalidade e pode ser realizada também pelo Poder Judiciário, à luz do que dispõe o art. 5º, inciso XXXV da Constituição Federal. A sua instituição está ligada a uma ideia de eficiência, em que a antecipação pelo próprio Estado quanto à eliminação do ato ilegal evita o trâmite de um processo judicial, podendo ocorrer de ofício ou por provocação do interessado.

A revogação, por sua vez, realiza-se quando a Administração suprime ato administrativo em razão de conveniência e oportunidade, ou seja, em razão da faculdade que possui de rever o próprio mérito do ato a ser revogado.[135] Trata-se de competência atribuída à Administração, uma vez que o Poder Judiciário se cinge à análise dos aspectos legais do ato administrativo.[136]

A revogação do ato decorre da reanálise da situação que ensejou a sua edição pelo poder público, por meio de mudança de circunstâncias ou o advento de novos fatos. Encontra-se na esfera de competência do agente público que possui capacidade para editar o ato a ser revogado, qual seja, à faculdade de editar corresponde um poder de revogar.[137]

A Administração possui a prerrogativa, portanto, de extirpar do mundo jurídico atos que entende não mais convenientes ao atendimento do interesse público, por meio da análise que faz mediante situação concreta. O particular não participa desse processo de decisão, ainda

---

[134] O entendimento jurisprudencial restou consolidado no art. 53 da Lei nº 9.784/1999, que regula o processo administrativo no âmbito da Administração Pública Federal: "Art. 53. A Administração deve anular seus próprios atos, quando eivados de vício de legalidade, e pode revogá-los por motivo de conveniência ou oportunidade, respeitados os direitos adquiridos".

[135] Enquanto a invalidação constitui-se em um dever da Administração, a revogação apresenta-se como uma faculdade de agir. NOHARA, Irene Patrícia; MARRARA, Thiago. *Processo administrativo:* Lei nº 9.784/99 comentada. São Paulo: Editora dos Tribunais, 2018. Cap. XIV, p. 47-86.

[136] MEDAUAR, Odete. *Op. cit.*, p. 193.

[137] Adverte a doutrina, contudo, que a revogação deve vir fundamentada em razão de interesse público de igual natureza e mais ampla àquele que originariamente sustentou o ato a ser revogado. A revogação não se sustenta, dessa forma, sob o argumento de um interesse público genérico e abstrato. FIGUEIREDO, Lucia Valle. Revogação dos atos administrativos. *In: Doutrinas Essenciais de Direito Administrativo*. São Paulo: Revista dos Tribunais, 2013. v. II, p. 167.

que se admita a possibilidade de se manifestar, no âmbito de um processo administrativo.

Com efeito, dentre os limites que se colocam à prerrogativa em questão, na hipótese de o ato ter resultado em efeitos concretos ao particular, a revogação não poderá ocorrer de forma unilateral, devendo ser precedida de prévio procedimento em que se assegure ampla defesa e contraditório.[138] Ademais disso, não se aplica aos atos vinculados, que apenas obedecem a condições e requisitos previamente estabelecidos em ato legal.[139]

No entanto, fato é que há uma sujeição do particular à vontade da Administração,[140] além de que, ao Judiciário, somente é dado intervir se houver o cometimento de alguma ilegalidade no processo de revogação. Ainda assim, em razão das consequências que a revogação pode trazer para o particular, vislumbra-se que a porta do Judiciário possa se mostrar atraente a fim de se tentar modificar o interesse manifestado pela Administração, seja invocando-se o desrespeito ao contraditório, seja alegando-se algum vício formal ou, por fim, a inexistência de motivo que justifique a medida.[141]

1.5.5 Cláusulas exorbitantes

A perspectiva unilateral da vontade da Administração ganha novos contornos a partir do advento do contrato administrativo. O ato que ordena, restringe a liberdade e protege os cidadãos não mais subsiste de forma exclusiva de agir do Estado, à medida que novas e cada vez mais complexas tarefas se fazem necessárias para garantir o bem-estar da coletividade.

---

[138] Cf. súmula 473 do STF, a revogação deve respeitar direitos já adquiridos, com efeitos *ex nunc*. Sobre a possibilidade de indenização, em regra não se aplica o dever de indenizar à Administração. Bandeira de Mello destaca que, quando há um choque entre um interesse público e um direito do administrado (não somente um interesse), há necessidade de indenização prévia, justa e em dinheiro, com base no instituto da expropriação (art. 5º, inciso XXIV, da Constituição Federal). MELLO, Celso Antônio Bandeira de. *Op. cit.*, p. 448.

[139] MEDAUAR, Odete. *Op. cit.*, p. 194.

[140] "Não se pode exigir, ao menos do ponto de vista jurídico, que a Administração não revogue ato que se tornou inconveniente aos interesses públicos, porque a análise da conveniência e oportunidade dos atos administrativos, se feita dentro dos limites normativos do ordenamento, isto é, dentro dos contornos legais fornecidos por princípios e regras de Direito Administrativo, é discricionária da Administração; o que não impede, do ponto de vista político, que ela reveja, se entender oportuno, diante dos interesses públicos envolvidos, a efetiva conveniência da revogação do ato; mas o particular jamais poderá compelir a Administração a fazer tal tipo de juízo." NOHARA, Irene Patrícia; MARRARA, Thiago. *Op. Cit.*

[141] *Ibidem.*

A relação bilateral formada por meio de um contrato coloca a relação entre Administração e particular sob um ângulo mais horizontal, em que as necessidades de cada parte são supridas a partir de obrigações mútuas, que restam formalizadas em um instrumento jurídico contratual. Essa nova modalidade de interação da Administração, contudo, não escapa do estabelecimento de algumas prerrogativas em prol do poder público, sempre com o fundamento da preservação do interesse público.[142]

Dessa forma, é possível afirmar que o diálogo que as partes estabelecem por meio do contrato administrativo não ocorre em níveis iguais, vez que à Administração é autorizada a utilização de meios que revelam a sua autoridade ao longo da relação contratual. Em decorrência, questões controversas relativas ao contrato, como a escolha da parte para a sua celebração, a execução, o pagamento, não raramente são levadas à discussão judicial, sobretudo pelo particular contratado.

Na mesma lógica do que destacado em relação às demais prerrogativas acima elencadas, o desnivelamento da relação contratual, quando parte a Administração, enseja que eventuais conflitos advindos dessa dinâmica sejam resolvidos por meio do Poder Judiciário. A premissa de que, quando há autoridade, não há diálogo muito menos produção de consensos, enseja que as divergências sejam dirimidas por meio de outra autoridade, no âmbito de um processo cujo rito, além de antecipadamente conhecido por todos, assegura a ampla defesa e o contraditório.

A desigualdade na relação estabelecida por meio do contrato administrativo reside, essencialmente, no estabelecimento das cláusulas exorbitantes, as quais são responsáveis por conceder à Administração algumas faculdades que extrapolam os contratos do direito civil.[143]

---

[142] Na defesa de uma paulatina abolição do regime de cláusulas exorbitantes no Brasil, Fernando Dias Menezes de Almeida afirma inexistir, em tese, o conflito entre interesse público e interesse particular. Lida-se, portanto, com um interesse do direito e da sociedade, a fim de que "um contrato administrativo seja bem-sucedido; que o contratado consiga cumpri-lo eficientemente, obtendo seu justo ganho; que seu objeto seja adequadamente oferecido à população; enfim, que chegue a bom termo, cumprindo-se o pactuado". ALMEIDA, Fernando Dias Menezes de. Mecanismos de Consenso no Direito Administrativo. *In*: ARAGÃO, Alexandre dos Santos; MARQUES NETO, Floriano de Azevedo. *Op. cit.*, p. 333.

[143] No Brasil, as cláusulas exorbitantes estão presentes nos contratos administrativos regidos pela Lei nº 8.666/1993. Marcio Pestana classifica-as em exorbitâncias positivas, quais sejam, que concedem direitos à Administração (alterar, unilateralmente, os ajustes; encerrar o contrato, antes de expirado seu termo final; impor sanções administrativas; exigir a prestação de garantias; realizar fiscalização na execução do contrato e decretar a anulação ou nulificação do contrato) e em exorbitância negativa, a qual obriga a Administração a manter o equilíbrio econômico-financeiro do contrato, não importando se decorrente do

CAPÍTULO 1
A PREPONDERÂNCIA DO ESTADO NO GERENCIAMENTO DE CONFLITOS DA ADMINISTRAÇÃO PÚBLICA | 73

Remete ao regime jurídico-administrativo incidente sobre as relações do poder público, o qual derroga o Direito comum ao tratar de forma diferenciada determinadas situações, isto é, ao conceder determinados privilégios à Administração.[144]

De acordo com o ensinamento de Cretella Jr., a presença de cláusulas exorbitantes é que define o contrato administrativo, diferenciando-o do contrato da Administração, o qual segue as regras do direito comum. Como parte integrante das regras que compõem o regime próprio do poder público, as cláusulas exorbitantes têm origem jurisprudencial no âmbito do *Conseil d'État*, que revelam a *puissance publique*, não encontrada no contrato entre particulares.[145]

No Brasil, a partir da Constituição Federal de 1988 e da implantação de um regime democrático de governo, mostra-se ilegítimo conceber o contrato administrativo sob bases autoritárias, ainda que remanesçam algumas prerrogativas à Administração. É dizer, o estabelecimento de obrigações a partir do instrumento contratual não pode levar em conta somente os interesses da Administração, de modo que os interesses da coletividade harmonizem com as pretensões do particular contratado.[146]

---

fato do príncipe, da teoria da imprevisão, da força maior ou do caso fortuito. PESTANA, Marcio. A exorbitância nos contratos administrativos. *Revista de Direito Administrativo e Infraestrutura – RDAI*, v. 1, n. 1, p. 141-162, 2017. [E-book].

[144] Vide Nota nº 5.

[145] Define o autor: "'cláusulas de privilégios', 'cláusulas de prerrogativas', 'cláusulas exorbitantes' ou 'cláusulas derrogatórias' são as que permitem à Administração, 'dentro do contrato', inegável posição de supremacia, de desnível, verticalizando o Estado em relação ao particular contratante, mostrando ao intérprete que, ao contratar, a Administração 'não desce', 'não se nivela', 'não se privatiza', 'não abdica de sua potestade pública' (*puissance publique*), mas, ao contrário, 'dirige' o contratante, fiscaliza-lhe os atos, concede-lhe benefícios, aplica-lhe penalidades, baixa instruções, transfere-lhe alguns dos privilégios de que é detentora, impõe-lhe 'sujeições', sempre fundada no interesse público, do qual é guardiã ininterrupta". CRETELLA JÚNIOR, José. As cláusulas de privilégios nos contratos administrativos. *Revista de Direito Administrativo*, Rio de Janeiro, v. 161, p. 7-28, 1985. Conforme explica Giacomuzzi, a relação desigual das partes no contrato é o que diferencia o contrato administrativo do contrato privado, sempre com fundamento no atendimento do interesse público: "É em nome do interesse geral que a Administração contratante dispõe de certos meios de ação unilaterais, como o poder de modificar o contrato e de aumentar os encargos do contratante, aí compreendidos no plano financeiro, ou ainda o poder de rescindir unilateralmente o contrato no interesse do serviço". GIACOMUZZI, José Guilherme. *Estado e contrato*: supremacia do interesse público *versus* igualdade. Um estudo comparado sobre a exorbitância no contrato administrativo. São Paulo: Malheiros, 2011, p. 87.

[146] Ao celebrar a avença com a Administração, o particular tem em mente o lucro que advirá para o seu negócio, tal como sucede no mercado econômico. O exercício de faculdades unilaterais por parte da Administração inevitavelmente interferirá no preço do contrato, o que onera sobremaneira os pagamentos a serem realizados pelo poder público: "Adotar configuração autoritária para o contrato administrativo conduz a reduzir o universo dos particulares dispostos a contratar com o Estado. Acarreta a elevação dos custos estimados

Essa assimetria na relação contratual com a finalidade de melhor preservar o interesse público é questionada por Moreira Neto, a fim de escapar da utilização do conceito como uma expressão voluntarista do Estado, típica do regime absolutista. Defende o autor, portanto, uma "concepção democrática do interesse público sobre as prerrogativas da Administração Pública", cujo fundamento e justificativa devem estar amparados por lei.[147]

Dessa forma, seguindo a linha de raciocínio do autor, o fundamento da assimetria da relação do poder público com o particular não está na imperatividade em si da Administração, mas sim em opções feitas pelo legislador nesse sentido. Nos contratos administrativos, sugere Moreira Neto que as prerrogativas pré-estabelecidas sejam flexibilizadas por meio da ponderação das características de cada contrato que deva realizar a Administração.[148]

Além disso, deve-se ter em conta que o desequilíbrio das partes em um contrato administrativo é decorrência das prerrogativas que a Administração possui não somente na relação contratual, qual seja, da posição jurídica que a Administração apresenta também de forma extracontratual. As cláusulas exorbitantes, portanto, revelam as características que já foram acima destacadas (em especial a unilateralidade

---

pelos particulares. Em suma, todas as prerrogativas excepcionais asseguradas ao Estado refletem-se numa elevação de custo econômico. Quanto maiores as restrições aos direitos dos particulares, tanto maior o preço que a Administração desembolsará para haver as utilidades de que necessita". JUSTEN FILHO, Marçal. *Comentários à Lei de Licitações e Contratos Administrativos*. São Paulo: Revista dos Tribunais, 2019, Cap. III – Dos Contratos [livro eletrônico].

[147] MOREIRA NETO, Diogo Figueiredo. O futuro das cláusulas exorbitantes nos contratos administrativos. *In*: ARAGÃO, Alexandre dos Santos; MARQUES NETO, Floriano de Azevedo. *Op. cit.*, p. 548.

[148] As cláusulas exorbitantes (que o autor concebe como "modulações exorbitantes"), portanto, recebem uma proposta de adoção discricionária, não necessariamente obrigatória, levando em conta o contrato e as circunstâncias, sempre com a devida motivação da opção adotada. MOREIRA NETO, Diogo Figueiredo. *O futuro das cláusulas exorbitantes nos contratos administrativo*. *Op. cit.*, p. 554-562. No mesmo sentido, Jacintho Arruda Câmara pondera que a Lei nº 8.666/1993, em seu art. 62, §3º, inciso I e II, dá a opção de inclusão das cláusulas exorbitantes (art. 58) em contratos que tratam eminentemente de direito privado, ao mencionar a expressão *no que couber*, qual seja, há discricionariedade na utilização das prerrogativas pela Administração: "A questão é saber a quais contratos não seria cabível a aplicação dessas prerrogativas. A Lei nº 8.666/1993 não indica fórmula para classificar previamente contratos regidos predominantemente pelo direito privado que admitam a aplicação de prerrogativas e aqueles em que tal regime seja incabível. O silêncio, mais do que omissão, parece apontar para a outorga de ampla margem de discricionariedade para as partes elegerem os contratos que, mesmo regidos predominantemente pelo direito privado, tenham como cabível o regime previsto no art. 58". ARRUDA CÂMARA, Jacintho. O universo dos contratos públicos. *In*: NOHARA, Irene Patrícia; ARRUDA CÂMARA, Jacintho. *Tratado de Direito Administrativo*: Licitação e Contratos Administrativos. DI PIETRO, Maria Sylvia Zanella (coord.) 2. ed. e-book baseada na 2. ed. Impressa. São Paulo: Thomson Reuters Brasil, 2019, Parte II, Capítulo 1.

e a autoexecutoriedade), mas no âmbito de um contrato, o contrato administrativo.[149]

Também é necessário pontuar que, nos contratos administrativos celebrados no Brasil, não há completo desamparo do particular que vem a estabelecer o vínculo contratual com a Administração. Sob a égide de um regime democrático, a Lei nº 8.666/1993, sucedida pela Lei nº 14.133/2021, cuidou de resguardar os direitos subjetivos do particular contratado, em especial no que diz respeito ao equilíbrio econômico-financeiro do contrato.[150]

Referida legislação prevê, inclusive, que o restabelecimento do equilíbrio ocorra por meio de acordo entre as partes. A partir de uma mudança da situação em que o contrato foi inicialmente firmado, o legislador permite que a Administração adote solução consensual a fim de estabelecer a nova remuneração do contratado.[151] Não obstante a previsão, é certo que o restabelecimento do equilíbrio econômico-financeiro do contrato administrativo é objeto de inúmeras ações judiciais,[152] seguindo a lógica do recurso a uma outra autoridade para decisão quanto à solução do impasse.

Pensar em outras maneiras de se resolver os conflitos com a Administração implica, em um primeiro momento, conhecer as

---

[149] Cf. GARCIA DE ENTERRÍA, Eduardo. *Op. cit.*

[150] A garantia do equilíbrio econômico-financeiro do contrato é o que protege o contratado das alterações unilaterais por parte da Administração, ais quais vêm especificadas no art. 65, I, a) e b) da Lei nº 8.666/93. Cf. JUSTEN FILHO, "o particular não pode se opor ao conteúdo das alterações relativas ao projeto e às quantidades. Mas a determinação da remuneração e das demais condições de remuneração não pode ser imposta unilateralmente pela Administração". JUSTEN FILHO, Marçal. *Comentários à Lei de Licitações e Contratos Administrativos. Op. cit.* Assim, toda vez que o equilíbrio do contrato for rompido por uma atuação exorbitante da Administração, goza o particular de direito subjetivo à revisão do preço, a fim de restabelecer as condições da relação inicialmente estabelecida. Trata-se de compensação ao particular por atos unilaterais da Administração. SUNDFELD, Carlos Ari. *Licitação e Contrato Administrativo.* São Paulo: Malheiros, 1995. p. 236.

[151] A previsão do acordo está no art. 65, II, d) da Lei nº 8.666/1993. JUSTEN FILHO defende que a negociação deve ocorrer em qualquer situação que modifique o equilíbrio do contrato, independentemente de o fato ser imputável ou não à Administração. A recusa ao reequilíbrio somente poderia ocorrer nas seguintes hipóteses: ausência de elevação dos encargos do particular; ocorrência do evento antes da formulação das propostas; ausência de vínculo de causalidade entre o evento ocorrido e a majoração dos encargos do contratado; culpa do contratado pela majoração dos seus encargos (o que inclui a previsibilidade da ocorrência do evento). JUSTEN FILHO, Marçal. *Comentários à Lei de Licitações e Contratos Administrativos. Op. cit.*

[152] Em pesquisa de jurisprudência na plataforma Jusbrasil, por meio da expressão "reequilíbrio econômico-financeiro", no período de 01.01.2005 a 03.08.2020, encontram-se 10.914 resultados, no âmbito dos Tribunais Superiores, Tribunais de Justiça e Tribunais Regionais Federais. Disponível em: https://www.jusbrasil.com.br/jurisprudencia/busca ?q=REEQUIL%C3%8DBRIO+ECON%C3%94MICO-FINANCEIRO&dateFrom=2005-01-01&dateTo=2020-08-03T23%3A59%3A59. Acesso em: 3 ago. 2020.

metodologias que se apresentam como alternativas ao Poder Judiciário. A compreensão histórica do Direito Administrativo, ora abordada, fez-se necessária para compreender o cenário de maior utilização dos processos judiciais; no próximo capítulo, avança-se na abordagem dos métodos consensuais, não como algo paralelo ao regime jurídico-administrativo, mas já com vistas à construção de uma ponte entre esses dois sistemas.

1.6 Síntese conclusiva

O presente capítulo permitiu compreender como as teorias do Direito Administrativo se amoldam ao momento histórico e às funções que são esperadas do Estado em relação à sociedade. Não obstante todo o percurso evolutivo, destacou-se como a *puissance publique* pode ainda hoje servir para alijar a Administração de um procedimento consensual, tornando a autoridade do Poder Judiciário o instrumento mais efetivo para a solução de conflitos que envolvem órgãos administrativos. Também foi possível verificar a modificação na doutrina nacional do Direito Administrativo, em que o esforço na defesa da unilateralidade dos atos da Administração começa a ceder espaço para a fundamentação de atos mais concertados e dialogados com o cidadão, sem olvidar da preservação do interesse público.

Essa exposição inicial serve como base para compreender a disrupção que envolve a criação de órgão dentro da Administração que vise exclusivamente à autocomposição de conflitos, com adoção de postura aberta ao diálogo e à verificação da situação conflituosa, sem prévias concepções. Quer dizer, ao mesmo tempo que o Estado exercita a sua autoridade para fazer frente à preservação da ordem pública, muitas vezes sobrepondo-se à vontade individual, também há a oportunidade de construção de soluções concertadas com o particular, de modo a atingir melhor resultado que o litígio.

Para tanto, é indispensável a concepção de interesse público como aquele que cuida do interesse da coletividade, sendo que seu significado exato vai depender das circunstâncias do caso concreto. O texto do capítulo que ora se conclui visou trazer os elementos de interpretação do conceito de interesse público que permitem ao Estado participar de processos autocompositivos de maneira legítima e coerente com a função estatal. Trata-se de condição inicial para avançar no desenvolvimento da consensualidade administrativa e para compreender a inserção dos meios consensuais de solução de conflitos na conduta da Administração. É o que será exposto no capítulo a seguir.

CAPÍTULO 2

UMA MUDANÇA DE PERSPECTIVA: A PRODUÇÃO NORMATIVA BRASILEIRA EM DIREÇÃO AOS MÉTODOS CONSENSUAIS

O segundo capítulo direciona-se para as metodologias consensuais de solução de conflitos, com abordagem das previsões legislativas que as inserem no ordenamento jurídico brasileiro e da sua utilização pelo poder público. Inicialmente, faz-se uma análise de como a porta principal do sistema de solução de conflitos – o Poder Judiciário – é fruto de um contexto histórico e cultural, em que tanto a esfera privada quanto a esfera pública socorrem-se da sentença judicial para a solução de seus problemas. A intenção de modificação desse quadro é percebida a partir da edição de variados diplomas normativos que trazem a previsão de utilização de métodos autocompositivos para dirimir conflitos, com destaque para a negociação, a mediação e a conciliação. O texto relaciona algumas das previsões legais que incluem a estrutura do Estado como destinatário dessa inovação, além de refletir sobre a aplicação efetiva da consensualidade quando diante de conflito que envolve a Administração.

2.1 O protagonismo do Poder Judiciário não é exclusivo para os conflitos da Administração

A maneira como a sociedade se organiza para resolver seus conflitos é reveladora de um comportamento cultural, que guarda relação com a autonomia do indivíduo e com valores outros, como o senso de coletividade e de empatia ao próximo. Tal comportamento inevitavelmente reflete no alicerce das instituições do Estado de Direito, cujas estruturas voltam-se para regular as relações sociais e para bem atender aos seus interesses.

Restringindo a abertura dada acima, a fim de comportar os fins da presente pesquisa, fala-se, em especial, da autonomia do indivíduo e da função do Poder Judiciário. Há uma relação direta no uso das capacidades próprias do indivíduo para lidar com situações conflitivas e nas entregas que o Judiciário dá para a sociedade. Quanto maior a desenvoltura dos membros de determinado corpo coletivo em se utilizar de ferramentas suas, seja em razão da cultura, seja em razão de incentivos legais, mais pontuais são as intervenções da jurisdição estatal.

No Brasil, o recurso ao Poder Judiciário como fonte primordial de solução de conflitos ganhou proporções consideráveis a partir do advento da Constituição de 1988. Em seu texto, os direitos fundamentais recebem tratamento inédito, oportunizado pelo contexto de redemocratização em que se inseria o país à época, após mais de vinte anos de ditadura militar. O alargamento das garantias individuais e das obrigações de fazer pelo Estado descortinam um cenário onde o Judiciário assume um protagonismo em ascensão.[153]

Na definição de Cappelletti e Garth, o acesso à Justiça configura-se como o "mais básico dos direitos humanos", pois é a partir dele que se assegura o usufruto dos direitos proclamados nas Constituições.[154] Logo, é por meio do Poder Judiciário, seguindo a clássica teoria da separação de poderes de Montesquieu,[155] que o Estado garante a efetivação dos direitos previstos no plano normativo.

Na concepção original do filósofo iluminista, contudo, os julgamentos deveriam ser fixos "a tal ponto que nunca sejam mais do que um texto preciso da lei".[156] A configuração da atividade do juiz como a *bouche de loi*, em que apenas são pronunciadas as palavras da lei, serviu

---

[153] A Constituição de 1988 traduz essa importância conferida ao Poder Judiciário a fim de dar cabo aos avanços conquistados de ordem social e democrática. Já no seu preâmbulo, coloca a justiça como valor supremo, certamente necessária para o bom desenvolvimento dos demais valores ali constantes, tais como a liberdade, a segurança, o bem-estar, entre outros. Também consta como objetivo da República a construção de uma sociedade livre, justa e solidária (art. 3º, I), além do caráter universal de acesso à justiça, como direito fundamental dos cidadãos brasileiros (art. 5º, XXXV).

[154] CAPPELLETTI, Mauro; GARTH, Bryant. *Acesso à Justiça*. Porto Alegre: Fabris, 1988, p. 11-12.

[155] Na teoria do pensador iluminista francês, o "poder de julgar", separado das funções do legislativo e do executivo, é condição para a efetiva liberdade do cidadão porque "se estivesse unido ao poder legislativo, o poder sobre a vida e a liberdade dos cidadãos seria arbitrário, pois o juiz seria legislador. Se estivesse unido ao Poder Executivo, o juiz poderia ter a força de um opressor".. MONTESQUIEU, Charles de Secondat, Baron de, 1689-1755. *Do espírito das leis*. São Paulo: Martin Claret, 2010, p. 169.

[156] *Ibidem*, p. 170.

para aquele dado momento histórico de ascensão do Estado liberal francês, com o objetivo de neutralizar a atividade dos juízes e, assim, preservar o indivíduo de seus arbítrios.

Avançando para o cenário brasileiro atual, a tripartição de poderes não impediu o protagonismo do Poder Judiciário.[157] A constitucionalização de uma ampla variedade de direitos e a previsão de ações constitucionais, com ampla legitimidade ativa, deram aos tribunais uma responsabilidade mais política. A assunção deste desempenho de funções como um poder do Estado, com a possibilidade de revisão dos atos do Executivo e de Legislativo, coloca o Judiciário em uma situação de tensão, mas como opção necessária para a preservação de um ambiente efetivamente democrático.[158]

O Poder Judiciário como prestador da função jurisdicional não pode deixar de responder à demanda que lhe chega, seja de ordem individual ou coletiva. Considerando todo o arcabouço normativo da Constituição, em que ao Estado, por meio de normas de caráter aberto programático, é infligido o dever de promover o bem-estar da sociedade, aliada à disponibilização de meios processuais a fim de que seja impelido a cumprir esta função, a atividade jurisdicional somente se intensificou.[159]

Na medida em que a concepção do Estado do *welfare state* deu-se basicamente mediante produção legislativa e que coube ao Executivo

---

[157] Na análise de Mauro Cappelletti, a permanência do Judiciário no espaço confinado pela teoria tradicional da separação dos poderes permitiria o excesso de atividades do Legislativo e do Executivo e a total ausência de controle sobre elas, de modo a ameaçar a liberdade das sociedades modernas. A elevação do Judiciário, por sua vez, na condição de um "terceiro gigante na coreografia do estado moderno" é de vital importância para um efetivo equilíbrio entre os poderes, na medida em que atividade dos juízes ultrapassa o âmbito dos conflitos de natureza privada e passa a cuidar, também, dos atos emanados pelos poderes políticos. CAPPELLETTI, Mauro. *Juízes legisladores?* Porto Alegre: Fabris, 1993, p. 49.

[158] De acordo com a exposição de Luiz Werneck Vianna *et al.*, as inovações trazidas com o constitucionalismo do pós-guerra e os processos sociais que se desenvolvem a partir do fomento da cidadania e da globalização contribuem para este "novo padrão de relacionamento entre os Poderes", que coloca o Judiciário como alternativa à sociedade tanto para a resolução de conflitos entre si quanto para "deflagrar o processo judicial contra as instâncias de poder". VIANNA, Luiz Werneck; CARVALHO, Maria Alice Rezende de; MELO, Manuel Palacios Cunha; BURGOS, Marcelo Baumann. *A judicialização da política e das relações sociais no Brasil*. Rio de Janeiro: Revan, 2014, p. 22 e 43.

[159] Cf. conclui José Eduardo Faria, o Poder Judiciário "teve sua discricionariedade ampliada na dinâmica do processo de redemocratização do País, sendo levado a assumir o papel de legitimador, legislador e até de instância recursal das próprias decisões do sistema político, formado pelo Executivo e pelo Legislativo". FARIA, José Eduardo. O sistema brasileiro de Justiça: experiência recente e futuros desafios. *Estud. av.*, São Paulo, v. 18, n. 51, p. 103-125, 2004. Disponível em: http://www.scielo.br/scielo.php?script=sci_arttext&pid=S0103-40142004000200006&lng=en&nrm=iso. Acesso em: 18 ago. 2020.

a implementação dessas garantias sociais, inevitavelmente o Judiciário também expandiu suas atividades, na forma de um "necessário contrapeso" a fim de acompanhar a ampliação das funções dos demais poderes.[160] Nessa linha de raciocínio, a atividade dos juízes não mais se conforma à mera aplicação da lei, sobretudo porque os direitos sociais vêm normatizados de forma muito mais programática e principiológica, tornando inevitável a atuação do Judiciário como mediador das atividades do Executivo e do Legislativo.

Denominando esse fenômeno de destaque do Poder Judiciário como "judicialização", Luís Roberto Barroso[161] explica que a saliência – em especial do Supremo Tribunal Federal – decorre basicamente de três fatores: a redemocratização trazida pela Constituição de 1988, quando, além da consagração dos direitos da cidadania, o Judiciário é instituído como um Poder autônomo e independente e os juízes gozam de garantias e prerrogativas funcionais; a constitucionalização abrangente, propiciando o aumento do número de ações judiciais a fim de serem cumpridas as normas constitucionais e, por fim, o sistema brasileiro de controle de constitucionalidade, que possui as modalidades de controle incidental e difuso e permite que qualquer juiz ou tribunal, e não somente o STF, pode deixar de aplicar uma lei acaso a considere inconstitucional.

O fenômeno da judicialização, porém, nos termos muito bem destacados por Luiz Werneck Vianna e colaboradores,[162] não diz respeito somente à repercussão do Judiciário na esfera política, mas sim ao seu avanço para as relações sociais, em que o Direito se imiscui em assuntos tradicionalmente encarados como de natureza estritamente privada.[163] O compromisso herdado do Estado do bem-estar social e cravado na Constituição em relação a uma agenda de igualdades faz com que grupos e indivíduos demandem seus direitos a fim de melhor firmarem suas identidades nesse novo espaço cívico que o regime democrático propiciou.

---

[160] CAPPELLETTI, Mauro. *Op. cit.*, p. 19.

[161] BARROSO, Luís Roberto. Judicialização, Ativismo Judicial e Legitimidade Democrática. *Revista Synthesis*, [s.l.], v. 5, n. 1, p. 23-32, 2012.

[162] VIANNA, Luiz Werneck; CARVALHO, Maria Alice Rezende de; MELO, Manuel Palacios Cunha; BURGOS, Marcelo Baumann. *A judicialização da política e das relações sociais no Brasil*. Rio de Janeiro: Revan, 2014, p. 22-23.

[163] Mauro Cappelletti também faz o paralelo do crescimento do Estado com o que denomina "poluição jurídica", referente à intensa intervenção de produções normativas e de atividades administrativas do Estado nas relações sociais. CAPPELLETTI, Mauro. *Op. cit.*, p. 43.

Nesse contexto, novos direitos[164] demandam uma regulação pelo Estado, tais como a homossexualidade, a igualdade de gênero e o racismo, na medida em que indivíduos buscam o exercício da cidadania de acordo com as novas oportunidades advindas da ultrapassagem do regime autoritário que vigorou no Brasil por mais de vinte anos. De outro lado, na ponderação feita por Luiz Werneck Vianna e colaboradores,[165] a ditadura militar reverberou na ausência de convívio social e no distanciamento da vida política, sendo que o retorno ao sistema democrático vê-se carente de normas e de instituições confiáveis. Concluem os autores, dessa forma, que o Judiciário vem preencher este vazio, atuando de forma a solidarizar as relações sociais e a permitir o pleno desenvolvimento da cidadania.

A Justiça representa para os indivíduos a maneira mais direta e confiável de ter seus direitos preservados, inclusive acalentando os anseios daqueles que não encontram identificação com os demais poderes políticos. A crise de representação das demais instâncias que deposita no Judiciário a esperança no cumprimento das promessas da modernidade, talvez se deva, como supõe Antoine Garapon, "a uma instância neutra e imparcial, à transparência e à regularidade processual que parecem ter atualmente mais legitimidade que o exercício de uma vontade política".[166]

A judicialização da política tem ocasionado, dessa maneira, uma transferência de legitimidade do Executivo e do Legislativo para o Judiciário. Nesse contexto em que os tribunais são acionados para suprir a inércia ou a incapacidade dos poderes políticos para resolver suas questões internas e também para atender às demandas sociais, as decisões judiciais surgem como a alternativa mais viável de solução de conflitos e de concretização de direitos fundamentais. Na forma como sentencia Antoine Garapon, "o sucesso da justiça é inversamente proporcional ao descrédito que afeta as instituições políticas clássicas, devido ao desinteresse e à perda do espírito público".[167]

Outro fator que contribui para esse deslocamento diz respeito à participação da sociedade no processo político democrático inaugurado com a Constituição de 1988, de modo desinteressado e indiferente,

---

[164] BOBBIO, Norberto *A era dos direitos*. Rio de Janeiro: Campus, 1992, p. 18-19.
[165] VIANNA, Luiz Werneck; CARVALHO, Maria Alice Rezende de; MELO, Manuel Palacios Cunha; BURGOS, Marcelo Baumann. *Op. cit.*, p. 153-154.
[166] GARAPON, Antoine. *O guardador de promessas*: justiça e democracia. Lisboa: Instituto Piaget, 1996, p. 42.
[167] *Ibidem*, p. 45.

ao mesmo tempo que os indivíduos esperam das instâncias políticas clássicas o provimento das suas mais variadas necessidades. A Justiça, portanto, "torna-se um espaço de exigibilidade da democracia. Oferece potencialmente a todos os cidadãos a capacidade de interpelar os seus governantes, de chamá-los à atenção e de obrigá-los a respeitar as promessas contidas na lei".[168]

É nesse cenário, portanto, que se insere a judicialização da Administração. De um lado, a ausência de respostas claras e organizadas por parte dos entes públicos, aliada ao seu *modus operandi*, que parece naturalmente repelir qualquer possibilidade de aproximação.[169] De outro, a efervescência das demandas oriundas de uma sociedade contemporânea, a qual enxerga no Poder Judiciário a instância que assegurará a o exercício de direitos cada vez mais emergentes.

A introdução é válida para demonstrar que o fenômeno desta judicialização não guarda relação somente com as regras de Direito Administrativo. É dizer, conflitos que envolvem particular e poder público são levados ao Judiciário porque essa é a maneira que a sociedade brasileira, em geral, se comporta diante de situações conflituosas. A Administração não faz exceção a esse padrão, sem ignorar, é claro, que a presença dos entes públicos em juízo também é reforçada pela extensa constitucionalização de direitos e garantias fundamentais.

Para começar a falar de solução de conflitos com a Administração de maneira consensual e, mais ainda, de forma extrajudicial, entende-se que é necessário abordar se esta mudança de procedimento também se apresenta para as controvérsias em geral. Isso porque há uma interpenetração de condutas: o que acontece no âmbito das relações sociais afeta o relacionamento com as estruturas do Estado; o avanço das tecnologias, a agilidade, a pluralidade de interesses, são fatores que não escolhem os atores da relação conflituosa. Tal como ocorre com o fator da consensualidade. É o que se verá a seguir.

2.2 A inserção dos meios consensuais no ordenamento jurídico brasileiro

Os meios consensuais de prevenção e solução de conflitos enquadram-se no termo "autocomposição", significando dizer que o conflito é resolvido pelas próprias partes nele envolvidas, com a ajuda

---

[168] *Ibidem*, p. 46
[169] Cf. item 1.3.

ou não de um terceiro. Nos meios heterocompositivos, por sua vez, a solução é dada por meio de um terceiro, que se configura como uma autoridade que impõe a decisão a ser acatada pelas partes. Como meios autocompositivos enquadram-se a mediação, a conciliação, a negociação. A sentença judicial e a sentença arbitral, por outro lado, são meios heterocompositivos. Conforme destaca Fernanda Tartuce, a busca do consenso e dos mecanismos que o possibilitem vêm ganhando destaque tanto por meio de produção normativa quanto por meio do próprio Poder Judiciário, "por ser extremamente vantajoso que as partes se comuniquem para verdadeiramente buscar a solução do impasse".[170]

2.2.1 A Resolução nº 125/2010 do CNJ e a Lei nº 13.105/2015

Ainda que o foco desta obra volte-se para os meios consensuais extrajudiciais, menciona-se a política judiciária nacional implementada a partir da Resolução nº 125/2010, do Conselho Nacional de Justiça. Trata-se de ato normativo que institui medidas para incentivar "o tratamento adequado de conflitos de interesse no âmbito do Poder Judiciário", por meio da conciliação e mediação. Sua importância reside na introdução que promove dos meios consensuais, de maneira positivada e com o impacto natural que uma política judiciária é capaz de promover no âmbito das metodologias de solução de conflitos.

Em seguida à Resolução nº 125/2010, o diploma legal que busca implementar de forma bastante efetiva a consensualidade como método de solução de conflitos é a Lei nº 13.105/2015, que estabelece o Novo Código de Processo Civil. Em seu texto, encontram-se inúmeros dispositivos que privilegiam a autocomposição em detrimento da imposição da sentença judicial, tanto pelo juiz que conduz o processo quanto pelos demais atores do sistema de justiça.

O maior destaque se destina ao seu art. 3º, que em seus §2º e §3º determina como norma fundamental do processo civil a promoção pelo Estado, sempre que possível, da solução consensual de conflitos e, além disso, constitui como dever por parte de juízes, advogados, defensores públicos e membro do Ministério Público, estimular a conciliação, a

---

[170] TARTUCE, Fernanda. *Mediação nos conflitos civis*. 2. ed., rev. atual. e ampl. Rio de Janeiro: Forense; São Paulo: Método, 2015, p. 26.

mediação e outros meios consensuais;[171] e ao art. 174, que determina a criação das câmaras de mediação e de conciliação no âmbito dos entes federativos, o qual será melhor detalhado no capítulo 4 da presente obra.[172]

Dentre as novidades inseridas no Código de Processo Civil, destacam-se as previsões constantes nos arts. 190 e 191, referentes aos negócios jurídicos processuais atípicos. Trata-se de instituto que permite às partes do processo judicial a negociação – entre si e com o juiz – em relação a uma situação jurídica processual, ou ainda, a um ato processual.[173]

O negócio jurídico processual visa gerar algum efeito no processo, a partir de um mútuo acordo entre as partes. Não se trata, portanto, de um negócio em relação ao conteúdo objeto do processo, mas sim, em relação a alguma questão processual. A classificação como atípico resulta do fato de ampliar a sua aplicação para além daqueles negócios processuais típicos já previstos no código, tais como a cláusula de eleição de foro (art. 63) e a cláusula de inversão do ônus da prova (art. 373, §3º).

---

[171] O art. 3º, §1º do Código de Processo Civil é igualmente relevante em termos de novas concepções de resolução de litígios, eis que autoriza o uso da arbitragem de forma expressa. Ainda que se trate de método heterocompositivo, a autorização do uso da arbitragem reforça a concepção do tribunal multiportas trazida pelo novo diploma processual, em que a porta do Poder Judiciário pode ser encarada como uma das opções possíveis para tentativa de solução, mas não a única.

[172] O novo Código de Processo Civil enaltece, da mesma forma, o prazo razoável para a obtenção da solução final do litígio, por meio de decisão de mérito justa e efetiva (arts. 6º e 7º). Determina ao juiz que promova, a qualquer tempo, a autocomposição, de preferência com auxílio de conciliadores e mediadores judiciais (art. 139, V), além da tentativa de conciliação das partes assim que instalada a audiência de instrução e julgamento (art. 359). Define os conciliadores e mediadores judiciais como auxiliares da Justiça (arts. 165 a 175), torna a manifestação quanto à opção pela realização de audiência de conciliação e mediação um dos requisitos da petição inicial (art. 319, VII), e impõe a penalidade de ato atentatório à dignidade da justiça ao não comparecimento injustificado do autor ou do réu à audiência de conciliação ou mediação, a qual somente não será realizada se ambas as partes manifestarem o desinteresse na composição consensual (art. 334, §4º e §8º).

[173] Seguem os exemplos de negócio jurídico processual trazidos por Fredie Didier Júnior e Daniella Santos Bomfim: "acordo de impenhorabilidade, acordo de instância única, acordo de ampliação ou redução de prazos, acordo para superação de preclusão, acordo de substituição de bem penhorado, acordo de rateio de despesas processuais, dispensa consensual de assistente técnico, acordo para retirar o efeito suspensivo da apelação, acordo para não promover execução provisória, acordo para dispensa de caução em execução provisória, acordo para limitar número de testemunhas, acordo para autorizar intervenção de terceiro fora das hipóteses legais, acordo para decisão por equidade ou baseada em direito estrangeiro ou consuetudinário, acordo para tornar ilícita uma prova etc." DIDIER JÚNIOR, Fredie; BOMFIM, Daniela Santos. A colaboração premiada como negócio jurídico processual atípico nas demandas de improbidade administrativa. *A&C-Revista de Direito Administrativo & Constitucional*, [s.l.], v. 17, n. 67, p. 105-120, 2017.

UMA MUDANÇA DE PERSPECTIVA: A PRODUÇÃO NORMATIVA BRASILEIRA EM DIREÇÃO AOS MÉTODOS CONSENSUAIS

O NCPC avança, portanto, para estabelecer uma cláusula geral de negociação processual,[174] em uma tendência de privilegiar a autonomia das partes, mas não sem estabelecer a atuação subsidiária do juiz em termos de controle. É o que se observa da leitura do parágrafo único do art. 190, que dá ao Poder Judiciário o controle de validade das convenções processuais, com possibilidade de recusa nos casos de nulidade ou de inserção abusiva em contrato de adesão ou em que alguma parte se encontre em manifesta situação de vulnerabilidade.

Quase que simultânea ao novo Código de Processo Civil, é promulgada a Lei nº 13.140/2015, que dispõe como meios de solução de controvérsias tanto a mediação, quando envolve particulares; quanto a autocomposição, quando se trata da Administração Pública. A Lei da Mediação, tal como restou caracterizada, configura-se no marco normativo da mediação no Brasil, eis que institucionaliza seu procedimento e disciplina a atuação do mediador, de forma judicial e extrajudicial.

Dada a sua importância para o desenvolvimento da pesquisa ora exposta, a Lei da Mediação será mais bem analisada quando for abordado o funcionamento das câmaras administrativas, no âmbito do capítulo 4. Por ora, cumpre destacar que referido diploma normativo dedica um capítulo inteiro de seu texto para dispor sobre a autocomposição na Administração Pública, por meio das câmaras de prevenção e resolução administrativa de conflitos, da transação por adesão e do arbitramento, esses dois últimos relacionados aos conflitos envolvendo a Administração Pública Federal direta, suas autarquias e fundações.

2.2.2 Juizados Especiais

No âmbito do processo civil, a Lei nº 10.259/2001 e a Lei nº 12.153/2009 dispõem sobre a criação dos Juizados Especiais Cíveis e Criminais na Justiça Federal e dos Juizados da Fazenda Pública nos entes estaduais e municipais. Em atendimento ao que estabelece o art. 98 da Constituição Federal, estes órgãos judiciários dispõem-se ao julgamento e à execução de causas de menor complexidade, com a possibilidade de os entes públicos transacionarem, conciliarem ou desistirem dos processos judiciais em curso.

A previsão dos Juizados foca na atuação judicial, mas não deixa de ser um significativo convite ao Estado, enquanto réu, em adotar

---

[174] NEVES, Daniel Amorim Assumpção. *Manual de Direito Processual Civil*. 8. ed. Salvador: JusPodivm, 2016. p. 319.

posturas conciliatórias em juízo, respeitada a competência dos Juizados. Como forma de promover a realização de acordos, o rito processual determina a designação de uma audiência de conciliação, que poderá ser conduzida por juiz leigo ou togado.

Passados alguns anos desde a previsão dos Juizados da Fazenda Pública, nas três esferas federativas, é possível refletir sobre a efetividade da atividade conciliatória que visaram promover. Concorda-se com a observação de Ricardo Mancuso, para quem a criação desses novos juizados especiais vem "exacerbar o gigantismo da máquina judiciária, implicando novos aportes financeiros e mais recursos humanos e materiais, pondo-se, assim, na contramão da contemporânea proposta de desjudicialização dos conflitos".[175]

Para o autor, a criação de juizados específicos, como é o caso da Fazenda Pública, serve mais para insuflar a estrutura do Poder Judiciário, com mais custos, mais processos judiciais, do que efetivamente contribuir para a redução da litigiosidade. A "estratégia ampliativa" de acesso à justiça, portanto, não permite que se enfrentem as causas que geram as demandas judiciais, o que Mancuso denomina de efeito "demandista" da sociedade contemporânea.[176]

De fato, a conciliação que é realizada no âmbito dos Juizados Especiais da Fazenda Pública constitui-se em uma mera fase processual, sem que ocorra uma dedicação de esforços para que um acordo seja bem construído entre as partes. A própria postura da Fazenda Pública nesses processos constitui-se muito mais em apresentar propostas de transação por adesão,[177] do que verdadeiramente dialogar com o indivíduo ou a empresa privada que ajuizou a ação.[178]

---

[175] MANCUSO, Rodolfo Camargo. *Acesso à Justiça. Condicionantes legítimas e ilegítimas*. São Paulo: Revista dos Tribunais, 2015.

[176] *Ibidem*.

[177] A transação por adesão configura-se em uma proposta previamente formatada pela Administração, que é oferecida ao particular de forma padronizada, cabendo a ele decidir se adere ou não os termos já estabelecidos pelo ente público. Veio expressamente prevista na Lei da Mediação, em seu art. 35, como política de autocomposição por parte da Administração Pública Federal, muito embora se trate de recurso utilizado também pelos demais entes, anteriormente à edição da lei. Para maior detalhamento do instituto, conferir: CARVALHO, Silzia Alves; FARIA, Carolina Lemos de. A transação por adesão como parte da política pública autocompositiva realizada pela Advocacia-Geral da União. *Revista Fórum Administrativo*, Belo Horizonte, n. 221, p. 59-67, jul. 2019.

[178] Em uma análise sobre os acordos realizados em matéria de seguridade social, no âmbito dos juizados especiais previdenciários da Justiça Federal, Paulo Afonso Brum Vaz e Bruno Takahashi não poupam as palavras para afirmar que a postura conciliatória do INSS se assemelha a um verdadeiro calote, chancelado pelo Poder Judiciário. Conforme refletem, as propostas de acordo são oferecidas a partir de valores reconhecidamente devidos

2.2.3 Termo de Ajustamento de Conduta

Na esfera do direito público, faz-se importante destacar alguns dos diplomas normativos que cuidaram de inserir a prática da consensualidade no âmbito da Administração. Pode-se afirmar que a previsão do Termo de Ajustamento de Conduta (TAC), por meio da Lei nº 7.347/5, está entre aquelas que por muito tempo serviu de modelo para a possibilidade de realização de acordos administrativos.[179]

Conforme dispõe o art. 5º, §6º da referida lei, os órgãos públicos legitimados para a propositura da ação civil pública poderão firmar compromisso com aqueles que configurariam como réus na ação, a fim de ajustar a conduta desses às exigências legais, mediante cominações. Freddie Diddier Jr. e Hermes Zaneti Jr. referem que, no âmbito do acordo, não se pode dispensar a satisfação do direito objeto do TAC, de modo que o instrumento consensual limita-se a regular o modo como se deverá proceder à reparação dos prejuízos.[180]

---

pela autarquia previdenciária, se tratando em verdade de um direito que deveria ser reconhecido integralmente. VAZ, Paulo Afonso Brum; TAKAHASHI, Bruno. Barreiras da conciliação na seguridade social e a Política Judiciária Nacional de tratamento adequado dos conflitos. *Revista de Doutrina da 4ª Região*, Porto Alegre, n. 46, fev. 2012. Disponível em: trf4.jus.br. Acesso em: 7 dez. 2020.

[179] Sobre as disciplinas normativas que tratam dos acordos administrativos no Brasil, menciona-se o compilado trazido por Gustavo Justino de Oliveira: "a) Acordos expropriatórios previstos no Decreto-lei nº 3.365/1941; b) Termo de ajustamento de conduta, nas Leis federais nºs 6.385/1976, 7.347/1985 e 9.656/1998; c) Acordos no âmbito do CADE, segundo a Lei federal nº 12.259/2011; d) Acordos de leniência, da Lei federal nº 12.846/2013; e) Acordos no âmbito da mediação e da autocomposição administrativa da Lei federal nº 13.140/2015; f) Acordos administrativos com o Terceiro Setor, das Leis federais nºs 9.637/1998, 9.799/1999 e 13.019/2014; g) Protocolos de intenção da Le federal nº 11.107/2005; h) Acordos administrativos endoprocessuais e endocontratuais das Leis federais nºs 8.666/1993, 8.987/1995 e 11.079/2004; i) Acordos administrativos com empresas no âmbito da Política Nacional de Resíduos Sólidos da Lei federal nº 12.305/2010; Acordos ambientais interfederativos da Lei complementar n 140/2011". OLIVEIRA, Gustavo Henrique Justino de. Convênio é acordo, mas não é contrato: contributo de Hely Lopes Meirelles para a evolução dos acordos administrativos no Brasil. *In*: JUSTEN FILHO, Marçal *et al.* (orgs.). *O Direito administrativo na atualidade*: estudos em homenagem ao centenário de Hely Lopes Meirelles (1917-2017), defensor do Estado de Direito. São Paulo: Malheiros, 2017, p. 516-527. De forma mais recente, também pode se citar a Lei nº 14.133/2021 (Nova Lei de Licitações e Contratos Administrativos), que dispõe sobre os meios alternativos de solução de controvérsias para tratar de questões atinentes aos contratos, inclusive sua extinção.

[180] A indisponibilidade quanto ao direito que se funda a possível ação civil pública reside na legitimação extraordinária concedida pela lei para a proteção dos direitos coletivos: "a) no momento em que se reconhece constitucionalmente a tutela dos direitos coletivos, não se pode impedir a efetivação deles, cerceando a atuação de quem por eles compete lutar, especialmente se a transação se mostrar o mais adequado; b) a indisponibilidade não será afetada, na medida em que visa, com a transação, a sua maior efetivação; c) a efetivação dos direitos exige a sua concretização." DIDIER JR., Fredie; ZANETI JR., Hermes. Justiça multiportas e tutela constitucional adequada: autocomposição em direitos coletivos. *In*: Justiça

Trata-se o TAC, com efeito, de uma espécie de transação por adesão, em que ao interessado na sua celebração destinam-se limitadas possibilidades de negociação e de efetivo diálogo com o órgão responsável pelo ajuizamento da ação civil pública, em essência o Ministério Público.[181] Ainda que conste como exemplo de acordo administrativo, o TAC dispõe de reduzidas possibilidades de geração de consenso, as quais se encontram adstritas à forma de cumprimento das obrigações unilateralmente estabelecidas pelo órgão ministerial, sob pena de cominação de sanções acaso haja o seu descumprimento.[182]

2.2.4 Acordo de leniência e colaboração premiada

O cenário de predominância do TAC como referência na realização de acordos no âmbito da esfera pública começa-se a modificar a partir de 2011, mais precisamente com a edição da Lei nº 12.529/2011, também conhecida como Lei Antitruste. A partir de sua edição, inauguram-se os diplomas normativos que permitem que partícipes de condutas ilícitas confessem e cooperem com as investigações em troca de imunidade ou redução nas sanções.[183]

Por meio do termo de cessação de compromisso e do acordo de leniência (art. 85 e art. 86 e ss. da Lei nº 12.259/2011), ao CADE (Conselho

---

Multiportas: mediação, conciliação, arbitragem e outros meios de solução adequadas de conflitos. ZANETTI JR., Hermes; CABRAL, Trícia Navarro Xavier (coord.). Salvador: Juspodivm, 2017, p. 39-40.

[181] A fim de corroborar tal afirmação, menciona-se a lição de Geisa de Assis Rodrigues: "De conseguinte, o compromisso tem que ser um meio através do qual se possa alcançar pelo menos tudo aquilo que seja possível obter em sede de eventual julgamento de procedência em ação judicial relacionada àquela conduta específica". RODRIGUES, Geisa de Assis Rodrigues. *Ação civil pública e termo de ajustamento de conduta*: teoria e prática. Rio de Janeiro: Forense, 2002, p. 175.

[182] Afastando a ideia de que o TAC efetivamente se constitua em espécie de acordo administrativo, Gustavo Justino de Oliveira e Wilson Accioli de Barros Filho colocam luzes sobre a inquisitoriedade que permeia toda a celebração do compromisso, de caráter intimidatório, "pois o ajuste não passará de um acordo impositivo (por adesão)". Para mudança de tal quadro, defendem os autores o exercício adequado do devido processo legal, em fase antecedente à assinatura do termo, com efetivo exercício da ampla defesa e do contraditório por parte do interessado no compromisso. OLIVEIRA, Gustavo Henrique Justino de; BARROS FILHO Wilson Accioli de. Inquérito civil público e acordo administrativo: apontamentos sobre o devido processo legal adequado, contraditório, ampla defesa e previsão de cláusula de segurança nos Termos de Ajustamento de Conduta (TACS). In: OLIVEIRA, Gustavo Justino de (coord.); BARROS FILHO Wilson Accioli de. (org.). *Acordos administrativos no Brasil*: teoria e prática. São Paulo: Almedina, 2020, p. 91-125.

[183] MARTINEZ, Ana Paula. *Parâmetros de negociação de acordo de leniência com o MPF à luz da experiência do CADE. In*: MOURA, Maria Thereza De Assis Moura; BOTTINI, Pierpaolo Cruz Bottini (coord.). *Colaboração Premiada*. São Paulo: Revista dos Tribunais, 2019 [livro eletrônico].

Administrativo de Defesa Econômica) é concedida a competência para celebrar acordos com as pessoas físicas e jurídicas envolvidas com a prática de crime anticoncorrencial, desde que colaborem com as investigações e com o processo administrativo. Vale dizer que a celebração dos acordos de leniência já ocorria anteriormente à lei, vez que a estatística disponibilizada pela própria autarquia aponta que houve a assinatura de 103 (cento e três) acordos de leniência no âmbito do CADE, desde o ano de 2003.[184]

O acordo de leniência não se restringiu aos sujeitos infratores envolvidos com práticas anticoncorrenciais. Em seguida, houve a promulgação da Lei nº 12.846/2013, também denominada Lei Anticorrupção, cujo texto traz autorização para celebração do acordo de leniência com pessoas jurídicas autoras de atos de corrupção contra a Administração Pública, que venham a colaborar de modo efetivo com as investigações e com o processo administrativo (art. 16).

O acordo de leniência, portanto, configura uma nova[185] relação entre o poder persecutório do Estado e o agente infrator. Nele o Estado negocia o seu poder de punir em troca de informações que possibilitem maior efetividade na investigação de um crime, sem as quais dificilmente alcançaria êxito. Diferentemente do TAC, em que o acordo é celebrado com o intuito de reparação dos prejuízos causados pelo autor do dano, no acordo de leniência amplia-se a colaboração para que o particular também auxilie o Estado na investigação da irregularidade que fora cometida.

Na mesma linha, tem-se o instituto da colaboração premiada, que veio previsto na Lei nº 12.850/2013 (arts. 3ºA e seguintes). Referida lei dispõe sobre as organizações criminosas e se utiliza do acordo de colaboração premiada como forma de obtenção de provas relacionadas a

---

[184] Disponível em: http://www.cade.gov.br/assuntos/programa-de-leniencia/estatisticas. Acesso em: 30 dez. 2020. Com efeito, a previsão do acordo de leniência veio com a Medida Provisória nº 2.055-4, convertida na Lei nº 10.149/2000, a qual trouxe alterações à Lei Antitruste vigente à época, a Lei nº 8.884/1944.

[185] Não se pode dizer que a colaboração premiada é o único instituto que representa a justiça penal negocial no direito brasileiro. Conforme lembra Vinicius Gomes de Vasconcellos, a Lei nº 9.099/1995, que criou os Juizados Especiais Criminais, fez constar a previsão dos mecanismos da transação penal e da suspensão condicional do processo, em consonância com o comando constitucional disposto no art. 98, inciso I. Além disso, e seguindo a "tendência de expansão dos espaços de consenso em perspectiva futura no campo jurídico-penal nacional", houve a recente inclusão no Código de Processo Penal do acordo de não persecução penal, por meio da Lei nº 13.964/2019, além de outras previsões que ainda em discussão no âmbito da proposta do novo Código (PL nº 8.045/2010). VASCONCELLOS, Vinicius Gomes de. *Colaboração Premiada no Processo Penal.* São Paulo: Thomson Reuters Brasil, 2020 [livro eletrônico].

crimes cometidos pela organização, em troca de concessão de benefícios à pena que seria aplicada ao colaborador.[186]

Como bem reflete Thiago Marrara, a colaboração premiada e o acordo de leniência enquadram-se em um movimento maior de consensualidade na Administração, em que a relação entre Estado e particular ganha ares de maior horizontalidade. Conforme destaca o autor, seria impensável há algumas décadas imaginar infrator e acusador dialogando em busca de benefícios mútuos,[187] eis que de fato se apresenta a atividade repressiva do Estado como aquela que reflete o maior caráter de unilateralidade e verticalidade.[188]

A mudança de paradigma no âmbito da atividade persecutória do Estado, em especial no que diz respeito ao combate aos crimes de corrupção, de lavagem de dinheiro e ao crime organizado, ocorreu no Brasil sob a influência de legislações e tratados internacionais.[189] Como medida de enfrentamento a crimes tão sofisticados e de complexa investigação pelos meios tradicionais, o país adota novos marcos regulatórios que trazem o aprimoramento institucional, a ampliação de transparência e, o que mais interessa ao presente estudo, a reconfiguração da relação entre público e privado.[190]

---

[186] Em relação à terminologia dos acordos que se voltam a partícipes de condutas ilícitas, explica Ana Paula Martinez que a colaboração premiada pode ser identificada como o gênero, qual seja, "como todo instituto que garante benefícios – seja imunidade, seja redução nas penalidades aplicáveis – para aquele que espontaneamente coopere eficazmente com a investigação", enquanto o acordo de leniência constitui-se como espécie de colaboração premiada, assim como existiriam outros tipos de delação previstos em lei. MARTINEZ, Ana Paula. *Op. cit.*, 2019.

[187] A ideia de que há benefícios na mesma proporção para Estado e acusado é suscetível de questionamento com base no princípio do devido processo legal. Sobre o tema: VASCONCELLOS, Vinícius Gomes de. *Colaboração premiada no processo penal*. São Paulo: Thomson Reuters Brasil, 2020 [livro eletrônico].

[188] MARRARA, Thiago. Acordos de leniência no processo administrativo brasileiro: modalidades, regime jurídico e problemas emergentes. *Revista Digital de Direito Administrativo*, [s.l.], v. 2, n. 2, p. 509-527, 2015.

[189] É no cenário internacional que inicialmente avançam os mecanismos negociais na esfera penal: "Trata-se de um movimento de incentivo a tendências de flexibilização de regras procedimentais e introdução de mecanismos negociais no processo penal que entrou em voga em diversos ordenamentos jurídicos, organizações internacionais e normativas supranacionais, findando por assim, influenciar inúmeros sistemas de justiça criminal internos. Esse panorama é cristalino nas diretrizes europeias, nos regramentos de tribunais supranacionais, no Código de Processo Penal modelo para a Ibero-América e em órgãos de financiamento de reformas processuais". VASCONCELLOS, Vinícius Gomes de. *Colaboração premiada no processo penal*. São Paulo: Thomson Reuters Brasil, 2020 [livro eletrônico].

[190] VASCONCELOS, Beto Ferreira Martins; SILVA, Marina Lacerda e. Acordo de leniência – a prática de um jogo ainda em andamento. *In*: MOURA, Maria Thereza De Assis Moura; BOTTINI, Pierpaolo Cruz Bottini (coord.). *Colaboração Premiada*. São Paulo: Revista dos Tribunais, 2019 [livro eletrônico].

2.2.5 Acordo nas ações de improbidade administrativa

A exposição deste quadro normativo que inova na forma de obtenção de provas na esfera criminal e, por consequência, na aplicação de penalidades por parte do Estado, visa demonstrar a irradiação das relações negociais com o poder público. Quando se fala em uma maior horizontalidade no âmbito da disciplina do Direito Administrativo, é preciso ter em mente que se trata de um movimento de maior amplitude, que atinge as esferas público e privada sob a égide do processo civil, do Direito Penal e, também, do regime jurídico-administrativo.

Inclusive, é possível afirmar que, no Brasil, a alavanca para que acordos começassem a ser formatados pelos órgãos da Administração Pública se deu, em grande parte, pelos acordos firmados na esfera punitiva do Estado. A negociação do poder de punir desvela um cenário de possibilidades para negociação de outras prerrogativas, em prol de um resultado que se apresente mais satisfatório que a utilização de métodos tradicionais.

Nessa linha, houve a promulgação da Lei nº 13.964/2019, que aperfeiçoa a legislação penal e processual penal no Brasil. Dentre as suas inovações, foi incluído o §1º no art. 17 da Lei nº 8.429/1992, que trata sobre os atos de improbidade. O novo dispositivo expressamente admite a celebração de acordo de não persecução cível com os agentes envolvidos em atos de improbidade administrativa.

Em sua redação original, referido parágrafo expressamente vedava a realização de transação, acordo ou conciliação nas ações de improbidade administrativa. Houve uma significativa evolução, portanto, a partir da edição de Lei nº 13.964/2019, em consonância com as previsões já constantes em outras legislações específicas, tal como já aqui relatado.

É particularmente interessante para a linha argumentativa que é desenvolvida nesta obra a lacuna que se formou com o veto dos dispositivos que regulamentavam a celebração do acordo de não persecução cível. Com efeito, o artigo 17-A, que seria introduzido na Lei nº 8.429/1992, trazia em seus incisos e parágrafos algumas condições para a celebração do acordo, critérios a serem levados em conta, momento processual em que poderia ser celebrado e, por fim, as regras sobre a homologação.

Conforme consta nas razões de veto, a regulamentação não foi levada a efeito em razão da previsão de que caberia ao Ministério Público, somente, a celebração do acordo de não persecução cível nas ações de improbidade administrativa, em descompasso com a legitimidade ativa mais ampliada para o próprio ajuizamento destas ações.[191] Da forma como restou então autorizada a conduta consensual na lei de improbidade administrativa, nada mais foi dito pelo legislador além da previsão da sua possibilidade.

Ocorre que, conforme apontado pela doutrina sobre o tema, a ausência de critérios mais claros acerca de *como proceder*[192] com o acordo que veio expressamente autorizado pela Lei nº 13.964/2019 implica maiores dificuldades na sua implementação prática. De fato, o comando legal é inovador e radicalmente oposto à previsão anterior, de modo que demandaria maior detalhamento normativo (que na verdade ocorreu, mas sofreu os efeitos do veto).[193]

Dito isso, é oportuno destacar que a ausência de disciplina legal a respeito de nova conduta que vem autorizada por um comando normativo leva a uma difícil implementação na prática, justamente porque falta a parametrização. A reflexão de que a autorização legal para acordos no âmbito das ações de improbidade restou insuficiente já serve para denotar que, por vezes, o detalhamento legislativo faz-se necessário para que mudanças de condutas ocorram, em especial quando se trata do poder público.

Sobre os acordos em âmbito da improbidade administrativa, a falta da regulamentação restou por fim amenizada com a edição da Lei nº 14.230/2021, que introduziu o art. 17-B na Lei nº 8.429/1992. Da leitura do mencionado dispositivo é possível perceber o esforço legislativo para que o acordo que venha a ser realizado obedeça a condições previamente estabelecidas, tanto em relação ao conteúdo quanto em relação ao procedimento consensual.

---

[191] Disponível em: https://www2.camara.leg.br/legin/fed/lei/2019/lei-13964-24-dezembro-2019-789639-veto-159755-pl.html. Acesso em: 13 nov. 2020.

[192] A única disposição está no §10-A do art. 17, que dá às partes a possibilidade de requerer ao juiz a interrupção do prazo para a contestação, por prazo não superior a 90 (noventa) dias, em havendo tratativas para a adoção de solução consensual.

[193] Na forma como pontua Fernando Fonseca Gajardoni, "nada foi disciplinado em termos de limites para referidos acordos, salvo a possibilidade da suspensão do prazo para contestar (§10-A), criando diversas dificuldades para a sua aplicação prática. Estando nos campos do Direito Administrativo e do Direito Sancionador, necessária a adoção de algumas diretrizes, mas que deve ter embasamento normativo. O limite é aquele delimitado sempre pela norma". Comentários à Lei de improbidade administrativa: Lei 8.249 de 02 de junho de 1992. GAJARDONI, Fernando da Fonseca *et al. Comentários à Lei de improbidade administrativa*: Lei 8.249 de 02 de junho de 1992. São Paulo: Thomson Reuters Brasil, 2020. [livro eletrônico]. No mesmo sentido: PINHO, Humberto Dalla Bernardina de. O consenso em matéria de improbidade administrativa: limites e controvérsias em torno do acordo de não persecução cível introduzido na Lei nº 8.429/1992 pela Lei nº 13.964/2019. *Revista Interdisciplinar de Direito*, [s.l.], v. 18, n. 1, p. 145-162, 2020; DEZEM, Guilherme Madeira; SOUZA, Luciano Anderson de. *Comentários ao pacote anticrime. Lei 13.964/2019*. São Paulo: Thomson Reuters Brasil, 2020. [livro eletrônico].

2.2.6 A Lei nº 13.655/2019

Nesse mesmo contexto de autorização geral desprovida de maior detalhamento, menciona-se o art. 26 da Lei nº 13.655/2019, a qual cuidou de incluir no Decreto-Lei nº 4.657/1942 (Lei de Introdução às Normas do Direito Brasileiro), disposições sobre segurança jurídica e eficiência na criação e na aplicação do direito público. O artigo foi recebido pela doutrina brasileira como uma autorização geral para acordos pelo poder público.[194]

Em seu texto, consta que para eliminar irregularidade, incerteza jurídica ou situação contenciosa na aplicação do direito público, inclusive no caso de expedição de licença, a autoridade administrativa poderá, após oitiva do órgão jurídico e, quando for o caso, após realização de consulta pública, e presentes razões de relevante interesse geral, celebrar compromisso com os interessados, observada a legislação aplicável, o qual só produzirá efeitos a partir de sua publicação oficial. O compromisso mencionado no *caput* recebe algum detalhamento nos seus parágrafos, que dispõem sobre a necessidade de solução jurídica ser proporcional, equânime, eficiente e compatível com os interesses gerais; a vedação à desoneração permanente de dever ou condicionamento de direito reconhecidos por orientação geral e o dever de prever com clareza as obrigações das partes, o prazo para seu cumprimento e as sanções aplicáveis em caso de descumprimento.

Conforme contextualizam Juliana Palma e Sérgio Guerra, o art. 26 da LINDB pretende trazer um "mínimo regulamentar" para a realização de um acordo administrativo, que se constituiria em uma "negociação do exercício de determinada prerrogativa pública pelo poder público com o particular e a celebração por acordo de vontades no âmbito de um processo administrativo". Exemplos dessas prerrogativas, segundo os autores, seriam a sancionatória, a fiscalizatória ou a adjudicatória, o que leva à conclusão de que "o poder público sempre estará em posição de vantagem na negociação, na qualidade de autoridade administrativa detentora da competência decisória".[195]

É interessante destacar que, não obstante a sua concepção como um permissivo genérico para a realização de acordos pelo poder público, depreende-se que o art. 26 se destina àquelas relações em que o

---

[194] Por todos, ver: GUERRA, Sérgio; PALMA, Juliana Bonacorsi de. Art. 26 da LINDB: novo regime jurídico de negociação com a Administração Pública. *RDA*, ed. especial LINDB, 2018. p. 135-169.

[195] *Ibidem.*

Estado está revestido do poder de polícia, com o exercício de alguma imperatividade sobre o particular.[196] Trabalha-se, dessa forma, com o modelo de relação jurídico-administrativa em que há poder sancionatório do Estado, dando a possibilidade de substituição de prerrogativas públicas, no caso o poder de sanção, por um ajuste que melhor atenda aos interesses gerais.

No entanto, a situação prevista no art. 26 da Lei nº 13.655/2018 não é a única modalidade por meio da qual o Estado interage com a sociedade, pois em muitos casos o poder público é quem configura-se devedor de algum direito/prestação, nos quais, da mesma forma, entende-se cabível a realização de acordos. Essa temática será melhor abordada no capítulo 4 da presente obra, de modo que neste momento faz-se somente a ressalva.

Não obstante, é evidente que a previsão constante na Lei nº 13.655/2018 veio engrossar o caldo legislativo acerca da possibilidade de atuação mais consensual do poder público, na esteira do que já vinha ocorrendo, em especial na esfera penal. Como já afirmado, se ao Estado é dada a possibilidade de negociar seu poder de autoridade em prol de um resultado que mais se aproxime do interesse público, abre-se o caminho para o desenvolvimento de inúmeras outras possibilidades para a construção de consensos envolvendo a Administração, no âmbito das diversas relações que estabelece com o particular.

O "mínimo regulamentar" que veio disposto por meio do art. 26 da LINDB pode servir de estímulo para que regulamentos, decretos, portarias e outras normativas sejam editadas pelos órgãos da Administração, de maneira mais próxima da realidade de situações concretas enfrentadas pelos agentes públicos. Talvez aí esteja o maior mérito dessa previsão geral, significando um importante avanço em termos de autorização legislativa para a adoção de soluções consensuais.

2.3 Os procedimentos consensuais na solução de conflitos

Uma vez exposta a legislação nacional que insere a consensualidade como meio de atuação do poder público, cabe fazer referência às técnicas procedimentais que são colocadas à disposição para a operacionalização do acordo e para a prevenção de conflitos. Quer

---

[196] No texto do dispositivo legal em questão, a relação colocada é de "autoridade administrativa" e "interessado", sendo exemplificado por meio de "expedição de licença".

dizer, a consensualidade pode ser obtida por variados métodos, seja na esfera das relações privadas seja nas relações no âmbito do regime jurídico-administrativo.

Ao se referir aos métodos consensuais de solução de conflitos, podem vir à mente variados procedimentos. Uma negociação direta entre os envolvidos, uma negociação facilitada por um terceiro, que pode adotar uma postura mais ativa na construção do acordo ou uma atitude focada mais na facilitação da comunicação. Também se pode pensar em um painel consultivo, que é chamado a adotar soluções que resolvam determinado impasse instaurado entre as partes, em especial no que diz respeito a relações contratuais cujo objeto está na construção de obras. Por fim, há a possibilidade de um procedimento *tailor-made*, que conjuga mais de uma técnica procedimental, a ser formatado conforme o conflito, seu objeto e as partes envolvidas.

Acima se mencionaram os procedimentos da negociação, da mediação, da conciliação, do *dispute boards*, do desenho de sistema de disputas. Todos eles, com diferentes graus de variação, se enquadram na metodologia da autocomposição de conflitos que, como já afirmado, tem como premissa que a solução alcançada se dê por meio dos próprios envolvidos na situação. Esta introdução é relevante porque, na lei em referência no presente estudo, Lei nº 13.140/2015, consta uma diferenciação: fala-se em mediação para a solução de controvérsias entre particulares e em autocomposição para os conflitos no âmbito da Administração Pública.

O legislador, portanto, ao positivar pela primeira vez o procedimento da mediação, cuidou de destinar à Administração Pública a categoria genérica da autocomposição, da qual a mediação é espécie. Daí que, ao se falar em câmaras administrativas, deve-se ter em mente que variados são os procedimentos que podem ser adotados pela advocacia pública a fim de tentativa de solução e de prevenção do conflito, dentre eles a mediação. O assunto será melhor abordado adiante, quando se tratar do papel do advogado público no âmbito das câmaras, mas opta-se em desde aqui ressaltar a diferenciação.

De qualquer forma, para se falar em consensualidade na Administração Pública por meio da autocomposição, entende-se adequado discorrer sobre o que são estes procedimentos que visam proporcionar a construção de acordos e a melhora na relação de seus participantes. O objetivo da presente pesquisa não é adentrar na teoria sobre cada um dos métodos, mas sim conceituá-los minimamente e expor um pouco do seu funcionamento ao leitor.

ELISA BERTON EIDT
AUTOCOMPOSIÇÃO NA ADMINISTRAÇÃO PÚBLICA

Percebem-se os meios consensuais como instrumentos para que a Administração promova as atividades das câmaras administrativas, com foco na produção de bons resultados e na redução da judicialização. Para tanto, necessário se faz compreendê-los e ao mesmo tempo refletir sobre a sua compatibilização com o regime jurídico-administrativo.

2.3.1 Mediação

Na definição de Fabiana Marion Spengler, a mediação deve ser compreendida como um método que propicia "o restabelecimento da comunicação entre as partes, sem a imposição de regras, auxiliando-as a chegar a um reconhecimento recíproco que produza nova percepção do conflito".[197] Na atividade da mediação, um terceiro facilitador, o mediador, atua em plano secundário, auxiliando no protagonismo das partes em restabelecerem o vínculo perdido ou lesado.

Existem, portanto, alguns elementos essenciais para que ocorra a mediação: a existência de partes em conflito, uma contraposição de interesses e a presença de um terceiro neutro capacitado e que busque facilitar o entendimento entre os envolvidos.[198] O que diferencia a mediação dos demais procedimentos é, de fato, a presença do mediador e a postura que deve assumir ao longo de todo o procedimento.

Trata-se a mediação de um procedimento, pautado por alguns princípios e objetivos, e não de uma definição legal. Não obstante, houve no Brasil a normatização do instituto, inicialmente por meio da Resolução nº 125/2010, do Conselho Nacional de Justiça e, em seguida, por meio do Código de Processo Civil (Lei nº 13.105/2015) e da Lei da Mediação (Lei nº 13.140/2015).

A Resolução nº 125/2010 tratou de instituir uma "política judiciária nacional de tratamento adequado dos conflitos", por meio da criação de órgãos específicos para a implementação dos meios consensuais, da capacitação do seu quadro de servidores e do acompanhamento estatístico quanto ao desenvolvimento dos meios consensuais no âmbito do Poder Judiciário. Trata-se de normativa que foge ao escopo

---

[197] SPENGLER, Fabiana Marion. *Da jurisdição à mediação:* por uma outra cultura no tratamento de conflitos. Ijuí: Unijuí, 2010, p. 313.

[198] Deve ser reforçada a distinção que a prática possui em relação ao processo terapêutico, não obstante o conhecimento em psicologia auxiliar o mediador na condução dos trabalhos. PINHO, Humberto Dalla Bernardina de; CABRAL, Trícia Navarro Xavier. Conclusão: expectativas para o marco legal da mediação no Brasil. *In*: HALE, Durval; PINHO, Humberto Dalla Bernardina de; CABRAL, Trícia Navarro Xavier. *O marco legal da mediação no Brasil*: comentários à lei nº 13.140, de 26 de junho de 2015. São Paulo: Atlas, 2016, p. 275.

deste estudo, que tem como foco a atividade extrajudicial no âmbito de câmaras administrativas, mas não se pode ignorar o impacto trazido pela resolução quanto à popularização da mediação e da conciliação entre os operadores do Direito.[199]

Em seu texto, não há propriamente uma definição do que é a mediação, mas sim o estabelecimento de um código de ética dos mediadores e dos conciliadores judiciais, que se destina a formar a "consciência" desses profissionais e de trazer os imperativos da sua conduta.[200] Os dispositivos do mencionado código de ética se dividem entre os tópicos dos princípios e garantias, das regras do procedimento e, por fim, das responsabilidades e sanções do mediador ou conciliador.

A Lei nº 13.140/2015, por sua vez, considera a mediação como a "atividade técnica exercida por terceiro imparcial sem poder decisório, que, escolhido ou aceito pelas partes, as auxilia e estimula a identificar ou desenvolver soluções consensuais para a controvérsia" (art. 1º, parágrafo único). O dispositivo legal, portanto, trata a mediação como um processo técnico, em que as partes buscam uma solução com o auxílio do mediador, sempre com base na consensualidade.

Já no Código de Processo Civil, houve uma curiosa diferenciação entre os procedimentos da conciliação e da mediação, por meio da definição das atividades do conciliador e do mediador.[201] Conforme o código processual, o mediador é

> aquele que atuará preferencialmente nos casos em que houver vínculo anterior entre as partes, auxiliará aos interessados a compreender as questões e os interesses em conflito, de modo que eles possam, pelo restabelecimento da comunicação, identificar, por si próprios, soluções consensuais que gerem benefícios mútuos.

---

[199] Um dos idealizadores da referida resolução é o prof. Kazuo Watanabe, que muito já contribuiu – e continua contribuindo – para um enfoque mais preventivo no tratamento dos conflitos, cuja adequação pode estar em outros mecanismos que não a sentença judicial: "O mecanismo predominantemente utilizado pelo nosso Judiciário é o da solução adjudicada dos conflitos, que se dá por meio de sentença do juiz. E a predominância desse critério vem gerando a chamada "cultura da sentença", que traz como consequência o aumento cada vez maior da quantidade de recursos, o que explica o congestionamento não somente das instâncias ordinárias, como também dos Tribunais Superiores e até mesmo da Suprema Corte. Mais do que isso, vem aumentando também a quantidade de execuções judiciais, que sabidamente é morosa e ineficaz e constitui o calcanhar de Aquiles da Justiça". WATANABE, Kazuo. Política pública do Poder Judiciário nacional para tratamento adequado dos conflitos de interesses. *Revista de Processo*, São Paulo, v. 195, 2011, p. 381.

[200] Anexo III da Resolução nº 125/2010, introduzido pela Emenda nº 2, de 09.03.2016.

[201] A partir do Código de Processo Civil de 2015, o conciliador e o mediador passam a integrar o quadro dos auxiliares de justiça, sendo os únicos aos quais é dada a possibilidade de trabalho voluntário, sem qualquer espécie de remuneração (art. 169, §1º).

Da leitura de ambas as definições legais, é possível perceber que o CPC trouxe uma acepção mais aprofundada do procedimento da mediação, com abordagem em relação ao tipo de vínculo que possuem as pessoas envolvidas no conflito e, ainda, com atenção ao restabelecimento da comunicação, sem dar enfoque exclusivo à produção da solução consensual. A definição da função do mediador, na Lei da Mediação, também é mais sucinta que o CPC, quando diz que a ele caberá conduzir o "procedimento de comunicação entre as partes, buscando o entendimento e o consenso e facilitando a resolução do conflito".

Se caberia fazer esta distinção em relação ao tipo de vínculo que possuem as partes envolvidas no conflito, é algo que pode ser questionado e que vai ser melhor explorado quando se tratar da conciliação. Em especial se se tem a perspectiva de que é o procedimento que deve se adaptar ao conflito e não o contrário – premissa bastante aplicável quando se trata das câmaras administrativas – uma diferenciação legal tal como constou no CPC pode promover alguns engessamentos desnecessários.

Além das conceituações, outro ponto que é importante destacar a partir do CPC e da Lei da Mediação é a distinção da mediação enquanto procedimento judicial e extrajudicial. O CPC trata somente da mediação judicial, que deve ser realizada nos centros judiciários de solução consensual de conflitos ou, então, em câmaras privadas de conciliação e mediação, devidamente cadastradas junto ao tribunal.[202]

A mediação extrajudicial, conforme estabelece a Lei da Mediação, pode ser realizada por mediador sem vinculação a câmara ou tribunal, bastando que seja capacitado e que tenha a confiança das partes para a sua função (art. 9º). Outro destaque para a mediação extrajudicial é que esta pode ser realizada *ad hoc* ou por meio de uma câmara privada, a depender do que estiver estipulado no contrato firmado pelas partes (art. 22, §1º).

As mediações que são realizadas no âmbito das câmaras administrativas são evidentemente extrajudiciais, por isso os apontamentos aqui presentes. A Lei nº 13.140/2015 não faz esta referência de forma expressa, pois se utiliza apenas da forma genérica da autocomposição

---

[202] É de se notar que a mediação no Brasil se iniciou a partir de um movimento do próprio Poder Judiciário, de modo que o seu procedimento pode ser confundido como uma etapa do processo judicial. Sobre uma reflexão a partir das diferenças de origem da mediação entre o Brasil e os Estados Unidos, conferir: EIDT, Elisa Berton; BORTOLATO, Janaína Silva Sodré. A mediação extrajudicial como meio de acesso à justiça. *In*: JAQUES, Marcelo Dias *et al.* (coord.). *Reconstruindo pontes para uma nova justiça*. Blumenau: Dom Modesto, 2019, p. 90-107.

CAPÍTULO 2
UMA MUDANÇA DE PERSPECTIVA: A PRODUÇÃO NORMATIVA BRASILEIRA EM DIREÇÃO AOS MÉTODOS CONSENSUAIS | 99

para tratar da Administração Pública, além de remeter ao procedimento comum da mediação – judicial e extrajudicial – no caso de as câmaras não estarem devidamente instaladas (art. 33).

O procedimento comum previsto na Lei da Mediação, arts. 14 a 20, trata dos seguintes aspectos: as regras de confidencialidade;[203] a co-mediação; a possibilidade de suspensão do processo judicial ou arbitral em curso, pelo prazo suficiente para a solução consensual do litígio; o termo inicial da mediação, que se dá a partir da realização da primeira reunião; a suspensão do prazo prescricional enquanto transcorrer o procedimento da mediação; a possibilidade de o mediador realizar reuniões em conjunto e separadamente com cada uma das partes; as hipóteses de encerramento do procedimento da mediação por meio do acordo ou quando não se justificarem novos esforços para a busca consenso e, por fim, a previsão de que o termo final da mediação, na hipótese de celebração de acordo, constituirá em título executivo extrajudicial e, se homologado judicialmente, em título judicial.

Todas essas regras, portanto, se aplicam ao procedimento da mediação, seja ela realizada de forma judicial ou extrajudicial, entre particulares ou envolvendo a Administração Pública. Trata-se de uma parametrização mínima, mas que, de alguma forma, positiva um procedimento que até então operava de maneira mais informal,[204] além de alinhar as suas repercussões com demais institutos jurídicos, como a prescrição e a formação do título executivo extrajudicial.

Sobre a figura do mediador, a Lei nº 13.140/2015 também estabelece disposições comuns ao mediador judicial e ao extrajudicial, muito embora da leitura dos artigos se depreende que se aplicam muito mais

---

[203] A confidencialidade na mediação realizada pelos entes públicos é motivo de alguma reflexão doutrinária desde a edição da Lei da Mediação, o que será melhor explorado no item a seguir.

[204] A mediação encontra na informalidade uma de suas características essenciais. Ao refletir sobre a introdução da mediação no âmbito do Poder Judiciário, Spengler questiona a potencialidade do método em um ambiente que prioriza a regra e a autoridade: "Porém, não obstante a institucionalização da mediação ser uma proposta bem aceita socialmente, é preciso considerar que existem países nos quais a mediação funciona há séculos, independentemente de estar ou não institucionalizada mediante lei específica e absorvida por uma instituição estatal como o Judiciário, e tem muito êxito. Então, cabe a pergunta: a mediação funcionará melhor se estiver regrada por lei específica e se for realizada pelo Judiciário? A resposta é negativa. Esses dois fatores não impactarão na qualidade dos mediadores e de suas práticas e nem na qualidade dos resultados obtidos pelos conflitantes. Antes pelo contrário, o risco é que ela se torne mais uma fase processual, uma etapa a ser cumprida (talvez a contra gosto) que por essa processualização a burocratize, formalize e a torne estranha a seus princípios elementares". SPENGLER, Fabiana Marion. *Mediação de conflitos*: da teoria à prática. Porto Alegre: Livraria do Advogado, 2016, p. 121-122.

aos procedimentos realizados em juízo (arts. 4º a 8º). Há possibilidade de escolha do mediador pelas partes,[205] além do dever de revelação do mediador a fim de preservar a sua imparcialidade. Também fala dos impedimentos do mediador após o procedimento, seja no papel de advogado de uma das partes mediandas,[206] seja na condição de árbitro ou testemunha, em processos pertinentes ao conflito por ele mediado.

Chegado o momento de falar sobre os princípios da mediação, convém destacar que vêm eles previstos nas três normativas acima trabalhadas, quais sejam, a Resolução nº 125/2010, a Lei da Mediação e o CPC. De forma compilada, são eles: Confidencialidade; Decisão informada; Competência; Imparcialidade; Respeito à ordem pública e às leis vigentes; Empoderamento; Validação; Autonomia da vontade; Oralidade; Informalidade; Isonomia entre as partes; Busca do consenso; Boa-fé.

Na exposição desses denominados princípios da mediação, será levada em conta a relevância que possuem para uma adequada compreensão de um procedimento consensual, ainda que ocorra na esfera pública. O maior destaque será dado àqueles que, de alguma forma, parecem confrontar com os princípios que norteiam a atuação da Administração Pública, tais como a confidencialidade, a autonomia da vontade, a oralidade e a informalidade e, por fim, a isonomia entre as partes.

Fernanda Tartuce alerta para o fato de que a não observância de tais princípios em um procedimento de mediação pode conduzir a uma compreensão equivocada da sua prática, o que de fato por muito tempo ocorreu nas atividades conciliatórias exercidas no Poder Judiciário. Segundo afirma, "a observância dos princípios da mediação é crucial para que sua prática seja realizada de forma adequada em proveito das pessoas em crise".[207]

---

[205] O que comumente não irá ocorrer nas câmaras administrativas, conforme será verificado no 4.4.2 desta obra.

[206] O impedimento do advogado público enquanto mediador ou conciliador em uma câmara administrativa sofre alguma adaptação, de forma a compatibilizar o seu exercício profissional com o princípio ético da imparcialidade. Esta preocupação veio exposta no enunciado nº 1 do Fórum Nacional do poder público, nos seguintes termos: 1. (art. 6º, Lei 13.140/2015) Após atuar como mediador ou conciliador no âmbito da Administração Pública, o advogado público não fica impedido de assessorar, representar ou patrocinar o respectivo ente público, senão em relação ao outro participante da mediação e ao seu objeto, cumulativamente. (Grupo: Meios alternativos de solução de conflitos e a Fazenda Pública). Disponível em: wixsite.com. Acesso em: 1 set. 2021.

[207] TARTUCE, Fernanda. *Mediação nos conflitos civis*. 2. ed., rev. atual. e ampl. Rio de Janeiro: Forense; São Paulo: Método, 2015, p. 187.

Nesse sentido é a ideia de que a mediação não se presta para "desafogar o Judiciário, muito destacada por Fabiana Marion Spengler".[208] Com efeito, a mediação é capaz de entregar bons resultados no tratamento do conflito, mas, para tanto, exige-se a observância dos seus princípios informadores. Não pode, portanto, ser encarada como um instrumento a ser aplicado às pressas, sem preparo técnico, em que o maior objetivo se resume à redução do estoque de processos judiciais.

A mesma lógica é transposta para as mediações que ocorrem no âmbito extrajudicial, incluindo também as que envolvem a Administração Pública. A aplicação das técnicas adequadas, por meio de procedimento informado pelos princípios norteadores, tanto nas etapas quanto na atuação do mediador, revela-se fundamental. A oferta de uma proposta alternativa ao Judiciário deve vir acompanhada de qualidade técnica e de seriedade, a fim de que melhores resultados sejam efetivamente produzidos.

Dito isso, o *princípio da decisão informada* relaciona-se ao dever de manter informado o participante da mediação em relação aos seus direitos e ao contexto fático em que está inserido (art. 1º, inciso II, da Resolução nº 125/2010). Fernanda Tartuce explica que se trata de princípio que impõe a obrigação aos mediadores de esclarecer os mediandos sobre a faculdade que possuem de aceitar participar da via consensual e de seguir participando voluntariamente. Além disso, "de checar se os envolvidos conhecem dados suficientes para que as soluções construídas consensualmente possam ser acolhidas como fruto de genuíno e esclarecido consentimento".[209]

Esse princípio está bastante relacionado com o *princípio da autonomia da vontade,* que traz a ideia de liberdade e de independência do mediando, tanto para participar quanto para prosseguir na mediação e para se comprometer com eventual acordo. Para tanto, os mediandos não podem estar sofrendo nenhum tipo de ameaça ou coação, por parte do mediador ou por qualquer outro ator externo ao procedimento.[210]

---

[208] "O que se propõe é pensar a mediação não apenas como meio de acesso à Justiça, aproximando o cidadão comum e 'desafogando' o Poder Judiciário. Pretende-se 'discutir mediação' enquanto meio de tratamento de conflitos não só quantitativamente, mas qualitativamente mais eficaz, proporcionando às partes a reapropriação do problema, organizando o 'tempo' e as 'práticas" do seu tratamento, responsabilizando-se por suas escolhas e jurisconstruindo os caminhos possíveis". SPENGLER, Fabiana Marion. *Op. cit.,* p. 313.

[209] TARTUCE, Fernanda. *Op. cit.,* p. 192-193.

[210] SALES, Lília Maia de Morais. *Mediação de conflitos*: família, escola e comunidade. Florianópolis: Conceito, 2007, p. 32.

No que diz respeito à mediação extrajudicial envolvendo a Administração Pública, a autonomia da vontade deve ser interpretada de forma restrita e com temperamentos. A ideia de não haver coação para a participação de um procedimento consensual pode ser afastada quando, por exemplo, o próprio juiz designa uma audiência de conciliação após ter proferido decisão liminar em desfavor do ente público, mas com exigibilidade suspensa. O cenário não é incomum nos processos judiciais em que é parte a Fazenda Pública e traz um elemento coercitivo para a mesa, ainda que temporalmente suspenso.

Nesses casos, a vontade de celebrar o acordo pode ser influenciada pela alternativa já apresentada acaso não se alcance uma solução consensual, qual seja, o cumprimento da liminar concedida na ação judicial. Não se trata, obviamente, de uma ameaça direta e pessoal aos representantes do ente público, mas sim um reflexo no contexto fático da celebração do acordo, em quem uma ordem judicial já está colocada na mesa, de antemão.

Outro ponto que deve ser considerado quando se trata da autonomia da vontade é a compreensão exata do que consiste a vontade no Direito Administrativo, sem relação com o que se dá no direito privado. Conforme explica Batista Júnior, "a declaração de vontade administrativa é a manifestação de uma decisão administrativa, entretanto a vontade que se manifesta não é propriamente a vontade interna do administrador, mas uma decisão que flui da vontade administrativa em sentido mais amplo".[211]

De fato, enquanto no âmbito das relações privadas a autonomia de vontade se identifica com o íntimo do sujeito e com uma declaração a ele condizente, nas relações de direito público a vontade vem pautada por outros parâmetros que não o pessoal. A vontade psicológica ou subjetiva cede espaço para a obediência a comandos normativos, aos princípios jurídicos e em especial ao atendimento dos interesses coletivos.

Não se pode confundir, portanto, a vontade manifestada pelo sujeito privado com a declaração que é emanada de um agente público, em forma de ato administrativo. O alerta não é diferente quando se está perante um procedimento de mediação, judicial ou extrajudicial. A participação no procedimento e a opção do acordo não se encontram na livre esfera de poder decisório do agente público, mas devem obedecer ao que disposto no ordenamento jurídico.

---

[211] BATISTA JÚNIOR, Onofre Alves. *Op. cit.*, p. 236.

Não obstante, a autonomia da vontade ganha contornos mais consistentes no Direito Administrativo quando se está diante dos atos discricionários. Por meio deles, ao agente público é concedida a liberdade de escolha dentre mais de uma opção possível, com maior autonomia de decisão se comparado aos atos cujos parâmetros já estão descritos em lei. A possibilidade de opção do administrador público é o que caracteriza o exercício do ato discricionário, sem que com isso ele se afaste, por óbvio, a persecução dos melhores resultados para a sociedade como um todo.[212]

Concorda-se com a observação de Enterría quando afirma ser raro o ato administrativo que não disponha de um certo grau de discricionariedade.[213] No entanto, conforme será melhor abordado no capítulo 3, por vezes a lei concede um espaço decisório maior, o que não se confunde, por certo, com a liberdade total de agir, eis que sempre haverá elementos mínimos que devem ser observados, como a competência e o limite legal para exercê-la.

A autonomia da vontade do agente público para a participação de procedimentos consensuais, bem como para a celebração de acordos, enquadra-se na esfera de discricionariedade da decisão administrativa, conforme igualmente será mais profundamente abordado no capítulo 3. O que é importante ressaltar neste tópico de explanação dos princípios gerais da mediação é a acentuada diferença que se apresenta quando se trata do princípio da autonomia. Na mediação privada, a autonomia da vontade corresponde ao desejo íntimo e subjetivo do mediando de participar da mediação e de prosseguir no seu procedimento.

Quando se trata de mediação com a Administração Pública, a vontade do agente público encontra outras balizas, nada tendo a ver com a sua vontade ou desejo pessoal. Inclusive, no que diz respeito à participação na audiência de conciliação ou mediação prevista no art. 334 do Código de Processo Civil, consolidou-se a prática de não designação do ato quando é parte a Fazenda Pública, a não ser que

---

[212] Em uma contraposição à ideia de "liberdade" do agente público para a tomada de decisões, Batista Júnior pondera que "'liberdade' não há; da mesma forma, a 'vontade do administrador público' ou a 'vontade da Administração' são irrelevantes para o Direito Administrativo. Existem interesses públicos marcados nas leis e ao decisor administrativo cabe persegui-los de forma holística, da melhor maneira possível, com vista à maximização do atendimento das necessidades da coletividade". BATISTA JÚNIOR, Onofre Alves. *Op. cit.*, p. 242.

[213] GARCIA DE ENTERRÍA, Eduardo. La lucha contra las inmunidades del poder en el derecho administrativo (poderes discrecionales, poderes de gobierno, poderes normativos). *Revista de administración pública*, [s.l.], n. 38, p. 159-208, 1962.

haja expressa manifestação do advogado público no sentido da sua realização.[214]

Outro princípio que merece ser destacado é o da *informalidade*, em conjunto com o princípio da oralidade. Fernanda Tartuce explica que, na mediação, não há regras fixas nem uma única forma exigível na condução do procedimento. Longe de ser um roteiro fechado, a mediação leva em conta as situações pessoais dos envolvidos e a situação concreta da sua relação, a fim de restabelecer a comunicação que em um algum momento foi perdida. Conforme alerta a autora, claro que o uso de técnicas e de ferramentas podem se mostrar úteis para um melhor resultado, mas não deve haver apego a sua aplicação.[215]

A informalidade nesses termos pode ser perfeitamente aplicada em uma mediação extrajudicial que envolva a Administração Pública. O que se quer promover é um ambiente em que a conversa ocorra de maneira mais efetiva, direta, com clareza e que eventuais divergências de entendimento sejam possíveis de compreensão mútua, a partir da exposição de novos pontos de vista. Essa também é a diretriz trazida pelo princípio da oralidade, eis que a mediação é, em essência, um procedimento dialogado, onde é privilegiada a manifestação verbal dos envolvidos, em conjunto com a escuta atenta ao que é trazido por cada uma das partes.[216]

Não se deve confundir, no entanto, a informalidade e a oralidade no procedimento de mediação com a ausência de formalização dos seus atos e resultados. O procedimento administrativo, conforme se verá

---

[214] Ao debater sobre o que disposto no art. 334, §4º, II, do Código de Processo Civil, que dispõe sobre as hipóteses em que a audiência inicial de mediação ou conciliação não será realizada, o Fórum Nacional do poder público traz enunciados que revelam a necessidade de a Administração Pública publicizar as hipóteses em que está autorizada a transacionar (enunciado nº 16). A partir disso, a Fazenda Pública deve ser dispensada do comparecimento na referida audiência, caso o objeto não se enquadre entre as hipóteses autorizadoras de acordo (enunciado nº 54), prática que de fato vem ocorrendo nos tribunais do país. Disponível em: wixsite.com. Acesso em: 3 set. 2021. É relevante destacar que, da mesma forma que acontece na esfera privada, reputa-se contrário aos princípios da mediação o estabelecimento de obrigação da Administração em participar de procedimento mediativo. A construção de uma solução consensual somente ocorre se houver disponibilidade para tanto, premissa que também se aplica aos agentes públicos.

[215] TARTUCE, Fernanda. *Op. cit.*, p. 195.

[216] A escuta ativa é uma técnica de grande importância no procedimento da mediação, eis que torna o processo de comunicação mais qualificado. "A Escuta-ativa significa a vontade e a capacidade de escutar a mensagem inteira (verbal, simbólica e não verbal). Agir com calma, possibilitando que as partes conversem e expressem todas as suas intenções. Como mediador, é importante criar situações que ajudem as pessoas a falar o que realmente querem dizer. Normalmente, na mediação, utiliza-se a pergunta aberta: Como? Onde? Por que? Quando?". SALES, Lília Maia de Morais. *Mediação de conflitos*: família, escola e comunidade. Florianópolis: Conceito, 2007, p. 113.

adiante, não deve ser negligenciado quando se trata de uma mediação institucional, em um órgão administrativo e com a participação de um ente público.

O sentido da informalidade, tanto na mediação privada quanto na mediação envolvendo ente público, tem a ver com a maior flexibilidade com que é conduzido o procedimento, sem regras fixas previamente estabelecidas, mas sim plenamente adaptáveis conforme a situação conflituosa em concreto.[217] Não há apego a regras formais, de modo que o foco está nos bons resultados que podem advir da aproximação das partes por meio do diálogo.

Em seguida, merece ser destacado o princípio da *isonomia entre as partes*, que tem a ver com a "igualdade de oportunidades aos envolvidos para que eles tenham plenas condições de se manifestar durante todo o procedimento".[218] Durante a mediação, as partes devem dividir o mesmo espaço de fala e devem estar na mesma página quanto à compreensão dos assuntos que são trazidos ao longo do diálogo, tudo de forma a contribuir para que a negociação não resulte em maior vantagem em detrimento do outro.

A isonomia diz respeito, portanto, à atuação no procedimento da mediação, com equilíbrio de oportunidades de manifestação e de conhecimento de interesses e de direitos relacionados ao conflito. Eventual desarmonia entre envolvidos coloca sobre o mediador uma responsabilidade ainda maior, pois é seu papel, por meio de técnicas apropriadas para tanto, amenizar a disparidade de poder e restabelecer a igualdade de condições.

A noção do que consiste esse princípio é relevante quando se trata de mediação que envolve a Administração Pública, pois, em um primeiro momento, daria subsídios para se argumentar pela inviabilidade de isonomia entre um órgão público e um sujeito privado. Além das diferenças em relação ao regime jurídico de cada participante, poderia se cogitar de um maior poder por parte do sujeito de direito público na negociação, seja em termos de prerrogativas, seja em termos de domínio do tema em conflito.

No entanto, não trata o princípio da isonomia de exigir que as partes estejam em condições iguais nas suas particularidades, mas sim

---

[217] Conforme já exposto no item 2.2.1, há uma semelhança com o instituto do negócio jurídico processual, que veio expressamente autorizado no Código de Processo Civil e que visa, justamente, permitir que as partes negociem sobre o rito do processo, ajustando-o conforme sua vontade e interesse.

[218] TARTUCE, Fernanda. *Op. cit.*, p. 212.

que, no procedimento, sejam tratadas de forma igual pelo mediador. Além disso, que tenham a real dimensão das nuances do conflito, previamente ou, então, sejam devidamente informadas ao longo das tratativas de negociação. Esta é a premissa para que o consentimento formado entre as partes seja fruto da sua legítima vontade e interesse, de forma esclarecida e consciente.

Diante disso, não se apresentam incompatibilidades na aplicação da isonomia quando presente a Administração Pública, que inclusive incide em um grau muito maior se comparado aos processos judiciais. Ainda que o Código de Processo Civil de 2015 tenha amenizado a diferença de tratamento, remanescem situações em que Fazenda Pública goza de prerrogativas processuais a seu favor.[219] Em um procedimento de mediação, os prazos, as oportunidades de manifestação, o conteúdo das revelações, tudo recebe igual sujeição, a não ser que haja disposição conjunta das partes em sentido contrário.

O princípio da *imparcialidade* igualmente é voltado à atuação do mediador, por meio do qual se busca assegurar que não haverá favoritismo, preconceito ou preferência na sua conduta, nem bem a sobreposição de seus valores e conceitos pessoais no resultado do trabalho.[220] É o que Fernanda Tartuce define como a "essencial diretriz" dos meios consensuais de conflitos, a qual legitima a tarefa do terceiro facilitador, de maneira determinante.

Quer isso dizer que não se tolera qualquer atuação tendenciosa do mediador, em relação a uma das partes ou até mesmo em atendimento a uma convicção pessoal. Tanto o Código de Processo Civil quanto a Lei da Mediação reforçam esta diretriz, tendo inclusive a Lei da Mediação expressamente previsto que ao mediador se aplicam as mesmas hipóteses legais de suspeição e de impedimento do juiz (art. 5º).

Em uma mediação, é essencial que as partes tenham confiança na pessoa designada para auxiliá-los na resolução do conflito e na busca de soluções. Dessa forma, concorda-se com a ponderação de Fernanda Tartuce no sentido de que cabe às partes informarem se mantém a credibilidade no profissional, ainda que revelado algum fato

---

[219] A Lei nº 13.105/2015, que reformula o Código de Processo Civil, cria limites diferenciados de valores para que a condição de remessa necessária seja cumprida (art. 496). Além disso, houve diminuição do prazo diferenciado para apresentação de contestação pela Fazenda Pública, na medida em que todos os prazos devem ser computados em dobro, independentemente do ato processual (art. 183). RODRIGUES, Marco Antonio. *A Fazenda Pública no Processo Civil*. 2. ed. São Paulo: Atlas, 2016, p. 30.

[220] Anexo III, art. 1º, IV da Resolução nº 125/2010 do CNJ.

CAPÍTULO 2

UMA MUDANÇA DE PERSPECTIVA: A PRODUÇÃO NORMATIVA BRASILEIRA EM DIREÇÃO AOS MÉTODOS CONSENSUAIS | 107

ensejador de impedimento ou suspeição.[221] Esta questão da credibilidade do terceiro facilitador será abordada quando se tratar da atuação do advogado público enquanto terceiro facilitador nas câmaras administrativas, qualidade que se entende das mais cruciais para o sucesso do procedimento consensual.

Sobre o princípio da *confidencialidade*, ele se dirige às partes e ao mediador, a respeito de todas as informações que forem produzidas ao longo do procedimento, cujo teor não poderá ser utilizado para fim diverso daquele previsto por expressa deliberação das partes (art. 166, §1º, CPC). O respeito à confidencialidade visa promover maior confiança dos participantes no compartilhamento de ideias e de propostas, sem que haja preocupação quanto à divulgação posterior de seu conteúdo. Daí a proibição a todos quanto a divulgar e depor sobre quaisquer fatos ou elementos oriundos da conciliação ou da mediação (art. 166, §2º, CPC)

A Lei da Mediação dedicou uma seção específica à confidencialidade e a suas exceções (arts. 30 e 31), prevendo de forma expressa a sua incidência não somente ao mediador e às partes, mas também a todos os demais que participem do procedimento – direta ou indiretamente –, como advogados, prepostos e assessores técnicos. Interessante destacar o alcance do conteúdo que deve permanecer confidencial, exposto nos incisos do art. 30: I – declaração, opinião, sugestão, promessa ou proposta formulada por uma parte à outra na busca de entendimento para o conflito; II – reconhecimento de fato por qualquer das partes no curso do procedimento de mediação; III – manifestação de aceitação de proposta de acordo apresentada pelo mediador; IV – documento preparado unicamente para os fins do procedimento de mediação.

No entanto, a regra da confidencialidade não é absoluta, de modo que a Lei da Mediação cuidou de trazer as exceções: a) se a partes expressamente decidirem de forma diversa; b) quando a divulgação for exigida por lei ou necessária para o cumprimento do acordo; c) se a informação diz respeito à ocorrência de crime de ação pública; d) se relacionado ao dever de informações à administração tributária.

Salta aos olhos que a incidência ou não do princípio da confidencialidade quando se trata de autocomposição com a Administração Pública restou silente na Lei de Mediação. A questão é objeto de algum debate na doutrina nacional,[222] pois se trata do princípio que, de fato,

---

[221] TARTUCE, Fernanda. *Op. cit.*, p. 203.

[222] Um dos primeiros entendimentos expostos a respeito do tema foi de Luciane Moessa

mais antagoniza com um dos princípios constitucionais da Administração Pública, o da publicidade.

Em primeiro lugar, tenta-se buscar o caminho que foi dado na própria lei. Com efeito, o art. 33 dispõe expressamente que, enquanto não forem criadas as câmaras administrativas, os conflitos poderão ser dirimidos nos termos do procedimento de mediação previsto na Subseção I da Seção III do capítulo I. Trata-se de trecho da lei que disciplina as disposições comuns ao procedimento de mediação, judicial ou extrajudicial. No art. 14, consta que no início da primeira reunião de mediação, e sempre que julgar necessário, o mediador deverá alertar as partes acerca das regras de confidencialidade aplicáveis ao procedimento.

Conforme já devidamente exposto, as regras de confidencialidade estão dispostas tanto na própria Lei da Mediação quanto no CPC e na Resolução nº 125/2010, que nada falam de possível exceção quando se está diante da Administração Pública. Uma conclusão mais apressada poderia deduzir, então, que a mediação que ocorre no âmbito das câmaras administrativas segue as mesmas disposições sobre confidencialidade e suas exceções, aplicáveis à mediação privada.

Contudo, o princípio da publicidade reveste-se de um significado por demais relevante para pautar os atos da Administração Pública. É por meio da regra da publicidade que os atos administrativos são passíveis de maior controle social, além do que se permite a participação social na gestão dos assuntos públicos.[223] Conforme sintetiza Bruno Miragem, o conteúdo jurídico do princípio da publicidade no Direito Administrativo brasileiro é identificado em três grandes eixos

---

de Souza, que de forma categórica defende a regra da publicidade no procedimento de mediação envolvendo entes públicos: "não me parece haver outra solução jurídica admissível senão o reconhecimento da inaplicabilidade de confidencialidade, com regra, no processo de mediação envolvendo entes públicos – ao menos no que diz respeito a sessões conjuntas, em que efetivamente se debate e se decide a melhor solução para o problema". SOUZA, Luciane Moessa de. *Meios consensuais de solução de conflitos envolvendo entes públicos* – negociação, mediação e conciliação na esfera Administrativa e Judicial. Belo Horizonte: Fórum, 2012, p. 97. Segundo a autora, a exceção à publicidade somente ocorreria diante de alguma situação prevista na Lei nº 12.527/2011 (Lei de Acesso à Informação), mais precisamente em seus arts. 23 e 24, que trata da classificação de informações sigilosas. Tal entendimento é seguido por PEIXOTO, Ravi. Primeiras impressões sobre os meios consensuais de resolução de conflitos pelo poder público e as alterações promovidas pelo CPC/2015 e pela Lei 13.140/2015. *In:* TALAMINI, Eduardo. *Processo e Administração Pública.* Salvador: JusPodivm, 2016. v. 10 (Coleção Repercussões do Novo CPC), p. 3347-364; GISMONDI, Rodrigo Alternburg Odebrecht Curi. Mediação pública. *Revista Eletrônica de Direito Processual – REDP*, p. 168-202, 2014.

[223] ARAGÃO, Alexandre Santos de. *Curso de Direito Administrativo.* 2. ed., rev. atual. e ampl. Rio de Janeiro: Forense, 2013, p. 76.

CAPÍTULO 2 | 109

de significado: a) ação transparente dos agentes públicos e da própria Administração, adotando-se como paradigma da ação administrativa a sua divulgação ao público, de modo a permitir o controle e o acesso às informações de assuntos públicos; b) a publicidade como condição de validade e eficácia dos atos administrativos, tendo a ampla divulgação como regra e o sigilo como exceção; c) a publicidade como instrumento de participação do cidadão nos assuntos da Administração Pública, em especial nos processos de deliberação e tomada de decisão, franquean-do-se a qualquer interessado o acesso a dados e com o estabelecimento de novos canais de comunicação com a população.[224]

Dessa forma, reputa-se inconcebível conferir à mediação realizada na Administração Pública o caráter confidencial, como se privada fosse. Ao desprezar soluções extremas, concorda-se com a ponderação realizada pelas autoras Tatiana Linn e Luciana Bombino, que busca preservar o procedimento conciliatório e as regras incidentes sobre a Administração por meio da publicidade diferida. Quer dizer, a divulgação posterior garante tanto o ambiente confiável para exposição das ideias e sugestões de propostas (sem divulgação) quanto a publicização do seu resultado, seja o próprio termo de acordo ou somente o registro dos encaminhamentos a serem adotados a partir das sessões de mediação.[225]

O debate que ocorre sobre a confidencialidade na mediação realizada pela Administração Pública ganha contornos interessantes no plano teórico,[226] mas é possível afirmar que, na prática, o aparente

---

[224] MIRAGEM, Bruno. *Direito administrativo aplicado: a nova administração pública e o Direito Administrativo.* 1. ed em ebook baseada na 3ª edição impressa. São Paulo: Revista dos Tribunais, 2017 [livro eletrônico].

[225] Conforme defendem as autoras: "Ora, o procedimento conciliatório nada mais é que uma série concatenada de atos que têm como escopo a celebração do acordo. Por conseguinte, o acordo, firmado pelos interessados por meio de um termo de conciliação, é que é o ato final do procedimento. Quaisquer outros atos e deliberações efetuadas no curso do procedimento têm natureza de atos preparatórios e, como tais, estão amparados pelo sigilo, nos termos do §3º do art. 7º da Lei nº 12.527, de 18 de novembro de 2011, combinado com os arts. 3º, XII, e 20 do Decreto nº 7.724, de 16 de maio de 2012. Ademais, caberia neste momento pontuar também que o acesso irrestrito às tratativas, acarretaria a publicização de eventuais análises de riscos processuais aos quais estaria exposta a Administração Pública, o que poderia ser aproveitado contra seus interesses, fragilizando sua defesa em juízo, caso o procedimento conciliatório fosse infrutífero. A publicidade irrestrita imporia ao Estado litigar, na defesa do interesse coletivo, em condições desvantajosas, em flagrante afronta ao princípio da supremacia do interesse público". HECK, Tatiana Linn; BOMBINO Luciana Marques. *Princípio da confidencialidade e princípio da publicidade*: incidência e limites sobre as tratativas conciliatórias na Administração Pública. Porto Alegre: Revista da ESDM, 2019. Seção Temática – Autocomposição, p. 125-143.

[226] Uma análise dos enunciados formulados pelo Fórum Nacional do poder público pode ilustrar o que se afirma quanto aos debates intensos a respeito da confidencialidade do procedimento de mediação com a Administração. Inicialmente, na edição de 2016,

conflito de princípios não ganha visibilidade.[227] Diante do procedimento conciliatório, os participantes, tanto público quanto privado, estão imbuídos muito mais na resolução da questão e no aproveitamento da oportunidade de diálogo do que na manutenção da confidencialidade. No caso das câmaras administrativas, uma vez se tratando de ambiente institucional, conduzido pela própria Administração, não se cogita que as partes tratem o ato como estritamente confidencial, sobretudo porque a discussão já está exposta, ou em um processo judicial ou em um processo administrativo.

Cenário diferente ocorre quando se trata da participação da Administração Pública em procedimento arbitral, cujo debate sobre como aplicar o princípio da publicidade é bastante atual. A Lei nº 13.129/2015, que foi responsável por introduzir a expressa previsão da possibilidade de utilização da arbitragem pela Administração Pública, define que o procedimento deverá obedecer à regra da publicidade (art. 1º, §3º da Lei nº 9.307/1996).

Ao contrário do que ocorre com a autocomposição, na arbitragem é o poder público que vai até uma câmara privada para participar do procedimento, que tem na confidencialidade uma de suas regras fundamentais. O legislador não deixou dúvidas sobre a excepcionalidade dessa regra quando envolvida a Administração, mas não impediu a discussão a respeito do alcance do princípio da publicidade na arbitragem, a exemplo de quais documentos devem ser disponibilizados, em que momento e por quem – pelo próprio órgão público participante ou pela câmara arbitral.[228]

Sem aprofundar a discussão a respeito da publicidade no procedimento arbitral, eis que não relacionado ao foco da presente pesquisa, o paralelo se fez necessário a fim de demonstrar as nuances da participação da Administração Pública em um procedimento extrajudicial, cujas

---

houve a aprovação do seguinte enunciado: "6. (art. 166, CPC/15; art. 2º, Lei 13.140/15; Lei 12.527/11) A confidencialidade na mediação com a Administração Pública observará os limites da lei de acesso à informação (Grupo: Meios alternativos de solução de conflitos e a Fazenda Pública). Em seguida, na segunda edição que ocorreu ainda no ano de 2016, houve a revisão para o seguinte enunciado, que atualmente permanece: 36. (art. 30 da Lei 13.140/2015) Durante o processo de mediação do particular com a Administração Pública, deve ser observado o princípio da confidencialidade previsto no artigo 30 da Lei 13.140/2015, ressalvando-se somente a divulgação da motivação da Administração Pública e do resultado alcançado. (Grupo: Meios consensuais de solução de controvérsias e o poder público.)" Disponível em: https://forumfnp.wixsite.com/fnpp/enunciados-aprovados-i-fnp. Acesso em: 10 set. 2021.

[227] Ver item 4.4.7.

[228] Uma análise ampla das tendências e controvérsias a respeito da publicidade na arbitragem pode ser conferida na obra de MEGNA, Bruno. *Op. cit.*, p. 271 e ss.

regras já postas nem sempre harmonizam com o regime jurídico-administrativo. Por meio de algumas adaptações, muitos antes de se entender pela inviabilidade, percebe-se que é possível trazer o poder público para os métodos alternativos de solução de disputas.

Voltando-se aos demais princípios que vêm elencados de forma expressa nas normativas sobre mediação, menciona-se o princípio da *competência*, que revela a importância da capacidade técnica do terceiro facilitador para o bom andamento da sessão de mediação ou de conciliação. Conforme destaca Spengler, a "capacitação dos profissionais é importante para a organização e manutenção de uma conduta uniforme e de um procedimento padrão, sem os quais a qualidade do serviço prestado fica prejudicada, o que traz descrença".[229]

A confiança no procedimento da mediação por parte daqueles envolvidos no conflito relaciona-se com a capacidade técnica do profissional que irá conduzir o diálogo. A competência do terceiro facilitador, portanto, traz credibilidade ao procedimento consensual, de forma que se apresente como uma alternativa séria e comprometida com a busca de uma adequada solução para o caso.[230]

Os princípios informadores da mediação também exigem que o acordo eventualmente firmado obedeça às *leis vigentes* e respeite a *ordem pública*. Qual seja, a concepção de um procedimento mais informal e oral não significa dizer que haverá flexibilização aos comandos legais, nem bem que os princípios morais, éticos e de bom costume serão esquecidos.

Sobre a *busca do consenso*, a partir da edição do CPC de 2015 é possível afirmar que se trata de princípio aplicável aos processos jurisdicionais pois, conforme já exposto, a busca pela solução consensual constitui-se em uma das normas fundantes do processo civil. Tanto é assim que no Código de Processo Civil tal princípio não vem especialmente dedicado ao procedimento da mediação e da conciliação, ao contrário da Lei da Mediação, que o traz de forma expressa.

---

[229] SPENGLER, Fabiana Marion. *Mediação de conflitos*: da teoria à prática. Porto Alegre: Livraria do Advogado, 2016, p. 91-92.

[230] Sobre a capacitação e a formação de um mediador, vale mencionar o ensinamento de Luiz Alberto Warat, ao definir que "a mediação não é uma ciência que pode ser explicada, ela é uma arte que deve ser experimentada". Não obstante a importância do conhecimento de técnicas, rituais, formalidades e código de conduta a serem adotados nas sessões de mediação, concorda-se com a reflexão do autor ao referir que comportamentos mais sutis, dotados de sensibilidade e espontaneidade, não devem ser relegados pelo mediador. WARAT, Luis Alberto. *Surfando na pororoca*: o ofício do mediador. Florianópolis: Fundação Boiteux, 2004, v. 3, p. 33.

Por outro lado, vale fazer a ressalva de que a busca do consenso não se traduz na realização do acordo a qualquer custo, como se essa fosse a tônica de todo o procedimento da mediação. É bastante desejável que ao final de uma ou mais sessões o consenso seja formado e consolidado, mas por vezes isso pode não ocorrer, por variadas razões (limites pessoais e inviabilidade jurídica ou material quanto ao cumprimento, por exemplo). A mediação visa proporcionar a aproximação das partes em situação de conflito por meio do diálogo, mas sobre ela ou sobre o próprio mediador não recai a responsabilidade de que o acordo seja firmado ao final.[231]

A incidência do princípio da *boa-fé* na mediação confirma a expectativa de que as partes se comportem de acordo com padrões éticos aceitáveis e, ao mesmo tempo, imbuídas de espírito colaborativo e sincero umas com as outras. Ao definir o conceito de boa-fé objetiva, Paulo Lobo destaca a confiança no seu "significado comum, usual, objetivo da conduta ou comportamento reconhecível no mundo social. A boa-fé objetiva importa conduta honesta, leal, correta. É a boa-fé de conduta".[232]

O princípio da boa-fé veio colocado de forma expressa no vigente Código Civil, com incidência no âmbito das relações contratuais,

---

[231] O CPC de 2015 parece fazer um convite à identificação do sucesso da atividade do conciliador e do mediador por meio do número de acordos firmados nas sessões de que participou. Veja-se que ao tratar do credenciamento dos profissionais que poderão atuar nas mediações e nas conciliações judiciais, o texto normativo assim dispõe: "Art. 167. Os conciliadores, os mediadores e as câmaras privadas de conciliação e mediação serão inscritos em cadastro nacional e em cadastro de tribunal de justiça ou de tribunal regional federal, que manterá registro de profissionais habilitados, com indicação de sua área profissional [...] §3º Do credenciamento das câmaras e do cadastro de conciliadores e mediadores constarão todos os dados relevantes para a sua atuação, tais como o número de processos de que participou, o sucesso ou insucesso da atividade, a matéria sobre a qual versou a controvérsia, bem como outros dados que o tribunal julgar relevantes." Essa impressão é compartilhada na doutrina nacional que trata do tema, a conferir: SPENGLER, Fabiana Marion. *Op. cit.*, p. 111; TARTUCE, Fernanda. *Mediação nos conflitos civis. Op. cit.*, p. 207; GABBAY, Daniela Monteiro. Mediação & Judiciário no Brasil e nos EUA: condições, desafios e limites para a institucionalização da mediação no judiciário. *In*: PELLEGRINI, Ada Grinover; WATANABE, Kazuo (coord.). Brasília: Gazeta Jurídica, 2013. p. 85.

[232] LÔBO, Paulo Luiz Netto. Princípios sociais dos contratos no CDC e no novo Código Civil. *Revista Jurídica da UNIRONDON*, p. 11-23, 2002. A definição em que consiste a boa-fé não é isenta de dificuldades, pois, conforme adverte Judith Martins-Costa, "é impossível apresentar uma definição apriorista e bem-acabada do 'que seja' a boa-fé objetiva. No entanto, traz a autora um conteúdo mínimo que deve ser compreendido no conceito do agir segundo a boa-fé objetiva, traduzidas nas "exigências de probidade, correção e comportamento leal hábeis a viabilizar um adequado tráfico negocial, consideradas a finalidade e a utilidade do negócio em vista do qual se vinculam, vincularam, ou cogitam vincular-se, bem como o específico campo de atuação em que situada a relação obrigacional". MARTINS-COSTA, Judith. *A boa-fé no Direito privado*: critérios para a sua aplicação. São Paulo: Marcial Pons, 2015, p. 41.

UMA MUDANÇA DE PERSPECTIVA: A PRODUÇÃO NORMATIVA BRASILEIRA EM DIREÇÃO AOS MÉTODOS CONSENSUAIS

inclusive nas etapas preliminares de negociação e de execução do contrato firmado. Também os negócios jurídicos processuais devem ser interpretados conforme o princípio da boa-fé, de acordo com o art. 113. A sua previsão para as relações conflituosas que são levadas à mediação, de acordo com o que prevê a Lei nº 13.140/2015, reforça o zelo que se deve ter também em relação aos métodos consensuais de solução de conflitos.

A Resolução nº 125/2010 traz em seu texto o princípio do *empoderamento*, traduzido no "dever de estimular os interessados a aprenderem a melhor resolverem seus conflitos futuros em função da experiência de justiça vivenciada na autocomposição".[233] A palavra empoderamento ganhou contornos amplos na última década, comumente relacionada à conquista de maior autonomia por parte de indivíduos cujos espaços encontravam-se mais limitados, a exemplo da mulher.

Trata-se de termo originado na língua inglesa (*empowerment*), de modo que a tradução para o português não necessariamente reflete o significado na tradição anglo-saxônica.[234] Em termos gerais, no Brasil o empoderamento é utilizado para demonstrar situações de mudança de contexto social e político, por meio de maior poder a parcelas da população que antes se enquadravam em relações de opressão e de discriminação.[235]

Para a mediação, importa a ideia de que os envolvidos no conflito se apropriem de ferramentas que os auxiliem a resolverem seus problemas por conta própria, sem necessitar de um terceiro que indique qual o caminho adotar. No ensinamento de Rappaport, citado por Silva e Martinez, o empoderamento implica não infantilizar os indivíduos ou categorizá-los como cidadãos com direitos que devem ser defendidos por um agente externo. Pelo contrário, enfatiza o psicólogo norte-americano que, a partir de uma ideologia do empoderamento, o ser humano é concebido com um ser integral e capaz de tomar o controle de sua própria vida, cuja capacidade para propor soluções se dá em maior

---

[233] Anexo III da Resolução nº 125/2010, do CNJ.

[234] No âmbito da mediação, contudo, o empoderamento guarda relação com a dimensão individual do termo, no sentido de contribuir para que os mediandos assumam a responsabilidade por suas escolhas e decisões e consequentemente adquiram maior controle sobre suas vidas. A concepção multifacetada da expressão *empowerment* pode ser conferida em: PAGE, Nanette; CZUBA, Cheryl E. Empowerment: What is it. *Journal of Extension*, v. 37, n. 5, p. 1-5, 1999.

[235] KLEBA, Maria Elisabeth; WENDAUSEN, Agueda. Empoderamento: processo de fortalecimento dos sujeitos nos espaços de participação social e democratização política. *Saúde e sociedade*, [s.l.], v. 18, p. 733-743, 2009.

medida do que por meio de técnicos externos. O papel desses estaria, portanto, na atuação como mediadores e apoiadores do fortalecimento individual dos interessados em uma solução.[236]

Por fim, fala-se do princípio da *validação*, que enfatiza a reciprocidade de atenção e respeito que deve haver entre os participantes do procedimento consensual, a ser estimulado pelo terceiro facilitador. A partir dessa postura do mediador ou conciliador, "as pessoas são instadas a reconhecer a sua humanidade no outro, com qualidades e defeitos e a entender que seres humanos conflitam e que apontar a culpa não é o caminho mais adequado para tratar o problema".[237]

A exposição dos princípios acima relacionados visou ampliar a compreensão da metodologia dos procedimentos consensuais, a qual deve ser aplicada no âmbito das câmaras administrativas de prevenção e de resolução de conflitos, não sem algumas adaptações. Conforme exposto, a presença de entes públicos implica ponderações necessárias, a fim de não haver confronto com os princípios constitucionais que incidem sobre a Administração Pública.

Sobre as espécies de métodos consensuais, a legislação por vezes adota a mediação e a conciliação como procedimentos com regras semelhantes, por vezes não. O CPC de 2015 e a Resolução nº 125/2010 não diferenciam quanto à incidência dos princípios, de modo que eles se aplicam a ambas as situações. A Lei da Mediação, por óbvio, regulamenta o procedimento da mediação judicial ou extrajudicial e da autocomposição, de modo que os princípios nela expostos a esses se aplicam.

Fato é que não há uma diferenciação muito evidente entre os procedimentos da mediação e da conciliação. Não obstante a disciplina dada pelo CPC, ambos lidam com técnicas semelhantes e com base em princípios igualmente aplicáveis. O ponto de partida que o código processual optou para destacar um procedimento do outro é o tipo de relação que possuem os envolvidos, o que interferirá diretamente na postura do terceiro facilitador. Conforme art. 165, §§2º e 3º, quando não houver vínculo anterior entre as partes, o *conciliador* poderá sugerir soluções para o litígio; por outro lado, quando houver o vínculo anterior, o *mediador* auxiliará os interessados a melhor compreenderem o conflito a fim de que eles mesmos identifiquem as soluções consensuais possíveis.

---

[236] SILVA, Carmen; MARTÍNEZ, María Loreto. Empoderamiento: proceso, nivel y contexto. *Psykhe* Santiago, v. 13, n. 2, p. 29-39, 2004.

[237] SPENGLER, Fabiana Marion. *Op. cit.*, p. 96.

Ocorreu que, no Direito brasileiro, houve uma identificação da mediação transformativa com a mediação propriamente dita e da mediação avaliativa[238] com a conciliação.[239] As espécies de mediação, portanto, foram cindidas no CPC, de modo que tal terminologia já se encontra incorporada por aqueles que trabalham com os métodos consensuais.[240] Não obstante a previsão normativa, acredita-se que a separação entre mediação e conciliação serviu muito mais para promover a mediação como uma novidade de metodologia de solução consensual de conflitos, eis que a conciliação já vinha ocorrendo no âmbito dos processos judiciais. É o que será demonstrado no próximo tópico.

2.3.2 Conciliação

A previsão da conciliação no Direito brasileiro não é algo recente, eis que se apresenta desde as Ordenações do Reino e da Constituição de 1824. No apanhado histórico realizado por Bruno Takahashi, revela-se que nas Ordenações Afonsinas, concluídas em 1446, já consta a

---

[238] Ver Nota nº 387.

[239] A mediação pode ser definida como uma negociação assistida, qual seja, facilitada por um terceiro não envolvido no conflito. O professor norte-americano Leonard Riskin concebeu um sistema de grade em que a mediação é descrita levando em conta duas características, que evoluem de um grau mínimo para um grau máximo. Uma delas diz respeito ao objetivo esperado com a mediação, levando em conta a extensão do problema que a mediação busca resolver. No ponto inicial estão os problemas muito específicos e pontuais, como o pagamento de uma dívida, por exemplo. No final desse *continuum* estão os problemas amplos e complexos, como a implementação de uma política pública. A segunda característica relaciona-se com a atividade do mediador. No início da linha estão as técnicas e estratégias que visam *facilitar* a negociação das partes. Do outro lado encontram-se as técnicas e estratégias que *avaliam* as questões que são importantes para o procedimento da mediação. RISKIN, Leonard L. Understanding mediators'orientations, strategies, and techniques: A grid for the perplexed. *Harv. Negot. L. Rev.*, [s.l.], v. 1, p. 7, 1996. Disponível em: ufl.edu. Acesso em: 23 dez. 2020. É verdade que esse gráfico sofreu uma revisão, anos mais tarde, em texto em que o autor reconhece a insuficiência da classificação da mediação em avaliativa ou em facilitativa, levando em conta a sofisticação que este método adquiriu ao longo de sua prática. Segundo Riskin, a função do mediador pode ser mais bem enquadrada nas atividades de "orientador" ou "provocador", sendo a primeira mais direcionada para os casos em que não há tanta autonomia das partes. Além disso, Riskin acrescenta a classificação do processo de tomada de decisão ao longo da mediação, a ser adotado pelo mediador em conjunto com as partes e seus advogados. A tomada de decisão pode ser substantiva (questões substantivas como o que causou a disputa e como solucioná-la); processual (quais procedimentos a serem empregados para alcançar as questões substantivas, como data, duração, realização de pré-mediação etc.) e metaprocessual, relacionada a decisões de como as questões processuais serão realizadas. RISKIN, Leonard L. Decisionmaking in mediation: the new old grid and the new new grid system. *Notre Dame L. Rev.*, v. 79, p. 1, 2003.

[240] GUERREIRO, Luiz Fernando. Conciliação e mediação: Novo CPC e leis específicas. *In*: WALD, Arnoldo (org.). Doutrinas essenciais de arbitragem e mediação. São Paulo: Revista dos Tribunais, 2014. v. 6, ago. 2014. [livro eletrônico].

previsão de que o juiz deve buscar uma conciliação das partes. Tal previsão seguiu nas demais Ordenações, cujos traços principais foram assim compilados pelo autor: preferência da conciliação das partes em relação ao julgamento da causa; a vantagem de se evitarem custos; a existência de um dever moral de conciliar e o papel do juiz em tentar conciliar as partes.[241]

Na Constituição de 1824, por sua vez, houve a previsão de que a tentativa de conciliação seria realizada por juízes de paz, constituindo-se em uma relevante distinção em relação às Ordenações. Quer dizer, as tentativas de conciliação deveriam ocorrer por meio de um juiz leigo e eleito, e não pelos juízes togados. Takahashi observa que os juízes leigos da época do Império guardam semelhança com a figura dos conciliadores e mediadores previstos no CPC, na medida em que esses se enquadram na categoria de auxiliares de justiça e a eles incumbe a tarefa de conduzir as sessões e audiências de conciliação e mediação, em auxílio aos juízes togados.[242]

Na linha do que já foi dito, a Constituição Federal de 1988 reforça a concepção de que a conciliação é um procedimento que deve ocorrer em juízo, mais especificamente sob a competência dos Juizados Especiais a serem criados em nível federal e estadual (art. 98). Anteriormente à Constituição, a Lei nº 7.244/1984 já dispunha sobre a criação e o funcionamento dos Juizados Especiais de Pequenas Causas, a qual veio a ser revogada pela Lei nº 9.099/1995, que de fato visou atender ao comando constitucional mencionado, criando os Juizados Especiais Cíveis e Criminais. Em seguida, houve a criação dos Juizados Especiais Federais, por meio da Lei nº 10.259/2001. Por último, a Lei nº 12.153/2009 dispõe sobre a criação dos Juizados Especiais da Fazenda Pública, no âmbito dos Estados, do Distrito Federal, dos Territórios e dos Municípios.

---

[241] TAKAHASHI, Bruno. Entre a liberdade e a autoridade: os meios consensuais no novo Código de Processo Civil. *Revista de Processo*, [s.l.], v. 264, 2017, p. 497-522.

[242] Tal como observa o autor, a previsão da conciliação sempre esteve presente no ordenamento brasileiro, tendo ocorrido variação quanto ao dever de tentar conciliar e quanto à presença do juiz leigo ou não. À medida que se avança para as próximas Constituições, a tentativa de conciliação deixa de ser obrigatória e a sua condução é redirecionada ao juiz togado. No que toca aos códigos processuais, o Código de Processo Civil de 1939 nada dispôs a respeito da tentativa de conciliação. O Código de 1973 determinava a tentativa de conciliação pelo juiz togado quando o litígio versasse sobre direitos patrimoniais de caráter privado (arts. 447 e 448). Vale mencionar a conclusão de Takahashi após sua análise histórica, no sentido de que a participação do terceiro facilitador leigo (mediadores e conciliadores) contribui para uma maior abertura democrática do processo civil sem, no entanto, afastar a autoridade do juiz e a supervisão do Poder Judiciário sobre os procedimentos consensuais em geral. *Ibidem*.

Essas leis que compõem o "microssistema dos juizados especiais" possuem em comum, dentre outros pontos, a criação de órgãos do Poder Judiciário com a finalidade de processar, conciliar, julgar e executar as causas de suas respectivas competências. A atribuição de conciliar pode ser desenvolvida tanto pelo próprio juiz togado quanto pelos conciliadores ou juízes leigos, os quais devem respeitar a orientação e a supervisão do juiz da causa. O ato processual da tentativa de conciliação ocorre a partir do ajuizamento da ação, de preferência previamente à citação do réu.[243]

Em relação aos Juizados Federais e da Fazenda Pública, que possuem maior relação com o tema desta obra, destaca-se a autorização que foi dada pelo legislador aos representantes judiciais dos entes públicos. Na Lei nº 10.259/2001, consta que os representantes judiciais da União, autarquias, fundações e empresas públicas federais poderão conciliar, transigir ou desistir, nos processos da competência dos Juizados Especiais Federais (art. 10, parágrafo único). A Lei nº 12.153/2009 dispõe que os representantes judiciais dos réus presentes à audiência poderão conciliar, transigir ou desistir nos processos da competência dos Juizados Especiais, nos termos e nas hipóteses previstas na lei do respectivo ente da Federação (art. 8º).

Não se pode negar que a criação de ambos os Juizados se constitui em movimento importante para a mudança de perspectiva em relação à atuação da Fazenda Pública nos processos judiciais. Ainda que com competência limitada e com hipóteses a serem posteriormente regulamentadas por cada ente federativo (no caso dos Juizados da Fazenda Pública), o incentivo à conciliação tornou-se mais evidente para as demandas judiciais em que é parte a Administração direta e indireta, em todos os níveis da federação.

Daí que se pode concluir que a previsão legal da mediação inovou em relação ao já exposto sobre a conciliação. Enquanto esta ocorre precipuamente no âmbito do Poder Judiciário, como uma etapa do processo judicial, o legislador dispôs que a mediação também pode ocorrer em ambientes extrajudiciais, com o auxílio de profissional não

---

[243] A partir do CPC de 2015, a etapa da tentativa de conciliação ou de mediação passou a ser comum a todos os processos judiciais sob o rito comum, conforme comando de seu art. 334. Não somente isso, a audiência de conciliação ou mediação somente não irá ocorrer acaso as duas partes expressamente se manifestarem pelo seu desinteresse ou, então, quando não for hipótese de autocomposição (art. 334, §4º). A Fazenda Pública não está, a princípio, excluída de tal dispositivo, mas fato é que se estabeleceram protocolos institucionais entre os órgãos de advocacia pública e os tribunais para dispensar a designação dessa audiência inicial. Ver Nota de rodapé nº 214.

vinculado aos tribunais, bastando que seja escolhido pelas próprias partes. No que diz respeito à Administração Pública, houve a previsão da autocomposição como procedimento a ser adotado em ambiente extrajudicial, em especial nas câmaras administrativas.

Não obstante o avanço em relação à previsão da mediação, há semelhança quanto aos princípios, às técnicas, ao procedimento e à capacitação. Da leitura do art. 21 da Lei nº 9.099/1995,[244] percebe-se que a conciliação é tratada pelo ordenamento brasileiro como uma atividade que visa, acima de tudo, encerrar prematuramente o processo judicial.[245] Essa seria a maior vantagem da conciliação, em uma perspectiva comparada com as intempéries de uma ação judicial, como imprevisibilidade do resultado e demora da prestação jurisdicional. Entende-se que essa foi a concepção incorporada pelo CPC, ao focar na atividade do conciliador com vistas à celebração de um acordo, colocando em segundo plano a relação pessoal entre os envolvidos no conflito.

No que diz respeito à capacitação, permite-se fazer uma reflexão a respeito das competências do terceiro facilitador que atuará em um ou em outro procedimento. Tendo como base a noção de que a mediação volta-se para a subjetividade da relação entre as partes (que seria a mediação transformativa), não é difícil constatar que o sujeito que se prepara para atuar em uma mediação, capacitado está para atuar nas conciliações. Isto é, a maior profundidade que se exige na abordagem do diálogo diante de um processo mediativo disponibiliza ao profissional as ferramentas necessárias para atuar em uma conciliação.[246]

---

[244] Art. 21. Aberta a sessão, o Juiz togado ou leigo esclarecerá as partes presentes sobre as vantagens da conciliação, mostrando-lhes os riscos e as consequências do litígio, especialmente quanto ao disposto no §3º do art. 3º desta Lei.

[245] Piero Calamandrei refere-se à conciliação como um "infanticídio processual". CALAMANDREI, Piero. *Eles, os juízes, vistos por um advogado.* 2. ed. São Paulo: Martins Fontes, 2015, p. 102.

[246] A capacitação oferecida pelo Conselho Nacional de Justiça parece confirmar esta hipótese: em consulta ao *site*: https://www.cnj.jus.br/programas-e-acoes/conciliacao-e-mediacao/curso-sobre-conciliacao-e-mediacao/cursos-de-formacao-de-mediadores-e-conciliadores-judiciais-ou-de-formacao-de-conciliadores-judiciais/. Acesso em: 28 dez. 2020, verifica-se que a oferta do curso de formação, de acordo com o art. 7º, V, da Resolução nº 125/2010, dirige-se aos conciliadores e aos mediadores, sem distinção. Ainda, há a disponibilização de um "manual de mediação judicial", em que são expostas técnicas autocompositivas e o procedimento de uma sessão de mediação, apenas fazendo constar a ressalva de que, em mediações, "não são recomendadas sugestões de acordo ou direcionamentos quanto ao mérito". BRASIL. CONSELHO NACIONAL DE JUSTIÇA. Azevedo, André Gomma de (org.). Manual de Mediação Judicial, 6 ed (Brasília/DF:CNJ), 2016, p. 138. Disponível em: f247f5ce60df2774c59d6e2dddbfec54.pdf. Acesso em: 28 dez. 2020.

2.3.3 Negociação

Ao tratar da mediação e da conciliação judiciais, o CPC estabelece que poderão ser utilizadas técnicas negociais, como o objetivo de proporcionar ambiente favorável à autocomposição (art. 166, §3º). A negociação, de fato, precede à noção dos demais procedimentos consensuais, pois se constitui em atividade mais corriqueira no cotidiano humano e com presença em vários aspectos da vida de cada indivíduo (relações pessoais, familiares, de trabalho, de vizinhança, comércio etc.).

A compreensão da mediação e da conciliação como um procedimento de negociação assistida[247] reforça a afirmação acima, de modo que é relevante a exposição de seus fundamentos e de como as "técnicas negociais" podem servir para o alcance de uma solução consensual. A exposição será dada a partir de bibliografia norte-americana, país onde a negociação assume especial relevo em termos de desenvolvimento de teorias e de criação de escolas procedimentais.

Acredita-se que uma negociação bem estruturada em etapas, com adoção de estratégias, planejamento prévio e acompanhamento posterior seja a base primordial para a realização de acordos bem-sucedidos, inclusive na esfera pública. Nota-se que não está se falando em negociata nem em um simples toma lá dá cá, em que a barganha assume o papel principal. O destaque é para uma negociação baseada em princípios, com atenção aos fatos e ao direito e com vistas a uma maior satisfação possível dos envolvidos, sem descuidar de valores como lealdade e boa-fé.

Também é verdade que o desenvolvimento de uma negociação nesses termos não encontra no processo judicial o *locus* mais adequado, muito menos em uma sala de audiência. O ambiente negocial é, em essência, extrajudicial, onde haverá maior liberdade e autonomia das partes para pensarem em suas estratégias e analisarem o andamento do procedimento, dosando o tempo conforme lhes for conveniente.

Nesse sentido, no Brasil, difundiu-se o estudo das técnicas de negociação a partir dos ensinamentos da Escola de Harvard, cujos cursos de negociação vêm sendo frequentados por advogados da esfera pública e privada e, ao mesmo tempo, replicados em cursos promovidos também em nível nacional. A escola "harvardiana" de negociação, como é conhecida, estabelece princípios e etapas a serem observados pelo

---

[247] Vide nota de rodapé nº 236.

negociador, com foco na configuração de uma negociação colaborativa ("ganha-ganha"), a fim de se obter o máximo proveito possível do acordo, sem prejuízo da preservação da relação.

Para a escola de Harvard, os sete elementos de uma negociação colaborativa estão compreendidos nas seguintes etapas: a) identificação das alternativas à possibilidade de negociação, que consistem nas possibilidades que cada parte dispõe, por conta própria, acaso não chegarem a um acordo; b) definição dos interesses, que são as necessidades, desejos, o que a partes realmente procuram por detrás das posições; c) geração de inúmeras opções na mesa de negociação, a fim de se obter o máximo proveito do acordo obtido, com ganhos mútuos; d) legitimidade do acordo alcançado, o que pode ser verificado por meio de critérios objetivos e mensuráveis; e) o compromisso assumido pelas partes é bem planejado, de fácil compreensão e passível de verificação; f) a comunicação empreendida entre as partes é eficaz; g) aprimoramento da relação entre as partes por meio da negociação, o que possibilita negociações futuras.[248]

É interessante acrescentar o elemento emocional na negociação, algo que não é abordado na Escola de Harvard.[249] Quer dizer, o comportamento do ser humano em um procedimento negocial, suas reações e sentimentos, interferem sobremaneira no resultado do procedimento, não obstante toda a preparação racional proporcionada pelos elementos acima expostos. A ausência de uma abordagem mais sistemática de como a emoção dos participantes interfere no resultado de uma negociação pode ser creditada a uma dificuldade metodológica de pesquisa,[250] mas não se pode jamais ignorar a sua importância para o sucesso do procedimento, inclusive nas demais modalidades consensuais, como a mediação e a conciliação.

---

[248] Todas as lições de uma negociação colaborativas estão expostas no livro: FISCHER, Roger; URY, William. *Como chegar ao sim*: como negociar acordos sem fazer concessões. 3. ed. rev. e atual. Rio de Janeiro: Solomon, 2014. Interessante mencionar que a Advocacia-Geral da União lançou, no ano de 2017, o *Manual de Negociação baseados na Teoria de Harvard*, "com o intuito de fomentar o rompimento de uma cultura consolidada na busca da solução judicial dos litígios", bem como "apresentar a teoria da Negociação aos membros e servidores da Advocacia-Geral da União". No Manual, são explicadas as técnicas e as fases do procedimento de negociação, além da possibilidade de sua aplicação no âmbito institucional da advocacia federal. Disponível em: trt1.jus.br. Acesso em: 23 set. 2021.

[249] A ausência da consideração da interferência emocional na teoria de Harvard de negociação pode ser conferida em: VOSS, Chris; RAZ, Tahl. *Never Split the Difference*: Negotiating as If Your Life Depended on It. New York: Harper Businesses, 2016.

[250] BARRY, Bruce; FULMER, Ingrid Smithey; VAN KLEE, Gerben A. I Laughed, I Cried, I Settled. The role of emotion in negotiation. *In*: GELFAND, Michele J.; BRETT, Jeanne M. *The handbook of negotiation and culture*. Stanford: Stanford University Press, 2004, p. 71-94.

A emoção humana é particularmente interessante de ser abordada quando se trata de negociação no ambiente da Administração, em que padrões de comportamento enraizados no litígio e na resistência à inovação não são incomuns. O desconhecimento, por parte de agentes públicos, das vantagens do procedimento consensual traz dificuldades adicionais, muito mais relacionadas a reações humanas do que propriamente ao conteúdo do conflito.

Quando diante de negociação com a Administração, a teoria da "Negociação 3D" é bastante útil para um resultado mais eficaz. Conforme explicam David A. Lax and James K. Sebenius, a preparação para uma negociação não se restringe às técnicas e ferramentas de procedimento, nem bem ao desenho de um bom acordo ao longo da sessão. Além dessas etapas básicas, faz-se necessário o preparo *prévio* à mesa de negociação, com análise de quem deve participar do procedimento, seguindo-se para uma aproximação adequada de cada participante, com cuidado no fluxo de informações.[251]

Com efeito, a preparação de uma sessão na câmara administrativa de prevenção e resolução de conflitos, seja de negociação, mediação ou conciliação, demanda um grande esforço e preparação do coordenador do órgão, do contrário restará configurada como somente mais uma reunião cujo resultado surtirá pouco impacto na prática. Identificar quem são os agentes públicos que estão envolvidos com o caso, quem tem poder decisório por parte da Administração, quais as informações já disponibilizadas e quais ainda devem ser mais bem elaboradas, entre outros, são etapas essenciais para o alcance de um bom acordo.

2.3.4 Comitês de Resolução de Disputas

Na linha de exposição dos meios consensuais de solução de conflitos, não se poderia deixar de mencionar os Comitês de Resolução de Disputas, conhecidos no exterior como *Dispute Resolution Boards*,

---

[251] LAX, David A.; SEBENIUS, James K. 3-D Negotiation. Playing the whole game. *Harvard Business Review*, [s.l.], v. 81, n. 11, p. 64-74, 138, 2003. Nas palavras dos autores: "Like most of us, you may have waited too long to start negotiating. We're trained to think that negotiation happens at the bargaining table – in the first dimension of interpersonal and process tactics – or at the drawing board – the second dimension, where the substance of the deal is hashed out. But by the time parties are sitting down to hammer out an agreement, most of the game has already been played. That's why savvy 3-D negotiators work behind the scenes, away from the table, both before and during negotiations to set (and reset) the bargaining table. They make sure that all the right parties are approached in the right order to deal with the right issues at the right time".

método com previsão mais recente no Direito brasileiro e ainda pouco utilizado pela Administração Pública em geral. A sua compreensão é relevante para o tema abordado na presente obra, uma vez que, no Brasil, a utilização dos *dispute boards* vem ocorrendo de forma predominante nos contratos firmados com o poder público.[252]

Na definição de Cairns e Madalena, o comitê consiste em um órgão, geralmente composto por três profissionais imparciais, os quais assistem as partes desde o início de uma relação contratual na resolução de conflitos que podem surgir ao longo da execução contratual. Seu modo de atuação se dá por meio de recomendações ou decisões vinculantes, configurando-se "como un método especializado y técnico de resolución de controversias mediante la decisión neutral de un experto en la matéria".[253]

O escopo maior de um *dispute board* (DB), portanto, está na prevenção e na resolução de conflitos oriundos de uma relação contratual. A função do órgão é definida no próprio contrato, podendo a ele serem submetidas questões técnicas referentes ao contrato ou qualquer outra questão contratual, sejam técnicas, jurídicas ou econômicas.[254] De origem estrangeira, o DB foi inicialmente concebido para os contratos de construção e engenharia, cuja duração no tempo é em geral prolongada e cujo objeto abrange questões técnicas e complexas.[255]

A natureza de um DB é classificada de acordo com o caráter de sua decisão, se vinculante ou não. O regulamento da Câmera de Comércio Internacional (CCI) relativo aos *dispute boards*, disponível desde setembro de 2004, estabelece três tipos de DB: (a) *Dispute Review Board* (DRB); *Dispute Adjudication Board* (DAB) e *Combined Dispute Board* (CDB). Na modalidade DRB, o painel é responsável por emitir apenas

---

[252] RIBEIRO, Ana Paula Brandão; RODRIGUES, Isabella Carolina Miranda. Os *dispute boards* no direito brasileiro. *Revista de Direito Mackenzie,* [s.l.], v. 9, n. 2, p. 129-159, 2015. p. 149.

[253] CAIRNS, David J.; MADALENA, Ignacio. El Reglamento de la ICC relativo a los dispute boards. *Revista de Arbitragem e Mediação*, São Paulo, v. 10, p. 179-189, 2006.

[254] WALD, Arnoldo. *Dispute Resolution Boards*: evolução recente. *Revista de Arbitragem e Mediação*, [s.l.], v. 8, n. 30, p. 139-151, 2011.

[255] A primeira utilização de um DB ocorreu no âmbito da construção da segunda parte do Túnel Eisenhower, no estado de Colorado, Estados Unidos, em 1975. A partir daí houve a utilização em diversos contratos de grandes projetos de construção, em países como Japão, Equador e Chile. Além das vantagens próprias de um mecanismo extrajudicial de solução de controvérsias, outro fator que vem contribuindo para a expansão da atuação do DB é "a exigência, cada vez mais crescente, que os investidores mundiais de projetos de construção e infraestrutura vêm impondo para viabilizar o aporte de recursos financeiros para o fluxo de caixa de grandes empreendimentos: a introdução de cláusulas contratuais que prevejam métodos extrajudiciais para a solução de controvérsias durante a administração do contrato". RIBEIRO, Ana Paula Brandão; RODRIGUES, Isabella Carolina Miranda. Os Dispute Boards *no Direito brasileiro*. *Ibid.*, p. 139-140.

recomendações, enquanto no DAB serão proferidas decisões, com caráter vinculante e cujo cumprimento deve ser de imediato pelas partes. As recomendações, por outro lado, somente vinculam os contratantes acaso não tenha havido oposição por nenhuma das partes, em determinado período de tempo.[256]

A partir dessa diferenciação, Cairns e Madalena concluem que o DAB assume uma função "quase-arbitral", vez que a decisão do *board* tem capacidade de colocar fim ao litígio entre os contratantes e se converter em uma obrigação de cumprimento, a depender de seu teor.[257] Outra modalidade possível é uma combinação entre as possibilidades, podendo o DB emitir uma decisão acaso uma das partes solicite e a outra não manifeste oposição. Se houver a oposição quanto à emissão de decisão, tem o DB a competência para definir se emitirá recomendação ou proferirá a decisão, levando em conta fatores como urgência e preservação do contrato.[258]

É interessante destacar que, além da função de recomendação ou de decisão, o DB também funciona como órgão capaz de promover a produção de consenso entre os contratantes, a fim de evitar a geração do conflito. Da leitura do *Dispute Board Manual*,[259] em seu capítulo 13, consta a relevância de uma postura proativa dos membros do DB, de forma a identificar prematuramente questões relativas ao objeto do contrato e, a partir disso, facilitar a comunicação entre as partes e encorajá-los a adotar soluções cooperativas.[260] Como resultado, é possível que o papel do DB se concentre muito mais na gestão de pontos em fase preliminar a um conflito do que propriamente à resolução de uma disputa já instaurada.

Ao promover encontros regulares com as partes contratantes, em especial com os gerentes do projeto da obra, o DB permite, de modo mais informal, que a performance de cada parte seja analisada e revista, que sejam identificados atuais e futuros problemas na execução, que entraves sejam removidos o quanto antes e, como já dito, que

---

[256] Arts. 4 e 5 do Regulamento. Disponível em: iccwbo.org. Acesso em: 4 jan. 2021.

[257] CAIRNS, David J.; MADALENA, Ignacio. *El Reglamento de la ICC relativo a los dispute boards*. *Op. cit.*

[258] Art. 6 (3) do Regulamento da CCI, *Op. cit.*

[259] Trata-se de manual elaborado pela *Dispute Resolution Board Foundation*, uma organização sem fins lucrativos criada nos Estados Unidos e dedicada a promover a prevenção e a resolução de disputas por meio do *Dispute Board (DB) Method*, em nível mundial. É formada por mais de 1000 membros, entre engenheiros, advogados, arquitetos, com representação em mais de 65 países, inclusive no Brasil. Informações disponíveis em: drb.org. Acesso em: 4 jan. 2021.

[260] DRBF. *Dispute Board Manual: A Guide to Best Practices and Procedures* – Sections 4. SPARK Publications, Charlotte, North Carolina, USA, 2019.

uma atmosfera cooperativa seja instalada ao longo de toda a relação contratual. Por outro lado, é necessário que os membros do DB mantenham uma respeitável distância das partes, a fim de não prejudicar a sua imparcialidade e objetividade na condução dos trabalhos. Dessa atuação mais ativa e informal pode resultar o que o *Dispute Board Manual* denomina de opinião consultiva (*advisory opinion*), em que as partes de comum acordo solicitam ao DB a emissão de uma consulta informal e não vinculativa sobre determinada questão, que então receberá o olhar experiente e profissional dos membros que compõem o painel.

Conforme explica Arnold Wald, a composição de um DB pode variar de acordo com a natureza do contrato, com os potenciais conflitos que podem a ele ser submetidos e com os valores envolvidos.[261] Os profissionais que comporão o painel podem ser de diferentes áreas, como direito, economia, engenharia etc., sempre em número ímpar.[262] Também há a possibilidade de composição por apenas um membro, recomendada para os contratos de menor complexidade. Ainda sobre a composição, ela pode ocorrer previamente à execução do contrato ou já durante a sua execução, sendo recomendada a formação prévia para melhor atuação na prevenção do litígio.[263]

---

[261] WALD, Arnoldo. *Op. cit.*

[262] Existe uma reflexão sobre qual a composição mais adequada de um *board*, se deve predominar a presença de engenheiros ou se se deve contar com expertise de advogados. Sobre o entendimento de que advogados não contribuem para a formação de soluções rápidas e eficientes no âmbito de um contrato, ver: FARRER, Robert. Composição do CRD: advogados ou engenheiros? *In*: TRINDADE, Bernardo Ramos (coord.). *CRD – Comitê de Resolução de Disputas nos Contratos de Construção e Infraestrutura: Dispute Resolution Board*. São Paulo: PINI, 2016, p. 75-84. De qualquer forma, acaso os membros do comitê não possuam formação jurídica, é comum que o próprio comitê proceda à contratação de assessoria jurídica especializada, o que implica inevitavelmente em maior custo. Neste sentido: TRINDADE, Bernardo Ramos; SALIBA JÚNIOR, Clémenceau Chiabi; NEVES, Flávia Bittar; SOARES, Pedro Silveira Campos. Conhecimento e Aplicabilidades do Comitê de Resolução de Disputas – CRD em Obras de Médio e Grande Portes. *In*: TRINDADE, Bernardo Ramos (coord.). *CRD – Comitê de Resolução de Disputas nos Contratos de Construção e Infraestrutura: Dispute Resolution Board*. São Paulo: PINI, 2016, p. 33-58.

[263] Segundo Marcia Ribeiro e Caroline Sampaio Almeida, a eficácia da nomeação do DB desde o início do contrato decorre da íntima relação que se estabelece entre os membros do DB e a documentação do contrato, suas condições e programas (RIBEIRO, Marcia Carla Pereira; ALMEIDA, Caroline Sampaio de. Análise crítica das cláusulas *dispute board*: eficiência e casos práticos. *Novos Estudos Jurídicos*, [s.l.], v. 18, n. 2, p. 224-239, 2013). Por outro lado, a margem para o estabelecimento do DB pode ser um pouco afastada do início do contrato e ainda assim não prejudicar a eficácia do instituto. No caso do Metrô da Linha Amarela de São Paulo, o DB teve a aprovação de seus membros dez meses após a assinatura do contrato e tal não impactou o trabalho de prevenção, conforme escrevem os próprios profissionais que atuaram no conselho: "A constituição do Comitê, ainda na fase inicial dos contratos, permitiu-lhe inteirar-se de todos os detalhes do Projeto, desde a documentação relativa às licitações, aos contratos, aos projetos e métodos construtivos, às especificações, aos cronogramas físico e financeiro, e até a realização de visitas aos diferentes locais de obras, ou seja, o Comitê pôde inteirar-se adequadamente sobre o Projeto, para exercer

A respeito da conduta ética dos profissionais que participam do DB, o código de ética é encontrado[264] no *Dispute Board Manual*, em seu capítulo 6, o qual pretende estabelecer aspectos chave tanto em relação à conduta pessoal quanto profissional dos membros de um DB. A independência e a imparcialidade são os valores essenciais, de modo que seus membros devem agir e serem percebidos como neutros e imparciais, durante toda a sua atuação. Em havendo conflito de interesses, tal deve ser revelado antes ou durante o procedimento, da maneira mais rápida possível. Se houver dúvida quanto ao fato ou circunstância que enseja o conflito, a revelação deve ser privilegiada. Se o conflito de interesses já existe, deve o membro indicado declinar do convite para compor o *board*. Se o conflito emergir ao longo do procedimento, após o dever de revelação, o membro pode ser convidado a se retirar ou o fazer por vontade própria.

A confidencialidade é outro aspecto primordial na atuação dos membros do DB, de forma a promover a confiança e a segurança entre as partes contratantes. Qualquer informação revelada ao DB deve permanecer confidencial, assim como os dados referentes ao contrato e outros detalhes do projeto, a não ser que haja permissão das partes em sentido contrário. As recomendações e decisões do DB também devem permanecer, no geral, confidenciais, a não ser que haja concordância das partes na divulgação ou, então, em razão de determinação legal.

Em relação à conduta, os membros devem atuar de forma célere, diligente, ordenada e imparcial, e as reuniões devem ser conduzidas de modo similar a uma reunião de negócios. Toda interlocução dos membros do DB com os contratantes deve se dar por meio da presidência do *board*, devendo ser evitada a comunicação individual com alguma das partes e vice-versa. Por fim, no que diz respeito ao procedimento do DB, a pontualidade e a imparcialidade de suas recomendações/decisões são extremamente importantes. Além disso, devem elas observar as específicas previsões do contrato, a legislação nacional vigente e as informações, fatos e circunstâncias submetidas pelas partes contratantes. Em suma, as decisões/recomendações devem ser objetivas, imparciais e fundamentadas por meio de argumentação lógica, com base nas informações disponibilizadas ao DB.

---

sua missão como conciliador e propositor de soluções para os litígios que viriam a ocorrer no transcurso do empreendimento". JOBIM, Jorge Pinheiro; RICARDINO, Roberto; CAMARGO, Rui Arruda. A experiência brasileira em CRD: o caso do metrô de São Paulo. *In*: TRINDADE, Bernardo Ramos (coord.). *CRD – Comitê de Resolução de Disputas nos Contratos de Construção e Infraestrutura: Dispute Resolution Board*. São Paulo: PINI, 2016, p. 172.

[264] DRBF, *Op. Cit.*

Em âmbito nacional, conforme já afirmado, a previsão legal de utilização do DB vem ocorrendo para contratos celebrados com o poder público. Nesse sentido, as Leis Municipais nºs 16.873/2018 e 11.241/2020, que regulamentam a instalação de Comitês de Prevenção e de Solução de Disputas em contratos administrativos continuados a serem celebrados pelas Prefeituras de São Paulo e Belo Horizonte, respectivamente. Ambas as leis preveem as três modalidades de atuação do DB, por meio da recomendação, da decisão ou um sistema híbrido, desde que haja a previsão no edital e no próprio contrato. Tanto as recomendações quanto as decisões poderão ser impugnadas pela via judicial ou arbitral, tendo o município de Belo Horizonte optado em conceder um prazo para tal iniciativa.[265]

Ambos os diplomas também estabelecem expressamente que os procedimentos dos Comitês deverão obedecer aos princípios da legalidade e da publicidade, dentre outros. Aqui uma vez mais, no Brasil, o padrão de confidencialidade de um procedimento é confrontado quando há a participação da Administração Pública, uma vez que o princípio constitucional da publicidade deverá prevalecer. Por fim, destacam-se as previsões quanto à remuneração do Comitê, cujo pagamento de qualquer forma deverá ser antecipado pela parte privada contratada, podendo haver o ressarcimento pelo órgão público contratante em metade do valor, no caso do Município de São Paulo (art. 4º da Lei nº 16.873/2018).

De forma bastante recente, a Lei nº 14.133/2021 estabelece normas gerais de licitação e contratação para a Administração Pública em todos os níveis federativos e cria um novo marco legal para substituir a Lei das Licitações (Lei nº 8.666/1993), a Lei do Pregão (Lei nº 10.520/2002) e o Regime Diferenciado de Contratações (RDC – Lei nº 12.462/11). Em seu texto, a lei igualmente traz a previsão de utilização dos Comitês, tanto para a extinção consensual do contrato quanto para a prevenção e resolução de controvérsias que advierem ao longo da relação entre o poder público e a parte contratada.[266]

A fim de ilustrar a utilização de um Comitê de Resolução de Disputas no Brasil, cita-se o caso da construção da Linha Amarela do Metrô

---

[265] A notificação da outra parte quanto à insatisfação deverá ocorrer em trinta dias a contar do recebimento e partir daí a impugnação pela via judicial ou arbitral (art. 2º, §1º, inciso I, §2º, inciso II e §3º, inciso III da Lei nº 11.241/2020).

[266] Além das previsões citadas, existe iniciativa legislativa no sentido de regulamentar a utilização do DB em contratos administrativos celebrados pela União (PLS nº 2.016/2018, no Senado Federal) e, de forma mais ampla, pela Administração Pública de maneira geral (PL nº 9.883/2018, na Câmara dos Deputados).

de São Paulo, que consiste, de fato, na primeira experiência brasileira de utilização de DB em contrato administrativo. Trata-se de contratação ocorrida no ano de 2003, entre a Companhia do Metropolitano de São Paulo – Metrô e um consórcio de construtoras privadas – Consórcio Via Amarela. A previsão de utilização do DB deu-se em razão de exigência do banco financiador da obra (BIRD), tendo seus membros atuado entre os anos de 2003 a 2015.[267]

A primeira intervenção do Comitê no referido contrato resultou em questionamento judicial, após decisão proferida em sentença arbitral.[268] É oportuno destacar que a divulgação desta primeira recomendação somente ocorreu em razão da judicialização, sendo que as demais permanecem em sigilo, muito embora tratar-se de um contrato administrativo.

A partir do ora exposto sobre a utilização dos Comitês, cabe refletir sobre a atuação da advocacia pública diante desse mecanismo alternativo de solução de controvérsias. Não se discute que se trata de metodologia que visa trazer maior eficiência na execução dos contratos administrativos, em especial de obras e construção, cuja complexidade demanda intervenções de ordem técnica e contemporânea aos acontecimentos.

Por outro lado, é evidente que questões jurídicas e mesmo de interpretação das cláusulas do contrato acompanharão as demandas relacionadas ao projeto ou à obra propriamente dita. Neste ponto, a atuação de um advogado externo, seja como membro do Comitê ou mesmo como seu contratado, pode conflitar de alguma forma com a atividade da advocacia pública, mais especificamente com a sua função de consultoria dos órgãos da Administração Pública.

Com efeito, a atividade de consultoria realizada pela advocacia pública concentra grandes esforços na elaboração da modelagem contratual dos órgãos contratantes, além de dirimir dúvidas jurídicas ao longo da execução e mesmo após o cumprimento do objeto do contrato. Inclusive, a orientação é que os órgãos da Administração direta (por vezes indiretas também, a depender da lei orgânica de cada advocacia pública) encaminhem aos órgãos de advocacia pública respectivos as dúvidas e as análises referentes às contratações, desde a elaboração do edital.

---

[267] O comitê contabilizou, ao todo, onze intervenções em controvérsias entre as partes, além de uma intervenção em que foi possível se chegar a um acordo por meio de uma mediação. Para um relato mais detalhado da experiência, conferir: JOBIM, Jorge Pinheiro; RICARDINO, Roberto; CAMARGO, Rui Arruda. *Op. cit.*, p. 169-191.

[268] AREsp 1006756/SP.

Dessa forma, a atuação de um advogado como membro do DB deve levar em conta as orientações que já foram emanadas pela advocacia pública, até porque a atividade de consultoria desses órgãos também se presta a uma intervenção preventiva e com vistas a evitar judicialização de conflitos. Além disso, não se pode dizer que o requisito da imparcialidade, que será mais bem trabalhado no capítulo 4, não está presente na atividade consultiva, pelo contrário. Por meio de consultas e pareceres, a advocacia pública não só orienta como também viabiliza alternativas e construção de soluções, como forma de proporcionar a boa execução do contrato e o atendimento de sua finalidade.

2.4 Síntese conclusiva

O capítulo ora exposto identificou uma onda renovatória na maneira de solucionar conflitos no Brasil, em que é possível perceber a formação de um sistema multiportas de metodologias heterocompositivas e autocompositivas. Trata-se de movimento que atinge também a Administração, de modo que restou clara a disponibilização legal de outras alternativas que não o Poder Judiciário para a solução de conflitos administrativos. Ao adentrar no estudo dos princípios da mediação, o texto evidenciou as adaptações necessárias quando participante a Administração, o que não implica a inviabilização de sua utilização pela estrutura estatal.

A exposição de diplomas normativos que trazem o elemento da consensualidade para a atuação do poder público contextualiza a implementação das câmaras administrativas e o desenvolvimento de suas atividades como parte de um movimento mais amplo. No entanto, ao mesmo tempo que inserida na inovação das metodologias de resolução de conflitos, a consensualidade administrativa demanda adaptações dos meios consensuais ao regime jurídico-administrativo, o que inevitavelmente deve ser observado pelas câmaras administrativas de prevenção e resolução de conflitos.

O que se entende relevante é que adaptação não significa negação da atuação consensual, conforme foi exposto ao longo do texto. Além disso, a opção pela consensualidade vai depender da circunstância em que está envolvida a Administração, não se mostrando a escolha ideal para toda e qualquer situação. Desenvolver a consensualidade nas câmaras administrativas perpassa por questões que vão além do seu dispositivo autorizativo (art. 32 da Lei nº 13.140/2015), o que será melhor compreendido no capítulo a seguir.

CAPÍTULO 3

ADMINISTRAÇÃO PÚBLICA E CONSENSUALIDADE: UM ENTRELAÇAMENTO VIÁVEL

O presente capítulo se propõe a reunir as ideias que foram lança-das nas duas primeiras partes da presente obra. Em uma convergência de caminhos que, a princípio, seguiam de modo paralelo, aprofunda-se no estudo dos métodos consensuais como ferramenta de solução de conflitos pela Administração Pública. De um lado, um Direito Adminis-trativo cuja base teórica vem se transformando a fim de acompanhar as mudanças sociais; de outro, a aproximação de diversos ramos do Direito com metodologias de resolução de conflitos que dão maior autonomia e liberdade aos indivíduos na tomada de decisão. A forma como esse movimento mais amplo atinge a ciência do Direito Administrativo é o que será investigado a seguir, buscando compreender as interseções da consensualidade com os princípios e regras que são próprios do regime jurídico-administrativo no Brasil.

3.1 A inserção dos métodos adequados de solução de conflitos na Administração Pública: por que mudar?

Quando se fala em excesso de judicialização no Brasil, é comum se pensar em números absolutos, levando em conta a quantidade de processos judiciais em tramitação e o número de habitantes que compõe a população brasileira.[269] No entanto, em uma análise qualitativa desses

---

[269] Segundo os dados levantados pelo relatório *Justiça em Números 2022*, o Judiciário finalizou o ano de 2021 com 77,3 milhões de processos em tramitação. Disponível em: justica-em-numeros-2022-1.pdf. Acesso em: 22 jan. 2023.

números, é fácil verificar que são poucos os atores que predominam nesse cenário de litigância, tendo a Administração Pública ocupado lugar de destaque.[270]

A presença do Estado brasileiro nos processos judiciais denota que a via do litígio ainda é o principal canal de escoamento dos conflitos envolvendo órgãos públicos. Nos termos do que já foi exposto no capítulo 2, a presença maciça dos entes públicos na arena judicial decorre, dentre outros fatores, da complexidade das relações envolvendo o Estado, desde o advento da Constituição Federal de 1988.[271]

Além das razões inerentes às complexas funções que devem ser desempenhadas pelo poder público, o caminho traçado até aqui visou demonstrar que o próprio modo de agir da Administração Pública vem contribuindo para o cenário de alta litigância. É dizer, não bastasse a intensificação das prestações que devem ser cumpridas pelo Estado, as quais por muitas vezes são objeto de insatisfação por parte da sociedade, a maneira como as autoridades administrativas lidam com o conflito também é motivo que enseja o excesso de judicialização.

Conforme foi exposto no capítulo 1, os atos da Administração, ao longo de grande parte do século XX, foram pautados em uma concepção de superioridade e de inequívoca presunção de veracidade. Na lógica de primeiro executar, depois discutir as consequências, as ações das autoridades administrativas no Brasil muito pouco eram modificadas em razão de interesses particulares.[272] Quer dizer que a Administração raramente admitia a hipótese de estar equivocada, a não ser por um mandamento judicial, não sem antes impugná-lo por meio de todas as alternativas processuais disponíveis.

---

[270] Em levantamento de dados elaborado pela Associação dos Magistrados Brasileiros, intitulado *O uso da Justiça e o litígio no Brasil*, fez-se o diagnóstico em onze tribunais de justiça do país, abrangendo os anos de 2010 a 2013. Consta nas conclusões do relatório: "Verifica-se, no caso brasileiro, uma propensão ao litígio por um grupo concentrado de atores – e um dos mais contumazes é a Administração Pública". Disponível em: https://www.amb.com. br/wp-content/uploads/2018/05/Pesquisa-AMB-10.pdf. Acesso em: 3 fev. 2021.

[271] O poder constituinte ampliou o leque de obrigações a cumprir pelo poder público, em especial no que diz respeito à concretização de políticas públicas de cunho social. Um estudo mais aprofundado da relação entre as funções do Estado Democrático e Social e o excesso de judicialização pode ser conferido em: EIDT, Elisa Berton. *Autocomposição na Administração Pública*. Essere nel mondo, 2017.

[272] Aqui não se mencionam condutas eticamente reprováveis, presentes no Brasil desde o período colonial, em que a estrutura do Estado serve a interesses pessoais, em detrimento do cumprimento do interesse público. Uma análise do fenômeno da corrupção no campo da Administração Pública pode ser conferida em: OLIVEIRA JÚNIOR, Temístocles Murilo; COSTA, Frederico José Lustosa da; MENDES, Arnaldo Paulo. Perspectivas teóricas da corrupção no campo da Administração Pública brasileira: características, limites e alternativas. *Revista do Serviço Público*, v. 67, p. 111-138, 2016.

O cenário que até hoje se apresenta – de excesso de judicialização quando se trata das relações estabelecidas pelos órgãos do Poder Executivo – decorre também dessa ausência de diálogo e de abertura para adoção de conduta diversa. O Estado, além de ocupar um espaço considerável na dinâmica da sociedade brasileira (que naturalmente leva a sua maior participação nos processos judiciais), ao mesmo tempo, muito pouco adotou postura aberta ao diálogo e à reconsideração de suas decisões.

Uma vez em juízo, a postura da Administração também por muito tempo seguiu a mesma linha de conduta: não reconhecimento de pleitos advindos da parte contrária, além da insistência no uso dos recursos processuais, condutas essas que contribuem para tornar os processos judiciais com a Fazenda Pública demorados e com alto grau de beligerância.[273] A dogmática daquele Direito Administrativo mais unilateral e com interpretações mais voltadas a defender o ato administrativo do que propriamente a compreender a situação concreta igualmente se reflete, portanto, no âmbito judicial.[274]

A reflexão que se faz na presente pesquisa é de que maneira este comportamento arredio aos pleitos do particular torna a Administração menos eficiente e mais propensa à tomada de decisões que se configuram de difícil execução e aceitação. A fim de tratar da consensualidade dentro do poder público, é importante analisar as razões de mudança de um *status quo* até então predominante, tendo como um dos seus efeitos o excesso de judicialização.[275]

---

[273] Um paradigma de longa tramitação judicial está nas execuções fiscais, cujo tempo médio de duração do processo (6 anos e 11 meses) é significativamente superior às demais classes processuais: "Os processos de execução fiscal representam, aproximadamente, 35% do total de casos pendentes e 65% das execuções pendentes no Poder Judiciário, com taxa de congestionamento de 90%. Ou seja, de cada cem processos de execução fiscal que tramitaram no ano de 2021, apenas 10 foram baixados. Desconsiderando esses processos, a taxa de congestionamento do Poder Judiciário cairia em 6,3 pontos percentuais, passando de 74,2% para 67,9% em 2021.". *Relatório Justiça em Números 2022*. Disponível em: justica-em-numeros-2022-1.pdf. Acesso em: 22 jan. 2023.

[274] O excesso de utilização do Judiciário pela Administração Pública também deve ser encarado sob um aspecto de conveniência, podendo-se utilizar da distinção trazida por Boaventura de Souza Santos sobre os tipos de lentidão que contaminam o andamento processual, quais sejam, a morosidade sistêmica e a morosidade ativa. A primeira diz respeito à "sobrecarga de trabalho, do excesso de burocracia, positivismo e legalismo". É essa morosidade que se tenta combater mediante reformas legislativas e aumento de produtividade, acarretando o dilema entre celeridade e qualidade da prestação jurisdicional. A outra morosidade apontada pelo sociólogo português diz respeito à real intenção de alguns sujeitos do processo de que a lentidão se perpetue, seja por meio de recursos meramente protelatórios, seja pela recusa ao cumprimento de determinações judiciais. SANTOS, Boaventura de Sousa. *Para uma Revolução Democrática da Justiça*. Coimbra: Almedina, 2014, p. 44.

[275] No primeiro capítulo desta obra já se analisou como o próprio Direito Administrativo se transformou, ganhando contornos mais democráticos e de maior proximidade com os

Uma análise na doutrina que já se debruçou sobre o tema da consensualidade no âmbito do poder público permite identificar quais disfuncionalidades motivam a mudança de paradigma. A adoção de soluções extrajudiciais de solução de conflitos visa contrastar com as intercorrências de um processo judicial, em que a função jurisdicional vem sendo prestada de forma bastante lenta e imprevisível em termos de resultados. Ainda, dispõe-se a contribuir para que a Administração Pública exerça de forma mais eficiente seus misteres constitucionais, com entregas que satisfazem à sociedade e ao interesse público.

No que diz respeito ao Poder Judiciário, os dados estatísticos revelam o esforço dos tribunais para que ocorra a redução do estoque de processos. Não obstante o ano de 2021 tenha apontado estatísticas mais esperançosas em relação ao grau de eficiência do Poder Judiciário, é certo que ainda há um longo caminho a percorrer nesse sentido.[276] Enquanto os efeitos dessa baixa produtividade são sentidos por todos aqueles que se utilizam da jurisdição estatal, torna-se oportuno colocar luzes sobre a utilização dos métodos extrajudiciais de solução de conflitos, inclusive pela Administração Pública.[277]

Na realidade, dados estatísticos também já revelaram que a Administração Pública situa-se entre os maiores litigantes do Poder

---

direitos fundamentais. Na presente etapa, analisa-se mais especificamente a formação de consensos por parte da Administração, em que há substituição de litígios por acordos e efetiva incorporação de mecanismos extrajudiciais de solução de conflitos, como a mediação e a negociação.

[276] Consta nas conclusões do *Relatório Justiça em Números 2022*: "Mesmo com todas as dificuldades enfrentadas no ano de 2021 em razão da pandemia, o Judiciário conseguiu, ainda, elevar sua produtividade, bem como a demanda pelos serviços da justiça. O acesso à justiça aumentou em 2021, e registrou 2,6 milhões de casos novos a mais do que em 2020. Foram 27,7 milhões processos judiciais ingressados durante o ano. O número de processos baixados também cresceu, em 2,7 milhões (10,4%), e o número de casos julgados em 2,7 milhões (11,3%). Ainda assim, o estoque processual cresceu em 1,5 milhão de processos, finalizando o ano de 2021 com saldo similar ao verificado antes do início da pandemia, em 2019. São ao todo 77,3 milhões de processos em tramitação". *Relatório Justiça em Números 2022*. Disponível em: justica-em-numeros-2022-1.pdf. Acesso em: 22 jan. 2023.

[277] É oportuno ressaltar que a percepção da insuficiência do poder jurisdicional estatal é significativa para que a atenção da comunidade jurídica se volte aos denominados métodos adequados de solução de conflitos. Quer dizer, muito antes da compreensão dos benefícios que os meios extrajudiciais são capazes de proporcionar, a sua utilização veio bastante incentivada a partir da insatisfação com o serviço prestado Poder Judiciário. Tal caminho percorrido não é exclusivo do Brasil, conforme destaca a pesquisa realizada por Luciane Moessa. Refere a autora que países da América do Norte e da União Europeia, diante de conflitos de maior complexidade (na esfera de direitos coletivos e indisponíveis), utilizam-se da mediação em razão da constatação da "falência do sistema jurisdicional para dar conta da complexidade dos conflitos desta natureza". SOUZA, Luciane Moessa de. *Meios consensuais de solução de conflitos envolvendo entes públicos* – negociação, mediação e conciliação na esfera Administrativa e Judicial. Belo Horizonte: Fórum, 2012, p. 69.

Judiciário brasileiro, eis que figura como parte em um expressivo número de processos judiciais em tramitação.[278] Fato é que tanto Administração Pública quanto sociedade se utilizam das instâncias judiciais como primeira opção para solucionar conflitos advindos da relação que estabelecem entre si.

O cenário que se apresenta em relação à funcionalidade do Poder Judiciário, no entanto, enseja o fomento de vias alternativas ao caminho da resposta jurisdicional estatal, movimento esse que cresceu significativamente no Brasil, nas últimas duas décadas.[279] A denominada crise do Poder Judiciário[280] irradia o movimento de incentivo à utilização de outras portas de solução de conflitos, dentre elas a mediação, a negociação e a arbitragem.[281]

Dentre as questões que mais tornam perceptível a insatisfação com o serviço que é prestado pelo Judiciário está a morosidade dos processos judiciais. O tempo que demora para obtenção das respostas do juiz, seja ao longo da tramitação do processo, seja, especialmente, para a satisfação do direito pleiteado, é objeto de reclamação e até de desestímulo para os cidadãos brasileiros. Há um nítido descompasso entre o tempo de tramitação dos processos judiciais e o tempo real da vida em sociedade, cada vez mais dinâmica e pautada pelo ritmo imediato do mundo virtual.

Quando é parte a Administração Pública, o quadro de lentidão é agravado. As regras processuais que foram estabelecidas para a Fazenda Pública permitem prazos mais dilatados para a sua manifestação em juízo, não obstante algumas mitigações nesse sentido com o advento

---

[278] Vide nota nº 267.

[279] Pesquisas esparsas revelam que a utilização da via extrajudicial para solução de conflitos vem crescendo no Brasil. Sobre o incremento na utilização da mediação empresarias em câmaras privadas: GABBAY, Daniela Monteiro. Mediação empresarial em números: onde estamos e para onde vamos, *Jota*, 20 abr. 2018. Disponível em: https://www.jota.info/opiniao-e-analise/artigos/mediacao-empresarial-em-numeros-onde-estamos-e-para-onde-vamos-20042018. Acesso em: 2 out. 2021. Sobre o aumento de casos de arbitragem em andamento, conferir: selmalemes.adv.br. Acesso em: 2 out. 2021.

[280] Pesquisas empíricas revelam que a insatisfação com o serviço jurisdicional estatal é percebida tanto pelos usuários quanto pelos próprios membros integrantes do Poder Judiciário. EIDT, Elisa Berton. *Autocomposição na Administração Pública, Op. cit.*, p. 52-63.

[281] A concepção do Fórum Múltiplas Portas, em que o indivíduo que procura o Poder Judiciário pode ser direcionado a variadas modalidades de tentativa de resolução, a depender do conflito existente, foi originalmente concebida por Frank Sander. SANDER, Frank; CRESPO, Mariana Hernandez. *A Dialogue Between Professors Frank Sander and Mariana Hernandez Crespo*: Exploring the Evolution of the Multi-Door Courthouse. 5 U. St. Thomas L.J. 665, 2008. Disponível em: http://ir.stthomas.edu/cgi/viewcontent.cgi?article=1164&context=ustlj. Acesso em: 15 jan. 2023.

do Código de Processo Civil de 2015.[282] Além disso, o mandamento constitucional de que os pagamentos devidos pelos entes públicos em razão de sentença judicial devam ser pagos pela via do precatório contribui para uma maior dilatação do prazo para a satisfação da prestação jurisdicional estatal, em especial em algumas unidades da federação.[283]

Em adição às regras processuais e constitucionais, tem-se a cultura que se estabeleceu no âmbito das advocacias públicas, cujo *modus operandi* por muito tempo fomentou a alta litigiosidade. Por meio da utilização de todos os recursos processuais disponíveis no Direito brasileiro, a inconformidade tanto com o pedido da parte adversa quanto com as decisões judiciais eventualmente desfavoráveis foi o que prevaleceu na pauta da atuação da Fazenda Pública em juízo.

Recuperando o que foi tratado no capítulo 1 da presente obra, a atuação litigiosa no âmbito processual não deixa de ser um reflexo dos ensinamentos do Direito Administrativo tradicional, cujos pilares concentravam-se na supremacia e na indisponibilidade do interesse público. Quer dizer, uma vez em juízo, não deixa surpresas à conduta mais beligerante da Administração Pública, em que a admissão de erros e o reconhecimento de outros interesses restam relegados, a não ser que o Judiciário determine o contrário.

Da perspectiva do sujeito que litiga contra o poder público, portanto, há indicadores subsistentes de que a implementação de mudanças na forma de lidar com conflitos pode ser bem-vinda. Abreviação de tempo, maior oportunidade de participação na tomada de

---

[282] Vide nota nº 219.

[283] O Mapa Anual dos Precatórios do CNJ aponta que, em dezembro de 2019, a dívida de precatórios atingiu o montante de R$85 bilhões para estados e R$51 bilhões para municípios, aproximadamente. Disponível em: cnj.jus.br). Acesso em: 5 out. 2021. Não obstante a regra constitucional quanto ao prazo para o pagamento dos precatórios (art. 100, §5º), os entes públicos possuem um atraso histórico na quitação de suas dívidas. A partir de Emendas Constitucionais que alteram o art. 101 do ADCT, houve a permissão para que as pessoas jurídicas de direito público que se encontrem em mora no pagamento de seus precatórios tenham o prazo de pagamento prorrogado até 31.12.2029, conforme alteração trazida pelo art. 2º da EC nº 109/2021. Vale ressaltar que, em relação ao pagamento de precatórios, a EC nº 94/2016 inseriu o §20, art. 100, que permite a realização de acordo direto de precatórios na situação que especifica, mediante desconto de até 40% (quarenta por cento) do crédito atualizado. Essa é a modalidade de acordo, inclusive, que vem sendo adotada em algumas câmaras administrativas estaduais instaladas pelas advocacias públicas, conforme se verá adiante (item 4.3). É necessário ponderar, no entanto, que a execução de um crédito privado não necessariamente é satisfeita de maneira mais fácil se comparada a um crédito público. Enquanto nas execuções contra a Fazenda lida-se com a demora do pagamento, nas execuções privadas é acrescentado o fator da incerteza quanto à existência de valores suficientes para o pagamento da dívida.

decisão do agente público, desenvolvimento de diálogo que possibilita a compreensão de seus interesses pela Administração e obtenção de resultados com maior probabilidade de cumprimento, tendo em conta que é fruto de um procedimento consensual. São alguns dos benefícios aptos a incentivar o engajamento da sociedade em geral à adesão dos meios consensuais com o poder público.

Sob a perspectiva da Administração Pública, os motivos que ensejam a mudança do paradigma tradicional de solução de conflitos por meio do Poder Judiciário não necessariamente coincidem com aqueles do particular. É certo que as entregas do procedimento consensual tendem a satisfazer melhor ambas as partes, uma vez que somente se chegou ao resultado em razão da participação e da concordância daqueles envolvidos no conflito. Por outro lado, levando em conta o anteriormente exposto, é preciso aprofundar por que o poder público abandonaria um ambiente em que lhe é permitido tanto exercer as suas prerrogativas quanto confortar-se em postura submissa a mandamentos judiciais, com a consequente ausência de envolvimento ou de assunção de responsabilidades por conta própria.

Para seguir na investigação, inevitável adentrar no tema da judicialização da Administração Pública e de seus efeitos em termos de concretização efetiva das funções estatais. O assunto possui complexidades que não serão aqui abordadas, eis que o foco está na apresentação do cenário de judicialização como uma das causas para a maior utilização dos meios consensuais de conflitos.

O deslocamento para a arena judicial de ampla gama de assuntos envolvendo a Administração Pública gera o que se convencionou denominar de substituição da Administração pelo Poder Judiciário. A execução de políticas públicas, a cobrança de multas e tributos, o pagamento de valores devidos pela Fazenda, a resolução de pontos controversos dos contratos administrativos, são exemplos de matérias que inundam as varas judiciais em todos o país.

Muitas vezes emprestando maior impulso à inércia advinda tanto do poder público quanto do particular, fato é que a autoridade coercitiva do juiz não tem o condão de assegurar as soluções mais adequadas para cada caso concreto. Em um momento em que sociedade e Estado contemporâneos colocam suas expectativas sobre os resultados,[284] o privilégio da força da jurisdição estatal não é suficiente para manter o prestígio dessa via de solução de conflitos, a depender de cada caso concreto.

---

[284] Vide nota nº 68.

Quando no polo passivo das ações judiciais, a intervenção do Poder Judiciário no âmbito do Poder Executivo lida com a imposição de cumprimentos aos agentes públicos que não coincidem com a realidade concreta da Administração. Fala-se aqui da realidade de insuficiência de recursos, do necessário conhecimento técnico específico para cada área de atuação do poder público e de uma estrutura organizacional própria dos órgãos administrativos, que no Brasil muito pouco se assemelha aos órgãos privados.[285]

Portanto, o contraste que emerge entre a solução que é imposta por meio de uma decisão judicial e o cenário real da Administração oportuniza que a satisfação com a prestação jurisdicional estatal fique aquém do esperado.[286] Tanto para a Administração, que se vê obrigada a adotar conduta que desestabiliza a sua organização interna, quanto para o agente privado, que espera pela satisfação integral do seu pleito.

No âmbito dos processos judiciais em que o poder público figura no polo ativo, a exemplo das execuções fiscais, o cenário de judicialização também traz dificuldades. Os dados da pesquisa *Justiça*

---

[285] É recente no Brasil a dedicação ao estudo do processo coletivo estrutural. Conforme ensina Edilson Vitorelli, trata-se de modalidade aplicável aos casos em que a intervenção judicial visa não somente à imposição de um comportamento ao órgão executivo, mas sim a alteração na própria estrutura da organização pública, a fim de cessar a violação a algum direito fundamental. Ao discorrer sobre esta modalidade, de origem norte-americana, interessante destacar que o autor considera superada a discussão acerca da adequação da intervenção do Poder Judiciário na implementação de políticas públicas, de modo que a discussão remanesce sobre qual a melhor forma de fazê-la: "Entretanto, a globalização das ações coletivas, que cada vez mais são adotadas ou ampliadas nos países ocidentais e, mais recentemente, no oriente, demonstra que existe um desejo de que as políticas públicas e os grandes conflitos não fiquem a cargo apenas do Poder Executivo e do Legislativo, mas estejam sujeitos a revisão judicial. As razões para esse movimento são controversas, assim como a avaliação de seu grau de eficácia, mas é inegável a necessidade de se construir um modelo para lidar com esses litígios, por mais imprópria que pareça sua discussão e deliberação no âmbito judicial. Passou o momento de discutir se o Poder Judiciário poderia ou deveria exercer esse papel. Ele já demonstrou que pode e que o fará. O debate premente é em que termos essa intervenção deve ser feita para que seja adequada e eficiente". VITORELLI, Edilson *O devido processo legal coletivo*: dos direitos aos litígios coletivos São Paulo: Thomson Reuters Brasil, 2019. ePub 2. ed. em e-book baseada na 2. ed. impressa.

[286] Na série *Justiça Pesquisa*, elaborada pelo Conselho Nacional de Justiça, foi elaborado um quadro descritivo e analítico da tutela coletiva no Brasil, a fim de analisar a eficácia dessas ações na defesa de direitos fundamentais. A pesquisa revela a dificuldade percebida pelos atores envolvidos – Defensoria Pública e Ministério Público – na execução das decisões alcançadas nos processos coletivos, em especial quando no polo passivo o poder público. Interessante destacar que a solução negociada extrajudicial foi apontada como uma boa alternativa para resultados melhores, não obstante a reticência quanto ao seu descumprimento por parte dos agentes públicos. SOCIEDADE BRASILEIRA DE DIREITO PÚBLICO (Brasil). *Ações coletivas no Brasil*: temas, atores e desafios da tutela coletiva. Brasília: CNJ, 2018. 236 p. (Justiça Pesquisa). Relatório analítico propositivo. Disponível em: Publicações – Portal CNJ. Acesso em: 25 jan. 2023.

em Números não deixam dúvidas de que as execuções fiscais são responsáveis pelo alto índice de congestionamento do Poder Judiciário, cuja tramitação pode levar anos e não necessariamente conduzir à satisfação do crédito.[287]

Na linha do que já afirmado em relação ao papel do Estado e às finalidades às quais se encontra vinculada a Administração Pública, é possível concluir que soluções jurisdicionais demoradas e de difícil implementação na prática vão de encontro ao bom cumprimento das funções estatais. Isso porque a procura pelo Poder Judiciário vai no sentido de, justamente, estabilizar conflitos em que se envolve o poder público e de trazer respostas que definam qual direito deve ser plenamente atendido, seja pela Administração seja pelo particular.

Na medida em que a ineficiência do serviço do Poder Judiciário no Brasil é evidenciada em números e impressões de seus usuários,[288] cabe o questionamento se a via da jurisdição estatal deve ser eleita para todo e qualquer conflito que emerge a partir das relações da Administração. A concepção mais ampla do acesso à justiça vem corroborar esta indagação, ao apresentar o Judiciário como uma das alternativas possíveis, mas não a única, para a solução de conflitos e a realização de direitos.

A doutrina mais recente pontua, inclusive, que a via do Poder Judiciário constitui-se em opção residual, acaso nenhum dos outros métodos se revele adequado, ou então no eventual insucesso de sua utilização.[289] Vive-se um contexto em que as metodologias consensuais,

---

[287] Vide nota nº 270.

[288] O relatório *ICJBrasil 2021* (Índice de Confiança na Justiça no Brasil), elaborado pela FGV Direito São Paulo, muito embora aponte que houve um acréscimo histórico na confiança da população no Poder Judiciário, traz dados que desvelam a avaliação da população quanto ao serviço jurisdicional estatal: "A principal dimensão que afeta a confiança no Judiciário é a morosidade na prestação jurisdicional. No período analisado, 83% dos entrevistados responderam que o Judiciário resolve os casos de forma lenta ou muito lenta. O custo para acessar a Justiça também foi mencionado por 77% dos entrevistados, e 73% dos entrevistados declararam que é difícil ou muito difícil utilizar a Justiça. A má avaliação da Justiça também reflete as dimensões de honestidade, competência e independência. Em 2021, 70% dos entrevistados consideraram o Poder Judiciário nada ou pouco honesto, ou seja, a maioria da população entendeu que essa instituição tem baixa capacidade para resistir a subornos. Além disso, 61% dos respondentes consideraram que o Judiciário é nada ou pouco competente para solucionar os casos; e 66% acreditam que o Judiciário é nada ou pouco independente em relação à influência dos outros Poderes do Estado". RAMOS, Luciana de Oliveira; CUNHA, Luciana Gross; OLIVEIRA, Fabiana Luci de. SAMPAIO, Joelson de Oliveira. Relatório *ICJBrasil, 2021*. São Paulo: FGV Direito SP. Disponível em: https://bibliotecadigital.fgv.br/dspace/bitstream/handle/10438/30922/Relato%cc%81rio%20 ICJBrasil%202021.pdf?sequence=1&isAllowed=y. Acesso em: 5 out. 2021.

[289] Daí porque se critica a denominação dos meios consensuais como métodos alternativos, vez

ou a própria arbitragem, possuem atrativos que melhor se conectam com a sociedade moderna do século XXI, como agilidade, qualidade técnica e maior informalidade.

Nesse sentido, a reflexão pode ser reformulada para o questionamento do porquê a Administração não se utilizaria dos métodos consensuais no âmbito de suas relações, como prevenção ou solução de conflitos já instaurados. As respostas para as demandas atuais não se apresentam com lentes voltadas para o passado, exigindo-se que sejam empreendidos esforços para atualizações que melhor dialoguem com a sociedade contemporânea.

Daí porque justificativas principiológicas, com utilização de conceitos indeterminados – no caso a supremacia e a indisponibilidade do interesse público –, deixam em abstrato os eventuais benefícios de se manter o poder público alheio à utilização dos meios consensuais. Conforme será mais bem desenvolvido adiante, o fato é que aos agentes públicos, atualmente, é dada uma opção de escolha, com um certo nível de discricionariedade, em que é possível optar pela via da tentativa de um acordo, judicial ou extrajudicial, ou se valer do modelo tradicional da solução via jurisdição estatal.

Veja-se que essa ampliação do leque de possibilidades traz a reboque a revelação da má utilização do serviço público jurisdicional pela Administração. Em certos casos, a demora do processo judicial e os escudos proporcionados pelos recursos processuais são convenientes para o descumprimento ou protelação de obrigações por parte do poder público, conduta essa que agora pode ser questionada de forma mais evidente.[290]

---

que deveriam ser eles a opção primeira na tentativa de resolução de um conflito, restando a via da sentença como uma opção residual: "Nos dias de hoje, a função judicial precisa ser urgentemente pensada e reciclada, colocando-se em pauta uma reavaliação dessa função estatal, que então deixaria de operar como uma oferta primária (como o induz uma leitura literal e apressada do art. 5º, XXXV, dita garantia de acesso à Justiça), para ser vista como uma cláusula de reserva, a saber: uma oferta residual, para os casos que, ou não se afeiçoam à resolução pelos meios auto e heterocompositivos, em razão de singularidades de matéria ou das pessoas concernentes, ou, pela complexidade da crise jurídica, reclamam cognição judicial ampla e exauriente". MANCUSO, Rodolfo de Camargo. *A resolução dos conflitos e a função judicial no contemporâneo Estado de Direito.*2. ed. São Paulo: Revista dos Tribunais, 2014, p. 45.

[290] A configuração da Administração Pública como litigante habitual (*repeat player*) lhe coloca em condições de usufruir de vantagens quando diante de um litígio, se comparado àqueles que não participam de disputas de forma recorrente. Marc Galanter aponta as vantagens de um *repeat player*, presentes inclusive nas disputas não judiciais: 1) inteligência avançada para estruturar estratégias para as próximas disputas, com formação de um banco de dados que lhe permite analisar o padrão de comportamento das partes com quem litiga; 2) Usufrui da economia em larga escala para contratar os melhores especialistas; 3) Possui

3.2 O processo do acordo extrajudicial envolvendo a Administração Pública

Uma vez compreendido que existe a opção de utilização de metodologias consensuais para a prevenção e a resolução de conflitos do poder público, necessário se faz compreender de que forma esses métodos são desenvolvidos no âmbito da Administração. O recorte dado para esta pesquisa refere-se aos acordos extrajudiciais promovidos pelas câmaras administrativas de prevenção e de resolução de conflitos, previsto no art. 32 da Lei nº 13.140/2015 e no art. 174 do Código de Processo Civil.

Quer dizer, trata-se de acordos realizados em ambiente administrativo e que contam necessariamente com a participação ativa da advocacia pública, tanto em momento prévio, quando ocorre a opção pela via consensual, quanto na sua condução para a tentativa do acordo. Daí que a procedimentalização mínima que se pretende expor não guarda relação com acordos extrajudiciais realizados por demais órgãos, como a colaboração premiada pelo Ministério Público ou mesmo os TACs que são celebrados pelas agências reguladoras.[291]

---

mais oportunidades de desenvolver relações informais, que lhe tragam algum tipo de facilidade, com agentes institucionais encarregados de lidar com a disputa; 4) Tem maior comprometimento na manutenção de sua credibilidade enquanto litigante, zelando pela sua posição que lhe garante o exercício da barganha; 5) Está em condições de jogar com as probabilidades de ganho e de perda, podendo adotar estratégias calculadas que lhe proporcionem ganhos máximos, mesmo em casos que envolvam grande chance de perda; 6) Capacidade de fazer lobby para elaboração de legislação a seu favor, bem como para construção de jurisprudência e de precedentes que lhe favoreçam; 7) A partir de sua experiência, consegue identificar quais regras irão de fato penetrar no mundo dos fatos, de forma que que exerce um trabalho antecipado a fim de que a nova legislação lhe traga alguma espécie de benefício. GALANTER, Marc. Why the haves come out ahead: Speculations on the limits of legal change. *Law & Soc'y Rev.*, [s.l.], v. 9, p. 95, 1974. A constatação de que a Administração Pública atua como um *repeat player* no Poder Judiciário brasileiro é muito bem destacada por Marcelo Veiga Franco, a partir da identificação de práticas que contribuem para um alto grau de litigiosidade, como: a preferência generalizada pela judicialização de controvérsias; b) a inexistência de fóruns de resolução de disputas na esfera administrativa e extrajudicial; c) a inexistência de normatização para autorização para a celebração de acordos, ou a imposição de sérias restrições para a sua realização; d) a exigência aos procuradores públicos de esgotamento das vias recursais. FRANCO, Marcelo Veiga. *Administração pública como litigante habitual*: a necessária mudança da cultura jurídica de tratamento dos conflitos. 2018. 541 p. Tese (Doutorado) – Faculdade de Direito, Universidade Federal de Minas Gerais, Belo Horizonte, 2018, p. 236-237.

[291] Nos TACS, a procuradoria especializada da respectiva agência reguladora participa como revisora das questões jurídicas do termo já celebrado. Como exemplo, o art. 5º, §5º da Resolução nº 5.283/2018, da Agência Nacional de Transportes Terrestres (Art. 5º Recebido o requerimento de celebração de TAC, caberá à Superintendência competente, no prazo de 30 (trinta) dias, a realização de juízo de admissibilidade e avaliação quanto ao mérito do pedido, analisando a adequação da proposta ao interesse público, às normas vigentes

ELISA BERTON EIDT
AUTOCOMPOSIÇÃO NA ADMINISTRAÇÃO PÚBLICA

Disso decorre, também, uma natural delimitação do conteúdo dos acordos cuja procedimentalização se pretende investigar, eis que correlatos com a atividade da advocacia pública. Cuida-se de relações que envolvem, em essência, os entes federativos e os órgãos que compõem o Poder Executivo, em nível federal, estadual ou municipal.[292] Importante acrescentar, desde já, que tais relações dizem respeito não somente àquelas estabelecidas com o particular, mas igualmente entre os próprios órgãos que integram a Administração.

A partir dessa delimitação, questões importantes são levantadas para reflexão, na medida em que, até o momento, não há um regramento

---

e às regras da presente Resolução. [...] §5º Após o recebimento da minuta de TAC, a Superintendência competente promoverá as adequações necessárias e encaminhará os autos à Procuradoria Federal junto à ANTT para manifestação sobre os aspectos jurídicos da proposta, no prazo legal, sendo em seguida submetida à Diretoria Colegiada), e o art. 10º, §2º, da Resolução nº 848/2021, da Agência Nacional de Petróleo (Art. 10. A ANP analisará a exequibilidade da proposta de TAC, a razoabilidade dos prazos indicados, a conveniência da aglutinação de mais de um auto de infração em um mesmo TAC, quando for o caso, e a adequação de seus termos a esta Resolução.[...] §2º A análise final da proposta de TAC, expressa em parecer técnico conclusivo a ser emitido após realizadas as alterações apontadas pela ANP, quando for o caso, incluirá avaliação sobre a presença de razões de relevante interesse geral e a avaliação da solução proposta, que, após manifestação da Procuradoria Federal junto à ANP, subsidiará deliberação da Diretoria Colegiada sobre a proposta apresentada.).

[292] Na topologia da Constituição Federal, a Advocacia Pública está situada dentro do capítulo que trata das Funções Essenciais à Justiça, fora, portanto, do capítulo destinado ao Poder Executivo. Muito embora comumente associada à representação e assessoramento dos órgãos do Poder Executivo, é necessário esclarecer que a advocacia pública também é capaz de exercer suas atividades no âmbito do Poder Legislativo e do Poder Judiciário, além do Tribunal de Contas, Ministério Público e Defensoria Pública, acaso não haja a constituição de procuradoria pública própria para atuação nestes órgãos. Assim, ainda que este estudo tenha como foco as atividades da advocacia pública no âmbito do Poder Executivo, mais precisamente nos executivos estaduais, oportuno trazer o apontamento de Madureira: "É que compete a esses serviços jurídicos exercer o contencioso judicial não apenas do Executivo, mas também dos Poderes Legislativo e Judiciário, bem como do Ministério Público, da Defensoria Pública e dos Tribunais de Contas; pois a Constituição da República lhes confere a representação jurídica do Estado; donde se conclui que esses poderes e órgãos, porque integram a Administração Pública Direta e, portanto, o Estado, são atendidos pela Advocacia Pública nos processos judiciais de seu interesse. Em rigor, mesmo a atividade consultiva desenvolvida em favor do Poder Legislativo e do Poder Judiciário (que são independentes do Executivo), assim como do Ministério Público, da Defensoria Pública e dos Tribunais de Contas (que são órgãos autônomos em relação ao Executivo), pode vir a ser desempenhada por essas procuradorias públicas, bastando-se, para tanto, que as Constituições dos Estados e as Leis Orgânicas dos Municípios, seguindo o modelo ditado pelo artigo 132 da Constituição da República, não restrinjam o exercício dessa atividade consultiva ao Executivo. Disso se verifica que os órgãos ordinários de advocacia pública não atendem exclusivamente ao Poder Executivo, mas também atuam em processos de interesse do Poder Legislativo e do Poder Judiciário, bem como do Ministério Público, da Defensoria Pública e dos Tribunais de Contas; qualificando-se, portanto, como órgãos de Estado; o que impede a sua designação como órgãos do Executivo". MADUREIRA, Claudio Penedo. Advocacia pública: Órgão do Estado ou do Poder Executivo?. *Revista Quaestio Iuris*, [s.l.], v. 9, n. 2, p. 1155-1174, 2016.

geral para tratar dos acordos extrajudiciais no âmbito das câmaras administrativas. Com efeito, a Lei nº 13.140/2015 traz a previsão das câmaras administrativas sem adentrar no conteúdo da regulamentação de seu funcionamento, o qual foi expressamente delegado aos entes federados (art. 32, §1º).

Quer dizer, na linha do que será mais bem exposto no capítulo 4 deste livro, ao tratar da autocomposição, a opção do legislador foi de conceder uma autonomia mais ampla aos entes federados para a sua regulamentação prática. Ainda, a adoção do termo autocomposição não discrimina os procedimentos da mediação, da conciliação ou da negociação.[293] O que importou ao legislador foi a atribuição de uma metodologia em que não há decisão imposta por uma terceira parte, tal como ocorre com a sentença judicial e com a arbitragem.

Esse tratamento pelo gênero, sem especificação das espécies, permite à Administração a utilização das técnicas procedimentais mais adequadas conforme o tipo de conflito, as partes envolvidas, a estrutura do órgão público etc. O que deve ser considerado é se o procedimento será assistido, por meio do auxílio de um terceiro para a busca de possíveis soluções ao caso, ou se a negociação será direta entre as partes.[294]

Dito isso, para além da utilização das técnicas e dos ritos relativos aos meios consensuais de conflitos, faz-se necessário contemporizá-los com os princípios e regras que informam o regime jurídico-administrativo. O processo[295] da autocomposição tal como veio previsto na Lei nº 13.140/2015 promove uma aproximação entre dois regramentos que até então pareciam navegar em vias paralelas, de modo que dessa aproximação algumas adaptações e reconfigurações mostram-se inevitáveis.

---

[293] GONÇALVES, Jéssica; GOULART, Juliana. *Negociação, conciliação e mediação*. Impactos da pandemia na cultura do consenso e na educação jurídica. Florianópolis: Emais Academia, 2020, p. 13.

[294] Conceitua-se a autocomposição como "ato volitivo das partes no sentido de resolver o conflito, podendo ocorrer por meio da mediação, da conciliação e da negociação, contando ou não com a participação de um terceiro imparcial, que poderá auxiliar nesse processo". SPENGLER, Fabiana Marion. *Dicionário de Mediação volume 1- A – L*. Santa Cruz do Sul: Essere nel Mondo, 2019, v. 1, p. 75.

[295] Nesta obra, os termos processo e procedimento são tratados como sinônimos, sem ignorar a importante ressalva trazida pela doutrina no sentido de se utilizar a expressão processo administrativo quando diante de um "verdadeiro processo", por meio da sucessão de atos articulados e com oportunidade de contraditório e participação (MEDAUAR, Odete. *A processualidade no Direito Administrativo*. Belo Horizonte: Fórum, 2021, p. 34-49). A Lei nº 13.140/2015, inclusive, utiliza a expressão "procedimento administrativo consensual", conforme se verifica em seu art. 34, com a evidente conotação de processo, por meio da combinação dos atos administrativos e da participação dos interessados.

Uma vez que se investiga a realização de acordos extrajudiciais no âmbito das câmaras administrativas, serão utilizadas como *standards* as regras do processo administrativo federal, dispostas na Lei nº 9.7984/1999. A partir de observações gerais a respeito do processo administrativo comum, em seguida serão detalhados alguns pontos de relevância quando se está diante de um processo administrativo consensual. Levando em conta que uma das entregas com as quais a presente pesquisa visa contribuir diz respeito ao aperfeiçoamento da regulamentação das câmaras administrativas estaduais, compreende-se oportuno fazer este cotejo.

3.3 O processo administrativo da Lei nº 9.784/1999: uma regra subsidiária para a consensualidade?

O agir procedimental do poder público foi alçado a garantia fundamental na Constituição Federal de 1988, fruto de uma exigência do Estado Democrático de Direito. O processo administrativo, ao mesmo tempo que assegura direitos ao cidadão no âmbito de uma relação administrativa, também concede previsibilidade, planejamento e segurança jurídica na tomada de decisões por parte dos agentes públicos.

Conforme pontua Carlos Ari Sundfeld, o núcleo central do Estado de Direito consiste na supremacia da Constituição, na separação de poderes, na superioridade da lei e na garantia dos direitos individuais.[296] Trata-se de configuração que se formou ao longo do século XX, sobretudo no pós-guerra, e que definiu a organização político-jurídica de grande parte dos países ocidentais.

Em um Estado Democrático de Direito, governantes atuam de forma limitada, tendo a sociedade poderes para interferir na condução dos interesses da coisa pública, seja pelo voto seja por meio de participações mais institucionalizadas. Não existe um governo para si mesmo, mas somente para servir aos cidadãos e ao seu bem-estar.

Nessa lógica é que o processo administrativo assume importante função, inicialmente como um instrumento de proteção do cidadão às decisões arbitrárias que eventualmente venham a ser adotadas pelas

---

[296] Nas palavras do autor, o "Estado de Direito é o criado e regulado por uma Constituição (isto é, por uma norma jurídica superior às demais), onde o exercício do poder político seja dividido entre órgãos independentes e harmônicos, que controlem uns aos outros, de modo que a lei produzida por um deles tenha de ser necessariamente observada pelos demais e que os cidadãos, sendo titulares de direitos, possam opô-los ao próprio Estado". SUNDFELD, Carlos Ari. *Fundamentos de Direito público*. São Paulo: Malheiros, 1992. p. 39.

autoridades administrativas. Em uma situação de antagonismo com a Administração, como ocorre nos assuntos de penalidades disciplinares e de sanções tributárias, a presença do processo administrativo dá garantias ao particular por meio do rito procedimentalizado, previsível, fundamentado e, sobretudo, com oportunidade de defesa e contraditório.

Esse é inclusive o texto que está na Constituição de 1988, ao prever o processo administrativo como direito fundamental: o art. 5º, inciso LIV, coloca o indivíduo na condição de litigante, de modo que o processo, administrativo ou judicial, é o instrumento que garante o contraditório, a ampla defesa e a utilização dos recursos disponíveis. Trata-se, sem dúvidas, de um grande avanço democrático, em especial levando-se em conta o passado ditatorial que predominou no período anterior à promulgação do texto constitucional.

No Brasil, ainda que tardiamente em relação à legislação estrangeira, foi por meio da edição da Lei nº 9.784/1999 que o processo administrativo foi normatizado, no âmbito da União. Na visão de Paulo Modesto, a lei revoluciona a forma de relacionamento da Administração Pública federal com os administrados, na medida em que oportuniza decisões fundamentadas, objetivas e transparentes por parte das autoridades administrativas. Em suas palavras, uma lei geral do processo administrativo "assegura a informação e a participação adequada dos interessados no processo de decisão administrativa, reduzindo, na medida em que asseguram maior transparência das razões de decidir, contendas desnecessárias nas vias judiciais"[297]. Importante destacar que se trata a Lei nº 9.784/1999 de diploma federal e não nacional, de modo que suas disposições incidem somente sobre os processos administrativos federais. Dessa forma, os demais entes federativos possuem competência e autonomia para a edição de lei próprias, o que já ocorreu no âmbito de diversos estados.[298] Ainda

---

[297] MODESTO, Paulo. A nova Lei de Processo Administrativo. *Revista Pública e Gerencial*, Salvador, ano I, v. 2, p. 50, jun./jul. 1990.

[298] Na sistematização apresentada por Irene Nohara e Thiago Marrara, são as seguintes leis estaduais já editadas: Lei Complementar nº 33, de 26 de dezembro de 1996 (Sergipe); Lei nº 10.177, de 30 de dezembro de 1998 (São Paulo); Lei nº 14.184, de 31 de janeiro de 2002 (Minas Gerais); Lei nº 7.692, de 1º de julho de 2002 (Mato Grosso); Lei nº 13.800, de 18 de janeiro de 2001 (Goiás); Lei nº 11.781, de 6 de junho de 2000 (Pernambuco); Lei nº 6.161, de 26 de junho de 2000 (Alagoas); Lei nº 2.794, de 6 de maio de 2003 (Amazonas); Lei nº 418, de 15 de janeiro de 2004 (Roraima) e Lei nº 12.209, de 20 de abril de 2011 (Bahia). NOHARA, Irene Patrícia; MARRARA, Thiago. *Processo administrativo*: Lei nº 9.784/99 comentada. São Paulo: Editora dos Tribunais, 2018. Além dessas, citam-se a Lei nº 15.612/2021 (Rio Grande do Sul) e a Lei nº 20.656/2021 (Paraná).

que o foco desta pesquisa diga respeito aos acordos administrativos extrajudiciais, a serem realizados pelas advocacias públicas estaduais, opta-se em estudar a legislação federal, pois apresenta-se como referência na regulamentação do processo administrativo em geral.[299]

Além disso, o processo administrativo admite regulamentações mais específicas, também já dispostas em algumas leis esparsas.[300] A reflexão que desde já se coloca é se não haveria a necessidade de edição de lei que regulamente o processo administrativo negocial, a fim de não só dar maior segurança jurídica para esse tipo atuação, mas para melhor promover a consensualidade no âmbito do poder público.

Conforme expõe o art. 1º da referida legislação, as normas básicas estabelecidas sobre o processo administrativo no âmbito da administração federal visam tanto à proteção do direito dos administrados quanto o melhor cumprimento dos fins da administração. Na forma como intencionado pelo legislador, a obrigação de um iter formalizado e fundamentado da vontade estatal contribui tanto para uma melhor qualidade das ações administrativas quanto para uma maior garantia dos destinatários de tais ações.[301]

A existência de um processo administrativo anterior à manifestação da vontade da Administração dá maior legitimidade ao ato

---

[299] A possibilidade de aplicação subsidiária da Lei nº 9.784/1999 no âmbito dos estados e municípios é objeto do enunciado da Súmula nº 633 do Superior Tribunal de Justiça, que assim dispõe: "A Lei nº 9.784/1999, especialmente no que diz respeito ao prazo decadencial para a revisão de atos administrativos no âmbito da Administração Pública federal, pode ser aplicada, de forma subsidiária, aos estados e municípios, se inexistente norma local e específica que regule a matéria". O entendimento jurisprudencial reflete o que a doutrina nacional já afirmava, no sentido de que a garantia constitucional ao devido processo administrativo não poderia ser impedido sob o argumento de inexistência de lei local. Assim, as normas gerais da Lei nº 9.784/1999 devem ser aplicadas a todos os entes federativos, preservando-se as questões de interesse local, que tenham sido regulamentadas de maneira específica. JUSTEN FILHO, Marçal. *Curso de Direito Administrativo. Op. cit.*

[300] São exemplos de leis especiais com aplicação subsidiária da Lei nº 9.784/1999: Lei de Licitações e Contratos (Lei nº 8.666/93); Regime Jurídico dos Servidores Federais (Lei nº 8.112/90); Código de Propriedade Industrial (Lei nº 9.279/96); Lei de Defesa da Concorrência (Lei nº 12.529/2011); Lei de Acesso à Informação (Lei nº 12.527/2011); Lei Anticorrupção (Lei nº 12.846/2013); Processo Administrativo Fiscal (Decreto nº 70.325/1972); Tombamento (Decreto-Lei nº 25/1937); Tomada de Contas Especial do TCU (Lei nº 8.443/92); Desapropriação por Utilidade Pública (Decreto-Lei nº 3.365/1941). NOHARA, Irene Patrícia; MARRARA, Thiago. *Processo administrativo: Lei nº 9.784/1999 comentada. Op. cit.*, 2018.

[301] Isso em comparação ao cenário existente antes da edição de leis gerais de processo administrativo: "A ação administrativa caminhava sem prazos, ao sabor dos humores dos agentes públicos, que dilatavam os procedimentos segundo suas conveniências, sem atenção ao cidadão e à coisa pública, diante da ausência de marcos legais gerais objetivos que permitissem caracterizar esse comportamento como abusivo e desidioso. Os procedimentos existentes eram geralmente estabelecidos para finalidades específicas, conhecidos de poucos e autorreferidos, atendendo sobretudo às necessidades de documentação da burocracia". MODESTO, Paulo. *Op. cit.*

administrativo, ainda que exercido de forma unilateral. Em resgate ao que foi exposto no capítulo 1 da presente obra, a unilateralidade presente nos atos administrativos é objeto de críticas na doutrina, devido ao tênue limite entre autoridade e autoritarismo. Não há dúvidas de que o processo administrativo ameniza tal percepção, por meio de uma processualidade que culmina na edição de um ato administrativo, com todas as etapas cumpridas e formalizadas.[302]

Assim, além das proteções do contraditório e da ampla defesa, o processo administrativo também se presta a outras finalidades, mais voltadas para a melhor qualidade da decisão administrativa. O rito formal traz a necessidade de fundamentação das decisões que são adotadas e a consequente possibilidade de controle sobre as condutas que são eleitas pelos agentes públicos.

No entanto, é a possibilidade de participação do particular na formação da vontade administrativa a maior contribuição democrática que o processo administrativo proporciona. Na síntese de Bacellar Filho, "o processo administrativo (procedimento em contraditório) – permitindo aos destinatários da ação administrativa influir na decisão final – marca a passagem, no Direito Administrativo, do primado da autoridade para o primado do consenso".[303]

No mesmo sentido, Egon Bockmann Moreira afasta a concepção puramente burocrática do processo administrativo e alça o contraditório como instrumento democrático da atuação do Estado, com a possibilidade de "influência positiva do particular na constituição da vontade estatal". A partir dessa configuração, defende o autor que não cabe à Administração assumir uma postura que coloca o particular em uma posição de adversário ou inimigo, mas sim, uma postura de colaboração e de promoção de diálogo.[304]

É dessa concepção que inclui maior diálogo entre a Administração e o particular no âmbito do processo administrativo, por meio de

---

[302] ARAÚJO, Edmir Netto de. *Curso de Direito Administrativo*. São Paulo: Saraiva, 2007. p. 872. A relação entre ato e processo administrativo tem pertinência para o recorte desta pesquisa, que diz respeito ao processo administrativo para a realização de acordo extrajudicial. A manifestação da vontade da Administração, que perfectibiliza a celebração do acordo, necessariamente será precedida de um procedimento formalizado em etapas, cujas particularidades serão melhor abordadas no tópico seguinte.

[303] BACELLAR FILHO, Romeu Felipe. *Processo Administrativo Disciplinar*. 3. ed. São Paulo: Saraiva, 2012, p. 134-139.

[304] MOREIRA, Egon Bockmann. *Processo Administrativo: princípios constitucionais e a Lei nº 9.784/199 (com especial atenção à LINDB)*. Belo Horizonte: Fórum, 2022, p. 256.

participação efetiva e não meramente formal,[305] que a consensualidade mais se aproxima. No destaque que é dado por Juliana Bonacorsi de Palma, a participação administrativa, de fato, traduz-se em um dos mais evidentes pressupostos para uma atuação administrativa concertada, na medida em que promove a ponderação de interesses e o acordo de vontades em momento anterior à finalização da tomada de decisão da Administração.[306]

Tomar o processo administrativo como instrumento de formação de consensos é o que torna o seu estudo relevante para o presente estudo em especial na análise de sua suficiência enquanto regulamentação dos acordos extrajudiciais das câmaras administrativas.[307] O regulamento de que trata o art. 32, §1º e §2º da Lei da Mediação, estaria contemplado pelas regras do processo administrativo comum? O que mais seria necessário acrescentar a fim de que as câmaras administrativas promovam a autocomposição com a Administração?

A resposta a essas indagações dar-se-á por meio de um percurso no conteúdo dos princípios que regem o processo administrativo previsto na Lei nº 9.784/1999, para em seguida especificar que particularidades merecem ser consideradas para conceber um processo administrativo consensual.

3.3.1 Os princípios do processo administrativo

A prática do processo administrativo e a sua consequente codificação ganham corpo no direito estrangeiro, ao longo do século XX.[308] No

---

[305] Na lição de Odete Medauar: "A participação liga-se à identificação do interesse público junto com a população; associa-se ao decréscimo da discricionariedade; propicia atenuação da unilateralidade na formação dos atos administrativos; liga-se também às práticas contratuais baseadas no consenso, na negociação, na conciliação de interesses. MEDAUAR, Odete. *Op. cit.*, p. 296.

[306] PALMA, Juliana Bonacorsi de. *Op. cit.*, p. 129.

[307] A Lei do Processo Administrativo – Lei nº 9.784/1999 é objeto de revisão, por meio do PL nº 2.481/2022, em tramitação no Senado Federal. Dentre as proposições, consta a expressa observação do critério de possibilidade de negociação com o administrado na busca do atendimento do interesse público. Além disso, consta a permissão para a realização de negócio jurídico processual administrativo, o que permite alterações no procedimento conforme especificidades da situação concreta. Por fim, consta no referido PL um capítulo específico para tratar da consensualidade e dos métodos alternativos para solução de conflitos, com autorização genérica à Administração para negociar e firmar acordos, bem como para a utilização, no âmbito dos processos administrativos, da mediação, da negociação, do comitê de resolução de disputas e da arbitragem.

[308] A exemplo do *Administrative Procedure Act*, em 1946, nos Estados Unidos, e da Lei nº 241, em 1990, na Itália.

CAPÍTULO 3
ADMINISTRAÇÃO PÚBLICA E CONSENSUALIDADE: UM ENTRELAÇAMENTO VIÁVEL | 147

Brasil, a processualidade administrativa vem prevista na Constituição Federal de 1988, utilizando-se tanto do termo procedimento quanto do termo processo. Fala-se em processo de licitação (art. 37, XXI), em processo administrativo-disciplinar (art. 41, §1º, inciso II), em processo administrativo que pretende assegurar o contraditório e a ampla defesa (art. 5º, inciso LV) e em procedimento para desapropriação (art. 5º, inciso XXIV).

Inicialmente concebido como instrumento que visa dar garantias ao administrado, o processo administrativo, com o advento da Constituição Federal de 1988, amplia seu escopo para permitir o controle e a averiguação de decisões administrativas que repercutem na esfera dos indivíduos, seja enquanto ato individual seja enquanto política pública. Quer dizer, os valores trazidos pela Constituição permitem concluir pela incidência da processualidade para além das relações em que há aplicação de sanções, eis que se constitui em instrumento de legitimação do exercício de poderes administrativos.[309]

Nesse sentido, o processo administrativo não serve somente para trazer as garantias fundamentais do contraditório e da ampla defesa. Justino de Oliveira pontua que o processo administrativo tem importância para outras finalidades igualmente importantes, como a aproximação entre Administração e cidadão, legitimação do poder, sistematização das atuações administrativas, melhor desempenho e controle das atividades e justiça das decisões, entre outros.[310]

A partir dessa concepção mais ampla, tem-se que o processo administrativo busca dar maior legitimidade às decisões que são adotadas pela autoridade administrativa, com possibilidade de verificação dos fatos e fundamentos que contribuíram para a tomada de decisão.[311] Dessa forma, o processo administrativo permite que os

---

[309] O processo administrativo, portanto, não ocorre somente em situações contenciosas. Na conclusão de Bandeira de Mello, ele é pressuposto para qualquer tipo de ato administrativo, seja relacionado ao âmbito interno da Administração seja na relação do poder público com a sociedade. A exceção estaria para os atos considerados urgentes ou urgentíssimos ou para aqueles que não estejam relacionados à manifestação de uma vontade. MELLO, Celso Antônio Bandeira de. *Curso de Direito Administrativo. Op. cit.*, p. 478. No mesmo sentido, Carlos Ari Sundfeld, que refere à importância do processo administrativo para qualquer atividade decisória da Administração, independentemente de haver litígio ou não. SUNDFELD, Carlos Ari. *As leis de processo administrativo*. São Paulo: Malheiros, 2006. p. 19.

[310] OLIVEIRA, Gustavo Henrique Justino de. As audiências e o processo administrativo brasileiro. *Revista de Direito Administrativo*, v. 209, p. 153-167, 1997.

[311] Conforme bem sintetiza Odete Medauar: "Na concepção atual, o processo administrativo configura não apenas meio de atendimento de requisitos de validade do ato administrativo; além disso, propicia o conhecimento do que ocorre antes que o ato faça repercutir, sobre os

atos da Administração, em sua maioria, sejam precedidos de um rito formalizado e fundamentado, cujo percurso é passível de verificação pelos interessados, além dos órgãos de controle.

No que diz respeito a sua matriz principiológica, uma vez que intrinsicamente relacionado com as atividades da Administração Pública, conclui-se que, sobre o processo administrativo, incidem todos os princípios constitucionais que norteiam a atuação administrativa. Em razão da força normativa da Constituição, não se faz necessária a previsão expressa na legislação ordinária a respeito de tais princípios, de observância obrigatória em qualquer relação que envolva a Administração.[312]

Sobre os princípios mais específicos do processo administrativo, vieram eles expressos no art. 2º da Lei nº 9.784/1999. Da leitura do *caput* do referido artigo, em conjunto com os incisos de seu parágrafo único, extraem-se as demais orientações que devem guiar a conduta do poder público diante de um processo administrativo, que são: a finalidade, a motivação, a razoabilidade, a proporcionalidade, a ampla defesa, o contraditório, a segurança jurídica e o interesse público.

Veja-se que a Lei nº 9.784/1999 cuida de duas finalidades, que são a proteção dos direitos dos administrados e o melhor cumprimento dos fins da Administração. Dessa forma, muitos dos princípios acima elencados guardam relação com os processos administrativos contenciosos, cuja finalidade está na apuração de irregularidades por parte da Administração e na aplicação de sanções aos administrados. Incluem-se nesse rol os princípios da razoabilidade, da proporcionalidade e da ampla defesa e do contraditório.

No histórico já exposto, o cenário que se apresentava quando da edição dessa lei geral de processo administrativo torna compreensível a ênfase nas garantias e na proteção dos administrados. Trata-se de avanço legislativo que merece ser referendado e que, de fato, colocou as relações da Administração com o particular em um patamar mais democrático e consentâneo com a Constituição.

---

indivíduos, os seus efeitos, permitindo verificar, por conseguinte, como se realiza a tomada de decisões; e assim contribui para conferir-lhe maior grau de objetividade". MEDAUAR, Odete. *Op. cit.*, p. 288-289.

[312] O art. 37 da Constituição Federal expressamente prevê os princípios da legalidade, da impessoalidade, da moralidade, da publicidade e da eficiência. Além desses, também incide o princípio da razoável duração do processo (art. 5º, LXXVIII), o qual garante uma tramitação sem delongas e sem extensos períodos de paralização. MEDAUAR, Odete. *A processualidade no Direito Administrativo*. Belo Horizonte: Fórum, 2021, p. 147.

Contudo, com o avançar do século XXI, outras necessidades emergem no âmbito das interações que o Estado estabelece com a sociedade, sendo que a participação nas decisões administrativas ganha destaque. De acordo com o que será adiante demonstrado, a participação da sociedade na formação da vontade administrativa é um dos pilares da concepção do processo administrativo que visa instruir a celebração de acordos extrajudiciais, ou a sua tentativa.

É verdade que a Lei nº 9.784/1999 traz a previsão da participação popular em processos administrativos que lidem com matéria relevante ou de interesse geral (arts. 31 a 35). Ainda que não alçada a princípio, a previsão de participação em consultas e em audiências públicas contribui para o espírito democrático intencionado pelo legislador. Atualmente, porém, as possibilidades de participação se veem ampliadas, não mais restrita a matérias de relevante interesse geral, e com outros formatos de realização.

Quer dizer, conforme explicitado no art. 69 da Lei nº 9.784/1999, pode inclusive haver processos administrativos específicos para o desenvolvimento de uma relação mais participativa da sociedade com o Estado. O que se pretende chamar à reflexão é sobre uma modalidade de processo administrativo negocial, cuja finalidade encontra-se na tentativa de formação de consensos no âmbito da Administração Pública, seja entre órgãos públicos seja com o particular.

Assim, avança-se para analisar quais as particularidades de um processo administrativo específico, que se disponha a atingir um acordo administrativo extrajudicial.

3.4 O processo administrativo consensual

A possibilidade de a Administração Pública produzir consensos no âmbito extrajudicial não prescinde de um processo administrativo formalizado para essa finalidade. Defende-se que, do início ao fim, com o acordo celebrado ou não, o desencadeamento desse processo deve ser oficializado e fundamentado, com etapas bem definidas ao longo da sua execução.

Os itens a seguir se dispõem a elencar os elementos essenciais para o desencadeamento da conduta consensual pela Administração, em especial nas relações estabelecidas com o sujeito particular. O foco está na concepção, em termos mais gerais, de um processo administrativo que, além de trazer as garantias já previstas na Lei nº 9.784/1999, permita estruturar as tentativas de acordo envolvendo os órgãos públicos, com enfoque naqueles que são desenvolvidos nas câmaras administrativas de prevenção e resolução de conflitos.

3.4.1 Competência para condução, participação e celebração de acordos extrajudiciais

A competência administrativa é compreendida como o conjunto de atribuições concedido por lei a determinado órgão ou autoridade administrativa, para cumprimento de determinada finalidade relacionada ao atendimento do interesse público. Bandeira de Mello entende como equivocada a associação entre competência e poder, vez que os titulares dessas atribuições estarão sempre adstritos no atendimento do interesse alheio, em prol da coletividade. Dessa forma, conclui o autor que a competência administrativa configura-se muito mais como um poder-dever, de modo que obrigatória a persecução das finalidades públicas que motivaram a concessão da competência pelo legislador.[313]

A preocupação com os limites da competência visa reforçar a vinculação que a atuação administrativa apresenta em relação ao atendimento do interesse público e das necessidades da coletividade. A distribuição dos poderes do Estado tal como consagrado na Constituição Federal de 1988 não permitiria conclusão diversa, eis que qualquer exercício de poder público encontra-se limitado pelos valores e princípios nela expressos, bem como pelas leis e regras vigentes.

Conforme dito, a competência administrativa pode ser concedida a um órgão ou a um agente, para a realização de determinadas atividades. Ao tratar das atribuições do ato administrativo, Medauar destaca que o agente competente é aquele representante do poder público para a edição de determinados atos administrativos.[314] O exercício dessa competência pode ser delegado ou avocado, acaso não haja impedimento legal; o que não pode ocorrer, em hipótese alguma, é o exercício de atribuições administrativas sem a correspondente competência normativa.

Um processo administrativo formalizado, por sua vez, serve para regular o exercício da competência do agente administrativo, além de garantir o exercício de direitos pelo sujeito no outro polo da relação. Diante de um processo administrativo negocial, torna-se essencial a definição da competência do agente público que atuará ao longo do

---

[313] MELLO, Celso Antônio Bandeira de. *Op. cit.*, p. 142-143.
[314] MEDAUAR, Odete. *Direito Administrativo Moderno. Op. cit.*, p. 170.

seu desenvolvimento, bem como daquele agente que tem a habilitação legal para a celebração do acordo propriamente dito.[315]

Veja-se que a presente pesquisa trata do processo administrativo negocial no âmbito das câmaras administrativas, colocadas em funcionamento pela advocacia pública. Daí que a competência que aqui se aborda diz respeito tanto à instauração e condução do processo quanto aos atos administrativos que venham a ser adotados no seu andamento, culminando com a assinatura do acordo.

A abordagem quanto à competência para atuação em uma câmara administrativa remete, necessariamente, ao Capítulo II da Lei nº 13.140/2015 que, pela primeira vez, traz a previsão de criação desses órgãos.[316] Da leitura do seu art. 32, *caput*, denota-se que o seu funcionamento deve ocorrer no âmbito da advocacia pública, nos entes federativos que possuírem seus órgãos de advocacia próprios e institucionais.[317]

A criação das câmaras deve ocorrer por meio de regulamento do respectivo ente federado,[318] onde constarão disposições sobre o modo de composição e funcionamento desses órgãos, além das hipóteses de cabimento de tentativa de solução extrajudicial (art. 32, §§1º e 2º). Em

---

[315] BACELLAR FILHO, Romeu Felipe. Processo e procedimento administrativo. *In*: DI PIETRO, Maria Sylvia Zanella (coord.). *Tratado de Direito Administrativo*. São Paulo: Revista dos Tribunais, 2015. v. 5.

[316] Não obstante o comando do art. 174 do Código de Processo Civil, a instalação das câmaras administrativas pelos entes federados é facultativa, tanto é assim que ainda são minoria os entes que possuem câmaras administrativas instaladas e em efetivo funcionamento (vide cap. 4). Por outro lado, concorda-se com a colocação de Kaline Ferreira, no sentido de que a Administração tem o dever de criar um canal de comunicação com o particular, a fim de restaurar situações conflituosas e de não depender inteiramente do Poder Judiciário para esse fim. DAVI, Kaline Ferreira. Solução de Litígios pela Administração Pública sem intervenção do Judiciário. *Revista de Direito Administrativo*, v. 247, p. 156-166, 2008.

[317] Existem municípios brasileiros que não possuem órgãos de advocacia pública, valendo-se da contratação de escritórios particulares para representação e defesa nos processos judiciais.

[318] O regulamento consiste em "ato administrativo unilateral, veiculador de normas gerais e abstratas, destinado a complementar a disciplina contida em norma legislativa". JUSTEN FILHO, Marçal. *Curso de Direito Administrativo. Op. cit.* Nota-se que o regulamento, ao contrário do decreto, pode ser emitido por autoridade diversa do chefe do Poder Executivo. Conforme destaca Marçal, a fim de cumprir a sua finalidade, o conteúdo do regulamento pode conter matéria inovadora em relação à lei que o autoriza, não se confinando à mera reprodução do texto legal. Vale destacar que a Lei nº 13.140/2015 não define exatamente a quem compete a edição do regulamento que irá estabelecer o modo de composição e funcionamento das câmaras, apenas a delegando aos entes federados. O ponto será melhor explorado no próximo capítulo da presente pesquisa, mas oportuno antecipar que os entes estaduais vêm regulamentando suas câmaras administrativas, em grande parte, por meio de leis estaduais, ao mesmo tempo que delegam aos regulamentos o detalhamento de questões não tratadas no texto da lei.

síntese, a Lei da Mediação habilitou os entes federativos a criarem os órgãos das câmaras administrativas, por meio de regulamento, os quais, assim que concebidos, deverão necessariamente funcionar no âmbito das advocacias públicas.

A legislação confere, portanto, à advocacia pública, a *competência* para colocar em funcionamento as atividades das câmaras. O modo como o advogado público atuará nas câmaras administrativas, no entanto, não veio expressamente colocado na Lei nº 13.140/2015. Em uma breve análise das câmaras privadas de mediação e de conciliação – vez que não são equiparáveis a um órgão administrativo –, nota-se que a sua composição conta, necessariamente, com a figura do terceiro facilitador, que atuará como mediador ou conciliador das partes em conflitos.[319] Além desses, há o pessoal da equipe de apoio, responsável pelos agendamentos, convites, organização das atas, entre outros.

A partir da previsão das câmaras administrativas, o advogado público agrega entre as suas competências a função de atuar como terceiro facilitador dos conflitos em andamento nesses órgãos. Trata-se de competência facultativa, vez que não há imposição legal de que o mediador ou o conciliador seja um advogado público. Pelo contrário, o regulamento é que irá definir o modo de composição de cada câmara administrativa.

Assim, a competência para condução da tentativa de solução extrajudicial de conflito em uma câmara administrativa pode ser tanto do advogado público quanto de profissional especializado contratado para esse fim. A experiência das câmaras administrativas nos estados da federação demonstra que, até o momento, é a primeira opção que vem sendo adotada como previsão do modo de composição, ainda que por vezes admitindo o auxílio de outros profissionais.

Além da competência para *condução* do processo consensual, o advogado público também é competente para *participar* do processo, seja por meio da sua atividade consultiva ou por meio da função que exerce de defesa do ente federativo a que pertence. Quer dizer, o advogado público senta-se à mesa de uma tentativa de negociação ou de mediação envolvendo a Administração de modo a orientar a atuação da

---

[319] No roteiro para a constituição de uma Câmara de Mediação, Arbitragem, Conciliação e demais métodos extrajudiciais de solução de conflitos do Conima (Conselho Nacional das Instituições de Mediação e Arbitragem) consta a recomendação de formação de lista de mediadores, que devem contar com prévia capacitação e estágio supervisionado para atuação no procedimento de mediação. Disponível em: Conima – Conselho Nacional das Instituições de Mediação e Arbitragem. Acesso em: 2 mar. 2022.

CAPÍTULO 3
ADMINISTRAÇÃO PÚBLICA E CONSENSUALIDADE: UM ENTRELAÇAMENTO VIÁVEL | 153

autoridade administrativa envolvida no conflito.[320] Também é possível que o advogado público participe de processo que lide com conflito já judicializado, sendo ele quem irá trazer para a mesa as posições jurídicas assumidas no processo e as perspectivas de resultado da ação judicial, acaso não se chegue a um acordo.

Veja-se que, no âmbito extrajudicial, não é o advogado público quem *celebra* o acordo, vez que a competência negocial propriamente dita cabe ao agente da Administração, à autoridade administrativa que possui a faculdade de assumir compromissos pelo Estado e a obrigação de dispor dos meios para melhor cumpri-los. Disso decorre que a competência administrativa para a celebração dos acordos extrajudiciais recai sobre o agente público que exerce suas funções no órgão administrativo envolvido com o conflito, em posição que lhe dá poderes para deliberar e tomar decisões, bem como para assumir obrigações.

Para ilustrar o que se afirma, em uma análise da legislação que autoriza a celebração de acordos pelo poder público, é possível perceber que a competência legal é conferida ao agente público, sem descuidar do assessoramento exercido pela advocacia pública. É o que ocorre na Lei nº 13.655/2018 (LINDB), que fala em celebração de compromisso pela autoridade administrativa, após a oitiva do órgão jurídico. O Decreto federal nº 10.201/2020, por sua vez, estabelece tetos de valores a partir dos quais a autorização do Ministro do Estado ou das autoridades especificadas faz-se necessária para as transações, inclusive na esfera judicial. Por fim, a Lei nº 13.988/2020 (Lei da transação tributária e não tributária) delega à própria pessoa jurídica de direito público, no caso a União, a competência para celebrar a transação (art. 1º, §1º), muito embora se entenda que tal dispositivo mereça ser lido em conjunto com a competência trazida pela Lei nº 9.469/1997.[321]

---

[320] A orientação jurídica às atividades do Poder Executivo integra o rol de competências da advocacia pública, conforme exposto nos arts. 131 e 132 da Constituição Federal. Por meio desse assessoramento, o advogado reveste o ato administrativo de legalidade e de juridicidade, a fim de que as opções políticas das autoridades administrativas gozem de adequada fundamentação. Dessa forma, durante o processo de tomada de decisão por parte das autoridades e gestores que ocupam funções públicas no Poder Executivo, a advocacia pública, no exercício de sua atividade consultiva, possui substancial participação na formação da vontade administrativa. CRISTÓVAM, José Sérgio da Silva; EIDT, Elisa Berton. Advocacia pública preventiva: uma atuação em consonância com o século XXI. *In*: OLIVEIRA, Pedro Miranda de; OLIVEIRA, Weber Luiz de; MONERRAT, Fábio Victor da Fonte (coord.). *Advocacia pública em juízo*. São Paulo: Tirant to Blanch, 2022, p. 249-258.

[321] O Decreto Federal nº 10.201/2020 estabelece novos valores de alçada para a autorização de acordos ou transações a serem celebrados por pessoas jurídicas de direito público federal

Assim, o processo administrativo consensual pode trazer a previsão da competência do órgão em que as tratativas ocorrerão – nas câmaras administrativas, acaso já instaladas. Além disso, deve dispor sobre a competência para a condução do processo negocial e sobre os critérios para a definição do agente público competente para efetivamente deliberar e celebrar o acordo.

A competência legal para a realização de acordos compreende o atributo da discricionariedade, podendo ela estar presente ou não, em variados graus. Uma vez habilitado o agente público para a celebração de acordos extrajudiciais, cabível analisar o grau de liberdade que lhe é conferido para adotar uma solução consensual, o que será demonstrado a seguir.

---

e empresas públicas federais. O acordo pode servir para prevenir ou terminar litígios, judiciais ou não, e o valor do crédito ou débito envolvido é que definirá qual autoridade tem competência para sua autorização. Referido decreto regulamenta o §4º do art. 1º e o art. 2º da Lei nº 9.469/1997, que já autorizava a realização de acordos pela União e definia as competências conforme o valor envolvido na transação. A inovação que traz está na ampliação dos valores máximos que a Advocacia-Geral da União pode transacionar, independentemente do aval da autoridade administrativa relacionada com o caso. Como regra geral, cabe ao Advogado-Geral da União, diretamente ou mediante delegação, e aos dirigentes das empresas públicas federais, também diretamente ou mediante delegação, a autorização para a realização de acordos. Se os valores envolvidos ultrapassarem o valor de cinquenta milhões, exige-se a autorização conjunta com a autoridade competente, inclusive nos casos envolvendo os órgãos especificados no art. 2º, §2º do Decreto. O texto normativo tem a seguinte redação: "Art. 2º O Advogado-Geral da União, diretamente ou mediante delegação, e os dirigentes máximos das empresas públicas federais, em conjunto com o dirigente estatutário da área à qual estiver afeto o assunto, poderão autorizar a realização de acordos ou transações para prevenir ou terminar litígios, inclusive os judiciais, que envolvam, respectivamente, a União e empresa pública federal. §1º A realização de acordos ou transações que envolvam créditos ou débitos com valor igual ou superior a R$50.000.000,00 (cinquenta milhões de reais) dependerá de prévia e expressa autorização do Advogado-Geral da União e do Ministro de Estado a cuja área de competência estiver afeto o assunto. §2º Na hipótese de interesse dos órgãos do Poder Legislativo ou Judiciário, do Tribunal de Contas da União, do Ministério Público da União ou da Defensoria Pública da União, a autorização prévia e expressa de acordos e transações, inclusive os judiciais, que envolvam créditos ou débitos com valores iguais ou superiores aos referidos no §1º será concedida, em conjunto com o Advogado-Geral da União, pelo Presidente da Câmara dos Deputados, do Senado Federal, do Tribunal de Contas da União, de Tribunal ou de Conselho, pelo Procurador-Geral da República ou pelo Defensor Público-Geral Federal, no âmbito de suas competências". Uma análise da legislação que autoriza o poder público a realização de acordos pode ser conferida em: CRISTÓVAM, José Sérgio da Silva; EIDT, Elisa Berton. A autorização legal para realização de acordos pela Administração Pública e a sua aplicação no âmbito das câmaras administrativas. *Revista Jurídica da Procuradoria-Geral do Estado do Paraná Direito do Estado em Debate*. Edição especial sobre métodos adequados de solução de conflitos envolvendo a Administração Pública. Curitiba: PGE/PR, 2020, p. 55-81.

3.4.2 A discricionariedade na realização de acordos extrajudiciais

Conforme define Odete Medauar, a competência no Direito Administrativo relaciona-se como "a aptidão legal conferida a um órgão ou autoridade públicos para realizar determinadas atividades".[322] No âmbito do direito público, portanto, a realização da atividade administrativa somente ocorre mediante prévia designação legal da competência, do contrário o ato não terá validade.

A atribuição legal de competência a órgão ou autoridade administrativa pode ocorrer de maneira mais vinculada aos comandos expostos na lei ou, então, por meio da concessão de faculdade à autoridade para escolher entre várias soluções possíveis. Nas atividades vinculadas, só há um único possível comportamento à Administração, enquanto a liberdade de avaliação quanto ao ato a ser praticado caracteriza-se como atuação administrativa discricionária,[323] tudo a depender do exposto no comando legal.

Nesse sentido, explica Alexandre Santos de Aragão que a discricionariedade da atuação administrativa é percebida com maior ênfase quando a lei se utiliza de conceitos jurídicos indeterminados para a atribuição da competência. Quando isso ocorre, o legislador abre a possibilidade para o exercício do juízo de conveniência e oportunidade por parte do agente público, o qual servirá para definir o mérito da atividade administrativa, por meio da escolha das opções disponíveis.[324]

A relação entre discricionariedade e conceito jurídico indeterminado já foi objeto de bastante reflexão doutrinária,[325] cuja exposição foge ao escopo da presente pesquisa. O que se reputa importante destacar, conforme explanado no capítulo 1, é o enquadramento do conceito jurídico de interesse público nessa categoria de indeterminação, o que

---

[322] MEDAUAR, Odete. *Direito Administrativo Moderno*. 20. ed., rev. atual. e ampl. São Paulo: Editora dos Tribunais, 2016, p. 73.

[323] Na ponderação de Celso Antônio Bandeira de Mello, não haveria atuação totalmente discricionária por parte da Administração, pois seus atos não prescindem da vinculação quanto à competência e quanto à finalidade, esta última sempre obrigatoriamente relacionada à realização de um interesse público. A liberdade estaria, portanto, "na utilização de critérios próprios para avaliar ou decidir quanto ao que lhe pareça ser o melhor meio de satisfazer o interesse público que a norma legal visa a realizar". MELLO, Celso Antônio Bandeira de. *Op. cit.*, p. 42

[324] ARAGÃO, Alexandre Santos de. *Op. cit.*, p. 160-162.

[325] GROTTI, Dinorá Adelaide Musetti. Conceitos jurídicos indeterminados e discricionariedade administrativa. *Cadernos de Direito Constitucional e Ciência Política*, [s.l.], v. 3, n. 12, p. 84-115, 2000.

inevitavelmente conduz o agente público a uma margem de escolha, quando previsto em lei.

Além disso, pode-se afirmar que justificativa para a concessão dessa margem de liberdade para o administrador público realizar suas escolhas reside, precipuamente, na incapacidade de a legislação prever todas as situações possíveis a serem enfrentadas pela Administração. A complexidade das relações estabelecidas pelo poder público e a velocidade com que novas demandas lhes são apresentadas fazem com que a flexibilidade de atuação configure-se como essencial para uma boa gestão.

Ainda no que diz respeito à atuação discricionária, necessário pontuar que esta margem de opções para que a Administração eleja as melhores soluções para determinado caso concreto não prescinde de uma adequada motivação da via eleita. Quer dizer, devem ser expostas as razões por que se adotou um caminho e não outro, além da consideração dos interesses envolvidos na situação, de modo que se compreendam eventuais preterições.[326]

Quando se trata de realização de acordos extrajudiciais, é possível afirmar que a atuação da Administração Pública vem acompanhada de certo grau de discricionariedade, não tanto para a participação do processo consensual, mas para a celebração do acordo em si. Isso porque a análise das circunstâncias fáticas e jurídicas de cada situação concreta é imprescindível para levar o acordo a termo, o que revela a inviabilidade de a legislação estabelecer, de modo prévio, as exatas situações que são passíveis de solução consensual.

De acordo com o que já foi exposto, não há, no Brasil, uma legislação geral para tratar dos acordos administrativos,[327] de modo que o exame do espaço de discricionariedade concedido pelo legislador deve ser realizado por meio do que dispõem leis esparsas autorizativas de celebração de acordos. A começar pela Lei nº 13.140/2015, que é objeto de maior estudo na presente obra, infere-se do seu art. 32 que não houve uma delimitação quanto à abertura do agente público para adoção da via consensual.

---

[326] A existência de discricionariedade não importa em liberdade, conforme alertado por Carlos Ari Sundfeld. Uma vez que a vontade do administrador não goza da autonomia que existe no âmbito privado, pois sempre adstrita à lei, a discricionariedade permite apenas "fazer uma apreciação subjetiva para saber qual é, no caso concreto, a decisão que melhor atende à vontade da lei". SUNDFELD, Carlos Ari. Discricionariedade e Revogação do Ato Administrativo. *Revista de Direito Público – RDP*, v. 79, n. 132, jul./set. 1986. No mesmo sentido, DI PIETO, Maria Sylvia Zanella. *Da constitucionalização do Direito Administrativo*: reflexos sobre o princípio da legalidade e a discricionariedade administrativa. *Op. Cit.*, p. 188.

[327] Item 2.2.6

O que a Lei de Mediação efetivamente se encarregou foi de criar um espaço institucional para que acordos administrativos se desenvolvam, de maneira previamente regulamentada e com o amparo jurídico das advocacias públicas. A maneira como esses acordos ocorrerão e qual a liberdade de decisão das autoridades administrativas não encontram respostas na referida legislação.[328]

Assim, volta-se a atenção para algumas das legislações que trazem a previsão de celebração de acordos pela Administração Pública, a fim de identificar a maneira como o legislador concede essa habilitação aos agentes competentes, se vinculada ou com maior incidência da discricionariedade.[329] A começar pela Lei nº 13.655/2018, que introduz alterações na Lei de Introdução às Normas do Direito Brasileiro por meio de disposições sobre segurança jurídica e eficiência na criação e na aplicação do direito público.

Bastante festejada no âmbito da doutrina brasileira, a Lei nº 13.655/2018 tem por objetivo trazer parâmetros de interpretação para as normas e regras de direito público, destinando-se às esferas administrativa, controladora e judicial. Conforme já destacado no Capítulo II, o art. 26 da referida legislação vem sendo percebido como o permissivo genérico que faltava para a autorização de realização de acordos pelo poder público.[330]

---

[328] Ao tratar dos acordos no âmbito da administração pública federal, o art. 35 da Lei nº 13.140/2015 dá competência ao Advogado-Geral da União para a autorização de realizações de transações por adesão, assim como o art. 36, que lhe dá a competência para regulamentar o procedimento de composição extrajudicial entre órgãos da administração federal. A transação por adesão pode ser caracterizada como um acordo vinculado, em que não há qualquer margem de negociação ou de deliberação por parte dos agentes participantes, não havendo falar, portanto, em discricionariedade negocial. Já no acordo entre órgãos públicos, é possível que a zona dos debates ocorra de forma mais aberta e flexível, no entanto, da mesma forma, a Lei da Mediação não cuidou de definir qual é a delimitação e os parâmetros dessa negociação ou mediação.

[329] Importante esclarecer que no segundo capítulo deste livro foram abordadas as legislações que autorizam a celebração de acordos no âmbito da persecução penal, com o intuito de introduzir o movimento legislativo da consensualidade pelo poder público. A análise que ora se apresenta diz mais respeito ao objeto de estudo em questão, com pesquisa de legislação que trata das atividades da Administração Pública.

[330] Art. 26. Para eliminar irregularidade, incerteza jurídica ou situação contenciosa na aplicação do direito público, inclusive no caso de expedição de licença, a autoridade administrativa poderá, após oitiva do órgão jurídico e, quando for o caso, após realização de consulta pública, e presentes razões de relevante interesse geral, celebrar compromisso com os interessados, observada a legislação aplicável, o qual só produzirá efeitos a partir de sua publicação oficial. §1º O compromisso referido no caput deste artigo: I – buscará solução jurídica proporcional, equânime, eficiente e compatível com os interesses gerais; II – (VETADO); III – não poderá conferir desoneração permanente de dever ou condicionamento de direito reconhecidos por orientação geral; IV – deverá prever com clareza as

De acordo com esse artigo, uma vez cumpridos os requisitos constantes em seu §1º, a autoridade administrativa está genericamente[331] autorizada a celebrar compromissos com os particulares, como forma de eliminar irregularidade, incerteza jurídica ou situação contenciosa na aplicação do direito público. Da leitura do seu *caput*, infere-se que o dever de motivação no momento da celebração do compromisso está na presença das razões "de relevante interesse geral".

Veja-se que a lei utiliza-se de conceito jurídico indeterminado para fundamentar a atividade consensual pela Administração, de modo que confere ampla discricionariedade de decisão quanto à celebração ou não do compromisso. É certo que seus parágrafos e incisos trazem alguns parâmetros quanto à formatação do acordo e aos seus objetivos, mas a deliberação pela opção da via consensual é, de fato, bastante discricionária, a depender dos interesses presentes na situação concreta e da delimitação de qual interesse geral busca-se preservar.

Tal conclusão pode ser reforçada a partir da leitura do Decreto nº 9.830/2019, que regulamenta as inovações expostas nos dez artigos que compõem a Lei nº 13.655/2018. Ao tratar do compromisso, o art. 10 do decreto explicita que a autoridade celebrará o compromisso nas hipóteses em que entender conveniente, sem descuidar de elencar todas as condições que devem constar no acordo a ser firmado. Assim, a conveniência da celebração do compromisso revela a discricionariedade que foi concedida pelo legislador.

Não obstante, o §4º do art. 10 traz relevantes subsídios para identificação dos componentes que devem estar presentes na formação da vontade administrativa de celebrar acordos. Quer dizer, ainda que se lide com critérios de conveniência, a opção deve vir instruída com I – o parecer técnico conclusivo do órgão competente sobre a viabilidade técnica, operacional e, quando for o caso, sobre as obrigações orçamentário-financeiras a serem assumidas; II – o parecer conclusivo do órgão jurídico sobre a viabilidade jurídica do compromisso, que

---

obrigações das partes, o prazo para seu cumprimento e as sanções aplicáveis em caso de descumprimento. §2º (VETADO).

[331] Sobre o ponto, a explicação dada por Juliana Bonacorsi de Palma e Sérgio Guerra, em artigo que trata especificamente do dispositivo legal mencionado: "A Lei nº 13.655/2018 consagra a dinâmica de atuação consensual ao estabelecer permissivo genérico para que toda a Administração Pública, independente de lei ou regulamento específico, celebre compromissos. Também confere importantes diretrizes para uma prática consensual com negociação mais pública e paritária, visando ao efetivo atendimento de interesses gerais". GUERRA, Sérgio; PALMA, Juliana Bonacorsi de. Art. 26 da LINDB: novo regime jurídico de negociação com a Administração Pública. *RDA*, ed. especial LINDB, 2018. p. 139.

conterá a análise da minuta proposta; III – a minuta do compromisso, que conterá as alterações decorrentes das análises técnica e jurídica previstas nos incisos I e II; e IV – a cópia de outros documentos que possam auxiliar na decisão de celebrar o compromisso.

A decisão discricionária da autoridade administrativa não escapa, portanto, do devido iter procedimental, em que devem ser expostas todas as razões de decidir, os dados levantados e os cenários de análise que culminaram na opção pela via consensual. A observância do procedimento decisório traz garantia de menor sindicabilidade sobre o mérito da decisão, além, é claro, de melhor qualificar a decisão administrativa.[332]

Outro exemplo de legislação que concede autorização à Administração para a celebração de acordos está na Lei nº 13.988/2020, a qual permite que a União, suas autarquias e fundações realizem transação resolutiva de litígio referente a créditos da Fazenda Pública, de natureza tributária ou não tributária (art. 1º). Nos termos do que dispõe o §1º do art. 1º, a abertura do legislador para que tais transações ocorram fica subordinada ao juízo de oportunidade e conveniência da União, sendo que a celebração deverá, motivadamente, atender ao interesse público.

Da mesma forma que a Lei nº 13.655/2018, a legislação federal que autoriza a celebração de acordos quanto aos créditos da Fazenda Pública não antecipa, em seu texto, quais as situações em que a conduta é possível. O que seus dispositivos trazem são condições, formalidades, vedações, benefícios a serem oferecidos pela transação, entre outros. A metodologia, portanto, é bastante semelhante: a opção pela celebração

---

[332] Nessa linha, a leitura do art. 26 não pode vir dissociada dos demais dispositivos que compõem a Lei nº 13.655/2018, cujo objetivo maior reside, justamente, no aperfeiçoamento da decisão administrativa, por meio do incentivo à inovação e à criatividade, além do conforto decisório de que necessita o gestor público. PALMA, Juliana Bonacorsi de. Segurança jurídica para a inovação pública: a nova Lei de Introdução às Normas do Direito Brasileiro (Lei nº 13.655/2018). *Revista de Direito Administrativo*, Rio de Janeiro, v. 279, n. 2, p. 209-249, 2020. Assim é que o compromisso administrativo não pode ser embasado em valores abstratos, sem levar em conta as consequências práticas de sua celebração (art. 20); eventual decisão pela invalidação do compromisso deverá indicar as suas consequências jurídicas e administrativas (art. 21); na decisão sobre a regularidade da conduta do agente que celebrou o compromisso, devem ser consideradas as circunstâncias práticas que houverem imposto, limitado ou condicionado à ação do agente (art. 22); uma vez firmado o compromisso e havendo posterior revisão quanto a sua validade, devem ser respeitadas as situações plenamente constituídas (art. 24); os agentes públicos que participarem do procedimento de celebração de compromisso somente serão responsabilizados pessoalmente em caso de dolo ou erro grosseiro (art. 28); é desejável a edição de normativas que melhor regulamentem a celebração de compromissos, com as especificidades de cada órgão administrativo (art. 30).

da transação deve atender ao interesse público,[333] além de observar os requisitos e as condições dispostos na Lei nº 13.988/2020.

Para finalizar rol exemplificativo de legislações, sempre com foco naquelas que guardam relação com atividades exercidas pela advocacia pública, menciona-se a Lei nº 14.133/2021, que traz nova regulamentação a respeito de licitações e contratos administrativos. Em seu texto, consta a expressa previsão quanto à possibilidade de utilização de meios consensuais como forma de extinguir os contratos administrativos. Como requisito, consta o interesse da Administração na utilização da metodologia e, assim optando, a necessidade de prévia autorização escrita e fundamentada da autoridade competente, a qual deve ser reduzida a termo no respectivo processo.[334]

Veja-se que a lógica igualmente se repete. O que faz o legislador é dar uma autorização genérica para a extinção dos contratos administrativos via consenso entre Administração e contratado. Quais situações permitem esse tipo de conduta não podem ser antecipadas e especificadas previamente em lei, cabendo à autoridade do contrato a análise e a decisão circunstancial. Não obstante a discricionariedade concedida, incumbe à autoridade administrativa trazer a fundamentação do interesse na extinção consensual, com a respectiva divulgação dos motivos que levaram à tomada da decisão.

A previsão normativa de um processo administrativo consensual, portanto, deve expressamente conceder o espaço de discricionariedade para que o agente público competente delibere sobre a conveniência da celebração do acordo. Da mesma forma que as demais decisões administrativas, a opção adotada deve vir acompanhada da sua motivação, de modo que reste justificada aos interessados a tomada de decisão pela Administração.

---

[333] A diferença da terminologia utilizada na Lei nº 13.655/2018, ao se referir a interesses gerais em vez de interesse público, foi abordada no artigo: CRISTÓVAM, José Sérgio da Silva; EIDT, Elisa Berton. O compromisso do artigo 26 da LINDB e a sua celebração no âmbito das câmaras administrativas de prevenção e de solução de conflitos. *In*: MAFFINI, Rafael; RAMOS, Rafael (org.). *Nova LINDB:* proteção da confiança, consensualidade, participação democrática e precedentes administrativos. Rio de Janeiro: Lumen Juris, 2021, p. 73-89.

[334] Art. 138. A extinção do contrato poderá ser: I – determinada por ato unilateral e escrito da Administração, exceto no caso de descumprimento decorrente de sua própria conduta; II – consensual, por acordo entre as partes, por conciliação, por mediação ou por comitê de resolução de disputas, desde que haja interesse da Administração; III – determinada por decisão arbitral, em decorrência de cláusula compromissória ou compromisso arbitral, ou por decisão judicial. §1º A extinção determinada por ato unilateral da Administração e a extinção consensual deverão ser precedidas de autorização escrita e fundamentada da autoridade competente e reduzidas a termo no respectivo processo.

3.4.3 A publicidade do processo consensual

O princípio da confidencialidade está expressamente previsto como princípio informador da mediação e da conciliação, nos termos do que dispõem tanto a Lei da Mediação quanto o Código de Processo Civil. Conforme já exposto anteriormente, não restou esclarecido pelo legislador de que forma o seu conteúdo se aplica aos meios consensuais em que é parte a Administração Pública.[335]

O contraste é evidente com a regra da publicidade dos atos públicos, expressamente prevista na Constituição Federal e que tem por finalidade permitir maior controle e participação social na gestão dos assuntos públicos. Nos processos administrativos, a regra não é diferente. Na Lei nº 9.784/1999, que trata do processo administrativo federal, consta que os atos administrativos deverão ter divulgação oficial, salvo as exceções trazidas pela Constituição Federal (art. 2º, parágrafo único, inciso V).

O texto constitucional dispõe, em seu art. 5º, em que situações o sigilo deve ser preservado (XIV – é assegurado a todos o acesso à informação e resguardado o sigilo da fonte, quando necessário ao exercício profissional; XXXIII – todos têm direito a receber dos órgãos públicos informações de seu interesse particular, ou de interesse coletivo ou geral, que serão prestadas no prazo da lei, sob pena de responsabilidade, ressalvadas aquelas cujo sigilo seja imprescindível à segurança da sociedade e do estado; LX – a lei só poderá restringir a publicidade dos atos processuais quando a defesa da intimidade ou o interesse social o exigirem).

No que diz respeito à Administração Pública, a disponibilidade de informações veio regulamentada por meio da Lei de Acesso à Informação, nº 12.527/2011. Dispõe a lei que o sigilo deve ser tratado como exceção, de modo que a observância da publicidade deve ser seguida por todos os órgãos públicos, tanto do Executivo quanto do Legislativo e do Judiciário. Sobre as exceções, todas estão relacionadas a questões em que a publicidade da informação possa causar algum risco à segurança e à soberania nacional.[336]

---

[335] Item 2.3.1

[336] Art. 23. São consideradas imprescindíveis à segurança da sociedade ou do Estado e, portanto, passíveis de classificação as informações cuja divulgação ou acesso irrestrito possam: I – pôr em risco a defesa e a soberania nacionais ou a integridade do território nacional; II – prejudicar ou pôr em risco a condução de negociações ou as relações internacionais do País, ou as que tenham sido fornecidas em caráter sigiloso por outros Estados e organismos internacionais; III – pôr em risco a vida, a segurança ou a saúde da população; IV – oferecer

Dito isso, é possível afirmar que o procedimento administrativo consensual se encontra em uma zona entre esses dois extremos: de um lado, a regra constitucional da ampla publicidade e, de outro, o sigilo tal qual como classificado na Lei de Acesso à Informação. Infelizmente, a Lei da Mediação nada dispôs a respeito, o que torna a publicidade a regra a ser aplicada nas autocomposições que são desenvolvidas pela Administração.

No contexto das conciliações administrativas, a autorização legal desejável seria a possibilidade de uma publicidade diferida, em que a divulgação do acordo celebrado e dos atos que lhe antecederam ocorressem ao final do procedimento.[337] Desse modo, permite-se a formação de um ambiente mais propício ao diálogo e à troca de informações, cujo conteúdo somente será compartilhado quando da finalização das tratativas, havendo ou não o acordo celebrado.

A divulgação dos termos de acordos celebrados extrajudicialmente com a Administração Pública é essencial para o atendimento do princípio da isonomia, além, é claro, da devida transparência para fins de controle. Por meio do conhecimento do que foi celebrado, afasta-se a mácula de tratamento preferencial eventualmente concedido a um sujeito particular, bem como de que houve concessões indevidas ou até espúrias por parte da autoridade administrativa.

A defesa de que a transparência do acordo seja necessária a que situações idênticas recebam o mesmo tratamento não se aplica integralmente ao procedimento das câmaras administrativas, especialmente quando diante de uma mediação. Entende-se que situações idênticas são aquelas tratadas por meio da transação por adesão, cujo objeto geralmente está relacionado ao cumprimento de dispositivo legal e onde não há, de fato, margem para variações conforme o sujeito particular que celebra o acordo.

---

elevado risco à estabilidade financeira, econômica ou monetária do País; V – prejudicar ou causar risco a planos ou operações estratégicos das Forças Armadas; VI – prejudicar ou causar risco a projetos de pesquisa e desenvolvimento científico ou tecnológico, assim como a sistemas, bens, instalações ou áreas de interesse estratégico nacional; VII – pôr em risco a segurança de instituições ou de altas autoridades nacionais ou estrangeiras e seus familiares; ou VIII – comprometer atividades de inteligência, bem como de investigação ou fiscalização em andamento, relacionadas com a prevenção ou repressão de infrações.

[337] A publicidade diferida está prevista na Lei de Licitações e Contratos Administrativos, nas hipóteses especificadas em seu art. 13, parágrafo único: Art. 13. Os atos praticados no processo licitatório são públicos, ressalvadas as hipóteses de informações cujo sigilo seja imprescindível à segurança da sociedade e do Estado, na forma da lei. Parágrafo único. A publicidade será diferida: I – quanto ao conteúdo das propostas, até a respectiva abertura; II – quanto ao orçamento da Administração, nos termos do art. 24 desta Lei.

Já no âmbito das câmaras administrativas, as situações que podem se apresentar para a tentativa de resolução consensual são amplas e variadas, não necessariamente relacionadas à obediência de algum comando legal. Em um contrato administrativo, por exemplo, a extinção por meio de uma mediação resultará de uma situação fática daquela relação contratual específica, que dificilmente será idêntica ao contexto de um contrato firmado com sujeitos diversos.

Nesse sentido, o que pode servir de precedente é a postura adotada pela Administração, com maior abertura para que o particular solicite a instauração do procedimento consensual para resolução de alguma questão. As circunstâncias fáticas e jurídicas, no entanto, devem ser analisadas a cada caso concreto, de modo que um acordo anteriormente celebrado não pode servir de motivo para vincular a ação administrativa, a menos se demonstradas as idênticas condições.

Ainda no que diz respeito à publicidade e eventuais vinculações que um acordo firmado pode gerar para situações futuras, menciona-se a motivação apresentada pela Administração para a celebração do consenso. Em atenção ao que dispõe a Lei nº 13.655/2018, o comprometimento consensual por parte da autoridade administrativa somente pode ocorrer após a oitiva do órgão jurídico (art. 26). O Decreto nº 9.830/2019, por sua vez, exige que a decisão quanto à celebração do acordo deva vir subsidiada com parecer técnico e jurídico a respeito da minuta proposta.

Ambos os textos não fazem ressalva quanto à publicidade de tais manifestações, as quais inclusive devem ser formalizadas e integradas ao processo administrativo de resolução consensual. Assim, a análise da viabilidade jurídica da decisão quanto à adoção do acordo e de seus termos, que em regra é realizada pela advocacia pública, obedece à regra da publicidade.

Entendimento diverso se aplica à análise de cenários e de possíveis concessões que é realizada pela Administração em seu âmbito interno, em momento anterior ao prosseguimento das tratativas consensuais. Conforme já foi visto, a preparação para uma negociação exige uma estimativa de perdas e ganhos, do que é possível conceder e do que é realmente inegociável para cada parte.[338] A exigência de que a Administração exponha tal preparação com fundamento no princípio da publicidade, sem a contrapartida da parte privada – eis que não se sujeita a tal princípio – evidentemente que desequilibra a relação que

---

[338] Item 2.3.3

busca autocompor, além de afastar o interesse do agente público na adoção deste tipo de conduta.

Ao dispor sobre um processo administrativo consensual, portanto, entende-se que a publicidade deve receber tratamento diferido, com a previsão de divulgação do acordo celebrado ou, então, da justificativa da Administração para a sua não celebração. Além da finalidade do controle, é bem-vindo que as câmaras administrativas divulguem em seus canais de comunicação os acordos celebrados a fim de fomentar a cultura da consensualidade. Já o processo administrativo em si, é conveniente que receba o caráter de sigilo até a sua finalização, com a preservação da confidencialidade ao longo das tratativas entre as partes.

3.4.4 Hipóteses de cabimento: o conteúdo dos acordos

Questão relevante que emerge quando se analisa a conduta consensual da Administração Pública diz respeito às matérias, às situações, ao conteúdo do que pode ser solucionado via acordo extrajudicial. Isso ocorre porque, como já afirmado, a autorização legal para a celebração de acordos não vem acompanhada da previsão quanto às exatas hipóteses em que tal procedimento pode ser adotado.

Ao analisar a Lei nº 13.140/2015, objeto maior do estudo ora exposto ao leitor, verifica-se que, em seu art. 32, incisos I a III, a competência das câmaras administrativas para realizar a autocomposição é expressa para as seguintes situações: a) para dirimir conflitos envolvendo órgãos e entidades da Administração Pública; b) para avaliar a admissibilidade de pedidos de composição quando se trata de controvérsia envolvendo o particular e c) para promover a celebração de termo de ajustamento de conduta.

Em seguida, a Lei da Mediação acrescenta casos específicos em que a autocomposição poderá ser utilizada, por meio da câmara administrativa ou por meio dos procedimentos comuns da mediação, acaso tais órgãos não tenham ainda sido criados: para tratar do equilíbrio econômico-financeiro dos contratos (art. 32, §5º), para a instauração de mediação coletiva para tratar de conflitos relacionados à prestação de serviços públicos (art. 33, parágrafo único) e, por fim, concede abertura para tratar de conciliação em matéria tributária, pois faz remissão ao Código Tributário Nacional para tratar da suspensão de prescrição por procedimento administrativo de resolução consensual (art. 34, §2º).

O rol de caráter exemplificativo das situações acima colocadas é evidenciado por meio do §2º do art. 32, que dispõe sobre a competência dos entes federados para a regulamentação dos casos que entende cabível a adoção da autocomposição. Trata-se a Lei da Mediação, portanto, de uma norma aberta e habilitante para adoção da autocomposição em conflitos a serem especificados em regulamento, além daquelas situações já expressamente previstas na lei.

Como toda norma aberta, seu conteúdo deve ser preenchido por meio de regulamentação e posterior implementação de seus comandos. O legislador optou, dessa forma, em conferir competência aberta para a realização da autocomposição – ao encargo das advocacias públicas dos entes federados, onde houver –, com a descrição das atividades que podem ser desempenhadas pelas câmaras administrativas (art. 32, I a III). As hipóteses de utilização da autocomposição estão expostas de maneira exemplificativa, atribuindo-se aos entes federados a competência para a sua previsão de maneira específica.[339]

Mesmo o art. 26 da Lei nº 13.655/2018, que é considerado o autorizativo genérico para a celebração de compromissos pela Administração, não revela as situações específicas. Nos termos do já exposto, referido dispositivo legal serve para revelar que o poder de polícia do poder público é passível de ser realizado via compromisso, e não somente de forma unilateral. Tal autorização irradia-se para as demais atuações administrativas, sempre com obediência às condições e requisitos que foram colocados pelo referido dispositivo.

Diante da legislação que já está posta, pode-se afirmar que a conduta consensual está autorizada para questões relativas a: a) contratos administrativos; b) desapropriação; c) licenciamento; d) créditos tributários federais, entre outros. A intenção desta obra não é exaurir todas as previsões legais de autorizações de acordo, mas antes analisar de que forma tal autorização é concedida pelo legislador à Administração.

Necessário reforçar que o recorte da análise está nas autorizações concedidas às autoridades administrativas, pertencentes ao Poder Executivo e que gozam da assessoria jurídica e da representação judicial por meio das advocacias públicas. Os acordos de leniência, muito embora também contem com a participação da advocacia pública e, não só isso, sejam o instituto responsável por abrir os caminhos da

---

[339] Com efeito, uma nova hipótese de utilização das câmaras administrativas veio prevista na Lei nº 13.867/2019, a qual possibilita a opção pela mediação ou pela via arbitral para a definição dos valores de indenização nas desapropriações por utilidade pública. Em se optando pela mediação, conforme dispõe o art. 10-B, §2º da lei, o procedimento poderá ocorrer nessas câmaras.

consensualidade no poder público, não são objeto do presente estudo por conta das especificidades da matéria penal.

O que se aborda aqui são as atividades rotineiras da Administração, que têm a ver com funções incumbidas aos órgãos do Poder Executivo, como a prestação de serviços públicos, a concretização de políticas públicas, a cobrança de tributos, a expedição de licenças, o regramento dos servidores públicos, dentre outros. Nesse sentido, a Lei nº 13.140/2015 constitui-se no diploma normativo que dá o melhor norte de como a autocomposição deve ser recepcionada pela Administração.

Com efeito, a Lei da Mediação traz um rol exemplificativo de situações, que não impedem, portanto, a inclusão de outras não previstas. Por outro lado, são trazidas delimitações quanto ao conteúdo do que pode ser objeto de mediação ou autocomposição: direitos patrimoniais disponíveis ou indisponíveis que admitam transação (art. 3º), bem como a impossibilidade de lidar com controvérsias que somente possam ser resolvidas por atos ou concessão de direitos sujeitos a autorização do Poder Legislativo (art. 32, §4º).

A começar por esta última, confere-se a obediência dos métodos autocompositivos às competências institucionais, de modo que está vedada aos acordos a criação de obrigações ou direitos que somente podem ocorrer por meio de autorização legal. Exemplo claro desta vedação está na concessão de vantagens salarias a um servidor público, ou a desoneração de uma obrigação fiscal a um devedor.

Já em relação à primeira delimitação para a realização de acordos, sua conceituação não ocorre de maneira tão incontroversa. Isso porque não há uma definição legal em que consiste o *direito patrimonial disponível*, muito menos o que está compreendido no rol de *direitos indisponíveis que admitem transação*.

Alexandre Santos de Aragão define direitos patrimoniais disponíveis como aqueles que, "por serem suscetíveis de valoração econômica, integram o patrimônio e podem ser livremente negociados por seus titulares com terceiros". A definição parte do que ensina o civilista Caio Mario da Silva Pereira, sendo os patrimoniais aqueles que podem ser avaliados pecuniariamente e, por sua vez, os direitos não patrimoniais aqueles insuscetíveis de avaliação econômica, como os direitos de personalidade e os de família puros.[340]

---

[340] ARAGÃO, Alexandre Santos de. Arbitragem e regulação. *In:* WALD, Arnold (org.). *Doutrinas essenciais de arbitragem e mediação*. São Paulo: Thomson Reuteurs; Revista dos Tribunais, Ano 1, v. 4, ago. 2014 [livro eletrônico]. PEREIRA, Caio Maio da Silva. *Instituições do direito civil*. 20. ed. Rio de Janeiro: Forense, 2002.

No Brasil, a doutrina administrativista voltou sua atenção para a definição do que se entende por direitos patrimoniais disponíveis a partir da edição da Lei nº 13.129/2015, que expressamente autorizou a utilização da arbitragem pela Administração Pública direta e indireta. E, ao fazê-lo, delimitou a sua aplicação aos conflitos que versem sobre direitos patrimoniais disponíveis (art. 1º §1º da Lei nº 9.307/1996).

A exemplificação legal do que consistem direitos patrimoniais disponíveis pode ser encontrada na Lei nº 13.448/2017, a qual estabelece diretrizes gerais para prorrogação e relicitação dos contratos de parceria nos setores rodoviário, ferroviário e aeroportuário da Administração Pública federal. Em seu art. 31, consta expressamente que controvérsias decorrentes dos contratos de que trata a lei, no que se refere aos direitos patrimoniais disponíveis, podem ser submetidas à arbitragem ou a outros mecanismos alternativos de solução de controvérsias. E, no §4º do referido artigo, estão expostas a que se referem tais controvérsias, a saber: I – as questões relacionadas à recomposição do equilíbrio econômico-financeiro dos contratos; II – o cálculo de indenizações decorrentes de extinção ou de transferência do contrato de concessão; e III – o inadimplemento de obrigações contratuais por qualquer das partes.

Com efeito, entende-se que a autocomposição propriamente dita, em que há efetivo diálogo entre as partes e análise conjunta da situação fática, com ponderações dos interesses e das posições assumidas tanto pela Administração quanto pelo particular, encontra terreno fértil no âmbito dos contratos administrativos. De outro lado, questões relacionadas à concessão de medicamentos, à remuneração de servidores, ao pagamento de tributos, por exemplo, estão mais adstritas ao que já delimitado em lei, o que configura o procedimento consensual muito antes em uma transação por adesão, com diálogos e possibilidades muito mais limitados.

Em estudo sobre a arbitragem na Administração Pública, Bruno Lopes Megna propõe certos critérios para definição do que pode ser objeto na arbitragem quando envolvida a Administração, qual seja, o conteúdo dos direitos patrimoniais disponíveis. Conforme explica, a delimitação da arbitrabilidade objetiva inicia-se pela jurisdicionalidade da matéria, no sentido de que somente podem ser submetidos ao procedimento arbitral assuntos que escapam da esfera discricionária do agente administrativo e que, portanto, podem sofrer a sindicabilidade jurisdicional, seja estatal ou arbitral. Em seguida, a questão da patrimonialidade, devendo ser possível extrair do objeto controverso o seu conteúdo patrimonial. Sobre a possibilidade de a Administração negociar e de dispor do objeto submetido ao procedimento arbitral, o autor remete à distinção entre os atos de império e de gestão (ver tópico 1.3.2), com a ressalva de que somente essa distinção não é suficiente: existem atos de gestão que não são arbitráveis, assim como atos negociáveis que não necessariamente são arbitráveis.[341] Por fim, o objeto deve obviamente ser lícito, não podendo o procedimento arbitral servir para fraudar a lei.

Maurício Morais Tonin, ao fazer um apanhado do que a doutrina nacional compreende sobre o conteúdo dos direitos patrimoniais disponíveis, também traz uma tentativa de definição: o direito patrimonial disponível seria o bem dominical – que é espécie de bem público não afetado a uma destinação pública específica –,[342] passível de ser aferido economicamente e de ser livremente negociado por seus titulares.[343] Nota-se que a tentativa de definição do que pode ser objeto da arbitragem insere-se em um contexto mais amplo, muito bem identificado por Eduardo Talamini, relacionado à dificuldade que existe no Brasil de dar autonomia aos agentes públicos para resolução de determinadas situações, sem a necessária intervenção do Poder Judiciário.[344]

Quer dizer, quando se fala em participação da Administração em procedimento alternativo ao jurisdicional estatal, seja a mediação, a negociação ou a arbitragem, parte-se da equivocada premissa de que haverá renúncia de direitos ou de confronto ao interesse público. Nessa lógica, o legislador optou por conceder de maneira limitada a autorização para que o poder público participe de tais procedimentos, mas fazendo-o por meio de conceitos indeterminados, o que contribui para a manutenção de uma zona cinzenta quanto ao que pode ser objeto de acordo.

É justamente o que ocorre na Lei da Mediação, quando em seu art. 3º autoriza a utilização do procedimento, seja na esfera pública ou

---

[341] Na exemplificação dada por Bruno Megna: "a Administração tem direitos e deveres que decorrem de gestão, mas não são arbitráveis (e.g. adjudicação do contrato ao vencedor da licitação), pois não negociáveis, e há direitos e deveres que decorrem de negociação, mas não arbitráveis, pois envolvem poder de império (e.g. acordos substitutivos de sanção administrativa), os quais, em si, não guardam patrimonialidade". Arbitragem e Administração Pública: Fundamentos Teóricos e Soluções Práticas. Belo Horizonte: Fórum, 2019 (fls. 159-163).

[342] Arts. 98 a 103 do Código Civil.

[343] TONIN, Maurício Morais. Direito patrimonial disponível da Administração Pública: tentativa de definição. *Revista Brasileira de Arbitragem*, [s.l.], v. 15, n. 59, 2018.

[344] TALAMINI, Eduardo. A (in)disponibilidade do interesse público: consequências processuais (composições em juízo, prerrogativas processuais, arbitragem e ação monitória). *Revista de Processo*, São Paulo, v. 30, n. 128, p. 59-78, out. 2005.

privada, diante de direitos disponíveis ou indisponíveis que admitam transação. Conforme já visto, aqueles não apresentam dificuldades na sua conceituação, o que não ocorre em relação ao conteúdo dos direitos indisponíveis que podem ser transacionados. Elton Venturi enfrenta a obscuridade em torno dos direitos indisponíveis e defende a possibilidade de sua negociação, em um contraste com a excessiva garantia que a eles foi destinada no âmbito do processo civil brasileiro.

Para tanto, destaca o autor que a impossibilidade de negociação tem por vezes o condão de inviabilizar a própria fruição do direito classificado como indisponível. Em uma análise mais pragmática, refere que por meio da legitimação de um procedimento negocial nessa esfera, em conjunto com a maior liberdade de manifestação de vontade dos titulares desses direitos, é possível auferir resultados melhores do que a exclusiva adjudicação estatal. Assim é que o meio ambiente, a probidade administrativa e o direito de liberdade constituem-se exemplos trazidos pelo autor como direitos indisponíveis passíveis de negociação, por institutos como o crédito de carbono, a delação premiada e o *plea bargain*.[345]

Dessa forma, conclui-se que a utilização de conceitos indeterminados na Lei da Mediação serve para reforçar a discricionariedade do agente público na utilização da mediação como forma de prevenir e solucionar conflitos. Para sair do abstracionismo da lei, no capítulo 4 da presente obra buscar-se-á ilustrar em que situações o procedimento vem sendo utilizado pelas advocacias públicas.

Assim é que a regulamentação de um processo administrativo negocial não irá esgotar as hipóteses de celebração de acordos pela Administração, mas somente autorizar tal conduta. A replicação das limitações quanto aos direitos patrimoniais disponíveis ou aos indisponíveis que admitam transação podem vir previstas, mas são de pouco resultado prático, conforme o que foi acima exposto.

Não obstante as opções mais estreitas, matérias em que a situação fática não possibilita ampla margem de discussão também podem ser objeto de resolução consensual, quando se adota o processo administrativo participativo como instrumento da consensualidade na Administração. É o que ser verá no próximo tópico.

---

[345] VENTURI, Elton. Transação de Direitos Indisponíveis? *Revista de Processo – RePro*, São Paulo, v. 251, n. 251, p. 391-426, 2016.

3.4.5 A participação no procedimento administrativo

Conforme análise de Maria Sylvia Zanella Di Pietro, a possibilidade de participação no processo administrativo se insere no contexto da democratização do Estado, em que são ampliados os mecanismos de colaboração do particular com a Administração. Essa participação pode ocorrer na execução de serviços públicos, a exemplo da permissão, concessão etc., bem como, em um estágio mais avançado, na própria gestão e controle das atividades administrativas. Di Pietro exemplifica as maneiras pelas quais o cidadão pode participar da Administração Pública, seja por meio do direito de ser ouvido, de ser previamente consultado, de participação em órgãos de consulta e decisão, entre outros.[346]

É interessante notar que, no Brasil, a autora identifica no Poder Judiciário a maneira mais eficaz de intervenção do particular na gestão pública. Muito mais focada na noção de controle da Administração do que propriamente na participação nos processos decisórios, Di Pietro destaca os mecanismos processuais da ação popular, do mandado de injunção, do mandado de segurança coletivo e da ação de inconstitucionalidade por omissão como bons exemplos de acesso ao poder público por meio do processo judicial.[347]

Em um contexto mais amplo, Gustavo Justino de Oliveira define a participação administrativa como "a intervenção individual ou coletiva dos cidadãos na gestão dos órgãos e entidades que integram a Administração pública, com reflexos no conteúdo das decisões deles emanadas". Não descuida o autor, portanto, da efetiva contribuição do particular para o conteúdo decisório da Administração, resultando no que Justino denomina de "espaços de efetiva negociação", com a ponderação dos interesses envolvidos na questão.[348]

Daí que a concepção de um processo administrativo participativo pode ser definida como uma forma de consensualidade na Administração Pública. Juliana Bonacorsi de Palma esclarece o intrínseco

---

[346] DI PIETRO, Maria Sylvia Zanella. Participação popular na administração pública. *Revista de Direito Administrativo*, [s.l.], v. 191, p. 26-39, 1993.

[347] *Ibidem.*

[348] OLIVEIRA, Gustavo Henrique Justino de. Participação administrativa. *A&C-Revista de Direito Administrativo & Constitucional*, [s.l.], v. 5, n. 20, p. 167-194, 2007. Como dito, o autor faz a ressalva da relevância da efetiva repercussão das manifestações do particular no âmbito decisório da Administração: "No entanto, para serem considerados mecanismos cooperativos úteis, tudo aquilo que for discutido ou configurar resultado do emprego de instrumentos participativos (v.g. audiências pública, consultas públicas, referendos administrativos, coletas de informação, entre outros) deve ser devidamente considerado pelo órgão ou autoridade decididora, previamente à emissão do provimento administrativo".

relacionamento entre participação e consensualidade, na medida em que a abertura para a manifestação da vontade do particular suaviza a atuação unilateral que predominou no início da formação do Direito Administrativo, ao mesmo tempo que melhor legitima o exercício do poder estatal.[349] A autora enfatiza a modalidade de participação deliberativa, cujo momento de participação do cidadão se dá na tomada de decisão da Administração, o que permite a contribuição do particular para o conteúdo do ato administrativo que será editado.[350]

No âmbito da Lei nº 9.784/1999, que trata do processo administrativo na esfera federal, as modalidades de participação do administrado encontram-se previstas por meio de consulta pública ou de audiência pública (arts. 31 e 33).[351] Na forma do que dispõe a referida legislação, ambas as modalidades devem ser empregadas quando o objeto em discussão no processo administrativo envolver assunto de "interesse geral" ou uma "matéria relevante".

Com efeito, a ampliação da participação da sociedade por meio da realização de audiência ou de consulta pública concretiza a concepção de um processo administrativo mais democrático e dialógico. No momento em que a Administração permite a manifestação de interessados antes da tomada de decisão, constata-se a transmutação daquele poder administrativo coercitivo e unilateral para uma prerrogativa que é exercida levando em conta demais interesses envolvidos.

Quando se está diante de um procedimento administrativo com vistas à formação de consenso, no entanto, a participação na vontade administrativa não se encontra adstrita à consulta ou à audiência pública. Isso porque a autocomposição com a Administração Pública, além de abranger assuntos de grande relevância, também serve para resolução de casos mais pontuais, em que os interessados se traduzem nas partes diretamente envolvidas com o conflito.

Dessa forma, é possível afirmar que a participação em um processo administrativo consensual deve ocorrer de maneira mais ampliada, por meio da realização de reuniões conjuntas, da oportunidade de manifestação dos variados pontos de vista da questão (tanto oral quanto escrita), da melhor averiguação dos fatos por meio de perícia técnica, entre outros. O processo administrativo, portanto, é o instrumento em

---

[349] PALMA, Juliana Bonacorsi de. *Op. cit.*, p. 129-137.

[350] *Ibidem.*

[351] Não se considera aqui o direito à ampla defesa e ao contraditório como modalidade de participação, pois se trata de previsão antes relacionada à garantia de um procedimento justo do que propriamente à formação de consenso na vontade administrativa.

que devem restar formalizado todos os atos voltados para a tentativa da resolução extrajudicial da questão, resultando ou não em uma solução consensual.

É claro que o processo administrativo de que se trata aqui não coloca o particular na mera posição de destinatário da decisão a ser tomada pela Administração, mas, ao contrário, como sujeito ativamente participante da formação da decisão que resolverá o conflito em questão. Dessa lógica que advém a legitimidade do *procedimento consensual*,[352] em que o diálogo e a consideração das posições de todos os envolvidos permitirão uma decisão razoável e de mais fácil implementação, se comparada a uma decisão heterocompositva.

Esse processo dialógico e participativo é que tornará a atividade das câmaras administrativas algo diverso do que ocorre nos processos judiciais e, até mesmo, nos procedimentos administrativos em geral, que muitas vezes colocam o cidadão em posição meramente formal de participação, e não substancial. No ensinamento de Odete Medauar, é por meio da colaboração individual ou coletiva de sujeitos no processo administrativo que se realiza a efetiva aproximação entre Administração e cidadãos, o que afasta a ideia de contraposição entre Administração e sociedade, bem como de que ao cidadão resta somente a posição de defesa contra o poder público.[353]

Com efeito, a concepção de um processo administrativo participativo que vise à formação de consensos guarda intensa relação com o conceito de interesse público mais democrático e conciliativo, conforme exposto no capítulo 1. A partir da oportunidade de participação do particular na formação da decisão da Administração, a qual diretamente lhe afeta, permite-se atingir resultado cujo conteúdo foi previamente discutido entre as partes, mesmo na hipótese de o consenso não ter sido gerado.

Portanto, a previsão de participação em um processo administrativo consensual ganha contornos mais amplos, não se adstringindo às modalidades previstas na Lei nº 9.784/1999. Inclusive, defende-se a não taxatividade das hipóteses de participação do cidadão quando diante de um processo consensual, sendo possível que o regulamento elenque algumas delas, de maneira exemplificativa: reuniões preparatórias;

---

[352] A existência de um processo administrativo consensual está inclusive prevista de modo expresso na Lei nº 13.140/2015, em seu art. 34: A instauração de *procedimento administrativo para a resolução consensual de conflito no âmbito da administração pública* suspende a prescrição. (grifos nossos)

[353] MEDAUAR, Odete. *Op. cit.*, p. 201.

3.4.6 A interação com o Poder Judiciário e com os órgãos de controle

Quando se estuda a autocomposição extrajudicial com a Administração, necessário abordar de que maneira ocorrem as interseções do procedimento com o Poder Judiciário e com os órgãos de controle, notadamente o Ministério Público e os Tribunais de Contas. Quer dizer, qual a independência e a sustentabilidade do acordo extrajudicial perante as demais instituições que não fazem parte do Poder Executivo e qual a interferência possível sobre o referido ato consensual.

A Lei nº 13.140/2015 reforça a legitimidade do procedimento extrajudicial ao fazer previsão expressa de que o acordo firmado no âmbito de uma autocomposição constitui-se em título extrajudicial (art. 32, §3º). Dessa forma, na eventualidade de o acordo firmado não ser cumprido por uma das partes, suas disposições podem ser executadas em juízo, sem o prévio processo de conhecimento ou a modificação do que acordado por decisão judicial.

Além da previsão do título extrajudicial, dispõe a Lei da Mediação que a instauração de procedimento administrativo para a resolução consensual de conflito no âmbito da Administração Pública suspende a prescrição (art. 34). A partir desse dispositivo, resta evidenciado o quanto o procedimento extrajudicial da autocomposição interfere em eventuais processos administrativos já em curso e, também, nos processos judiciais.

Uma vez realizado o juízo de admissibilidade do conflito para uma tentativa de autocomposição extrajudicial, a suspensão da prescrição retroagirá à data da formalização do pedido de resolução consensual (art. 34, §1º). Da leitura conjugada do *caput* do art. 34 e de seu §1º, o que se denota é que a suspensão da prescrição ocorrerá para aqueles pedidos de tentativa de resolução consensual que forem admitidos pela Administração e terão o procedimento instaurado. Para aqueles em que não houver a instauração, qual seja, que não forem admitidos como aptos à tentativa de autocomposição, a prescrição não sofre suspensão.

A suspensão da prescrição é, portanto, uma maneira direta de repercussão do procedimento extrajudicial de tentativa de autocomposição sobre as relações da Administração com o particular, judicializadas ou ainda em fase de processo administrativo. A exigência da admissão do pedido como condição para a suspensão permite que se evite a utilização da via consensualidade em situações inviáveis, cuja finalidade oculta residiria justamente no afastamento dos efeitos do decurso do tempo.

Questão pertinente que se coloca é sobre a necessidade de homologação do acordo extrajudicial para obtenção de maior segurança jurídica, não obstante a previsão de sua constituição como título extrajudicial. Quando se trata de câmaras administrativas, é preciso primeiro diferenciar os procedimentos que ocorrem totalmente na via extrajudicial, sem haver processo judicial já em curso, daqueles em que o procedimento ocorre de maneira incidental, a fim de melhor resolver situação já posta em juízo.

Nesse último cenário, torna-se mais natural o pedido de homologação em juízo, eis que o contato das partes se iniciou por meio do processo judicial e a participação do juiz também já se fez presente. De outro lado, pode-se afirmar que mesmo incidentalmente ao processo, a homologação do acordo extrajudicial não se faz necessária, podendo as partes requererem a extinção da ação em conjunto, nos termos do art. 485, VII, do Código de Processo Civil.

No entanto, a hipótese é pouco factível na prática, pois não se vislumbram razões para renunciar à homologação judicial uma vez já iniciado o litígio, de modo que incumbiria à Administração Pública um intenso esforço argumentativo a fim de sustentar tal opção. O ambiente da câmara administrativa pode se apresentar mais convidativo para que o problema trazido no processo judicial seja decantado e finalmente resolvido, mas permanece o dever das partes de comunicar ao juízo sobre o andamento do procedimento e do seu resultado, culminando na eventual homologação do acordo.

Outro ponto de interseção entre o procedimento administrativo consensual e o processo judicial diz respeito às autocomposições que envolvem pagamento de valores pelo poder público. A regra constitucional é de que pagamentos devidos pela Administração em razão de condenações judiciais sejam cumpridas por meio de precatório ou de requisição de pequeno valor.[354] Já em relação à autocomposição, a Lei nº 13.140/2015 não dispõe de regramento específico para as hipóteses de pagamento administrativo.

Em razão da ausência de regulamentação na lei geral, incumbe a cada ente público a disciplina quanto à forma e às hipóteses de acordo

---

[354] Art. 100, *caput* e §3º da Constituição Federal.

administrativo envolvendo pagamento de valores pela Administração. Trata-se de uma das questões mais sensíveis que envolvem o trabalho das câmaras administrativas, eis que a disponibilização orçamentária no âmbito do Poder Executivo compete muito antes à Secretaria da Fazenda do que à advocacia pública, o que torna indispensável a coordenação entre os dois órgãos para tal fim.

Além da questão operacional, a formalização de acordos extrajudiciais que obrigam a Administração ao pagamento de valores administrativos constitui-se em uma verdadeira inovação no âmbito das relações público e privado. Nos conflitos judicializados, o rito do pagamento por precatório ou RPV goza de uma previsibilidade orçamentária, por meio de uma dotação própria a que os entes públicos são obrigados constitucionalmente (art. 100 da Constituição Federal e art. 97 do ADCT). Ademais, uma sentença condenatória reveste o pagamento da dívida em obrigação judicial, o que torna a obrigação isenta de qualquer questionamento posterior, seja pela própria autoridade administrativa seja pelos órgãos de controle.

Ao se transportar para o cenário extrajudicial, a obrigação voluntária de pagamento de valores pode sofrer alguns reveses. Como já dito, deve haver um alinhamento entre o órgão de advocacia pública e da Secretaria da Fazenda respectivos de cada ente público a fim de se estabelecer previsão quanto ao fluxo do pagamento administrativo e, mais importante, da dotação orçamentária para tal fim. Isso se dá porque a advocacia pública detém a competência para orientar e homologar o acordo extrajudicial, mas não está entre as suas funções cumprir materialmente as obrigações que forem ali estabelecidas.

Em acréscimo, a autoridade administrativa que assume a obrigação de pagamento extrajudicial torna-se vinculada a um compromisso cujas consequências pelo não cumprimento não são as mesmas de uma condenação judicial (sequestro de valores e multa, por exemplo). A voluntariedade do cumprimento material, típico resultado de acordos, encontra desafios maiores diante da escassez de disponibilidade de recursos que acomete o Poder Executivo em geral, em que o acordo celebrado disputará espaço com inúmeras outras demandas urgentes e prioritárias.

Diante desse cenário, torna-se mais compreensível a opção da via judicial, pela Administração, quando se trata de obrigações que envolvem pagamento de valores. A previsibilidade do rito processual e do modo de pagamento, aliada à segurança jurídica concedida pela ordem judicial, atraem a autoridade administrativa para o estabelecimento da relação no âmbito de um processo judicial.

Dessa forma, a presente análise propicia a dedução de que a atividade das câmaras administrativas pode naturalmente se concentrar em conflitos que não envolvam dívidas de valores por parte do poder público, mais relacionados, portanto, a obrigações de fazer. E, acaso envolvam, os acordos celebrados no âmbito das câmaras serem levados à homologação judicial, como forma de trazer maior conforto decisório ao gestor público e, não menos importante, melhor previsibilidade ao sujeito particular destinatário do recurso público.

A interseção entre os procedimentos administrativo e judicial quando se está diante de pagamento de valores pode evoluir para o procedimento exclusivamente extrajudicial, à medida que se consolide o alinhamento entre os órgãos da Administração Pública encarregados de realizá-lo, como já dito, Secretaria da Fazenda, demais órgãos do Poder Executivo e advocacia pública.[355] Não menos importante, a celebração de acordos extrajudiciais que envolvam pagamento de valores ou mesmo a assunção de obrigações pelo poder público não prescinde da exata compreensão das suas razões pelos órgãos de controle, como forma de garantir a sustentabilidade do ato consensual ao longo do tempo.[356]

---

[355] Além da questão da disponibilidade orçamentária, acrescenta-se outro fator que pode, em um primeiro momento, intimidar o procedimento de pagamento administrativo. Trata-se da falta de expertise da Administração no arbitramento do valor que por ela é devido, em especial quando não há liquidez da quantia exata a ser paga. A situação pode ser ilustrada por meio de pagamentos decorrentes da responsabilidade civil, em que o arbitramento de valores a título de danos morais é tradicionalmente exercido pelo Poder Judiciário. Não obstante, já se observa na prática a adoção de programas de pagamento de indenização na via administrativa, quando diante de situação trágica ou de grande repercussão que torna inequívoca a responsabilidade do poder público de indenizar (PREFEITURA prepara indenização às vítimas do acidente na calçada. *Prefeitura de Joinville*, 2 dez. 2021. Disponível em: https://www.joinville.sc.gov.br/noticias/prefeitura-prepara-indenizacao-as-vitimas-do-acidente-na-calcada/. Acesso em: 25 mar. 2022); Procuradoria-Geral do Estado de São Paulo (Governo conclui indenizações às vítimas da tragédia em Suzano – PGE – Procuradoria-Geral do Estado de SP. Acesso em: 25 mar. 2022).

[356] O acórdão paradigmático, bastante citado na doutrina nacional e que aborda o tema dos acordos pela Administração Pública, é RE 253885 / MG – MINAS GERAIS; Relator(a): Min. ELLEN GRACIE; Julgamento: 04/06/2002; Órgão Julgador: Primeira Turma. Neste julgamento, entendeu o Supremo Tribunal Federal pela atenuação do princípio da indisponibilidade do interesse público quando diante de solução adotada pela Administração que, ao fim e ao cabo, atenderá de melhor forma a ultimação deste interesse. A pesquisa não se propõe a fazer o levantamento do que já foi apreciado em termos de acordos realizados pela Administração Pública pelos tribunais de justiça locais e pelos órgãos de controle estaduais, muito embora o assunto seja tratado nas entrevistas pessoais com os procuradores do estado (ver item 4.4). No que diz respeito ao Tribunal de Contas de União, vale mencionar o AC 1234/2004, em que a corte de contas entende pela viabilidade de transação para findar litígio envolvendo a União, com pagamento de valores em quantia que se revela vantajosa para o ente federal; ainda, o AC 489/2017, no qual é estabelecido que o pagamento de dívida da União oriunda de sentença judicial que homologa transação deva ser realizado por meio de precatório, sob pena de malferimento do art. 100 da Constituição Federal.

No que diz respeito ao controle exercido sobre os atos da Administração, este deve incidir na mesma medida sobre o ato resultante de um processo consensual, nem para mais, nem para menos. Quer dizer, não se trabalha com a ideia de um controle exacerbado ou diferenciado perante a postura consensual da Administração, desde que a exposição dos motivos que levaram o agente público a adotar tal postura (Decreto nº 9.830/2019) esteja presente.

A atividade controladora, portanto, não se constitui em fundamento para afastar a realização de acordos extrajudiciais pela Administração, uma vez respeitado o dever de fundamentação, cujos motivos resguardem o interesse público e não interesses pessoais. O processo administrativo consensual deve conter tal previsão, a fim de dar transparência ao iter decisório quanto à celebração ou não do acordo extrajudicial.

3.5 Síntese conclusiva

O terceiro capítulo buscou defender o desenvolvimento da consensualidade no âmbito da Administração Pública, por meio da demonstração do cenário caótico que se apresenta com a intensa utilização do Poder Judiciário para resolução de todo e qualquer conflito. A realização de acordos extrajudiciais pela Administração, com o auxílio da advocacia pública, por sua vez, demanda a formatação de um processo administrativo próprio para esse fim. Ao se utilizar como base o disposto na Lei nº 9.784/1999, o texto trouxe sugestões de aperfeiçoamento para um regramento do agir consensual da Administração, com previsões mais específicas em relação à competência para a celebração do acordo e condução do procedimento (diferenciação entre o papel do agente público e da advocacia pública), à discricionariedade do agente público em optar pela via consensual (a não ser nas hipóteses de transação por adesão, a atuação consensual não é vinculada), à publicidade dos atos praticados ao longo do procedimento (diferida e com restrições), às hipóteses de celebração (não há taxatividade), à participação da sociedade no decurso do processo (com possibilidades mais amplas que aquelas previstas na Lei nº 9.784/1999) e, por fim, às interseções do processo administrativo consensual com o Poder Judiciário e com os órgãos de controle (suspensão da prescrição, pagamento administrativo ou por meio de RPV ou precatório e o dever de motivação).

CAPÍTULO 4

A ATIVIDADE DAS CÂMARAS ADMINISTRATIVAS DE PREVENÇÃO E RESOLUÇÃO DE CONFLITOS PELAS ADVOCACIAS PÚBLICAS ESTADUAIS

No percurso estudado até aqui, abordou-se a mudança de perspectiva quando a Administração Pública se vê diante de um conflito, em que condutas unilaterais podem legitimamente ceder espaço para soluções consensuais. Além das metodologias que são possíveis de ser empregadas na autocomposição, também se analisou qual a modelagem que um processo administrativo negocial deve assumir, qual seja, que temas devem vir regulamentados a fim de trazer melhor parametrização para a consensualidade administrativa.

O norte dessa exposição está no desenvolvimento da consensualidade no âmbito das câmaras administrativas previstas no art. 32 da Lei nº 13.140/2015, mais precisamente das câmaras administrativas estaduais. Nesse derradeiro capítulo, pretende-se investigar de que forma as previsões trazidas nos arts. 32 e seguintes da Lei da Mediação estão contribuindo para a implementação e o desenvolvimento das câmaras nas advocacias públicas estaduais. Além disso, como estão estruturados os regulamentos previstos no art. 32, §1º, da referida lei, bem como se há a necessidade de aperfeiçoamento normativo para melhor desempenho das câmaras.

A investigação ocorre com base nos regulamentos estaduais que já foram editados desde a vigência da Lei da Mediação e, não só isso, por meio de entrevistas com advogados públicos que estão encarregados da implementação e da própria execução das atividades das câmaras administrativas. Recorre-se, também, à experiência norte-americana a respeito da regulamentação dos métodos alternativos de solução de disputas no âmbito do governo federal, com orientação de sua utilização por todas as agências que compõem o Poder Executivo daquele país.

Por último, faz-se uma abordagem mais propositiva acerca da temática das câmaras administrativas, por meio da apresentação de sugestões de aperfeiçoamento na regulamentação das câmaras administrativas estaduais, com o intuito de contribuir para o seu avanço e a sua própria continuidade nos estados federados do Brasil.

4.1 A habilitação concedida pela Lei nº 13.140/2015

A Lei nº 13.140/2015 configura-se no marco normativo da mediação no Brasil, eis que institucionaliza seu procedimento e disciplina a atuação do mediador, de forma judicial e extrajudicial. No que diz respeito à autocomposição, conforme já ressaltado no capítulo 3, a opção do legislador foi de conceder uma autonomia mais ampla aos entes federados para a regulamentação da prática da autocomposição. É certo que, ao prever a instalação das câmaras administrativas, a Lei da Mediação já faz constar a previsão a) da utilização da autocomposição para tratar do equilíbrio-econômico financeiro dos contratos (art. 32, §5º), b) da possibilidade de instauração de mediação coletiva para tratar de conflitos relacionados à prestação de serviços públicos (art. 33, parágrafo único) e, por fim, c) de uma abertura para tratar de conciliação em matéria tributária, pois remete à observação do Código Tributário Nacional quando houver suspensão de prescrição por procedimento administrativo de resolução consensual (art. 34, §2º).

Vê-se que a regulamentação por cada ente federado a respeito das câmaras deverá tratar, no mínimo, do seu modo de composição, do seu funcionamento e dos casos admissíveis para tentativa de acordo extrajudicial (art. 32, §§1º e 2º). Dessa forma, do que foi até aqui exposto, permite-se concluir que a Lei da Mediação dá algumas diretrizes para o desenvolvimento da autocomposição pelos entes públicos, mas, essencialmente, o que faz é delegar o seu detalhamento para regulamentação posterior.

O que vem ocorrendo na prática, desde então, é um avanço lento e relativamente recente dos entes federativos a respeito da instalação das câmaras administrativas para o desenvolvimento da autocomposição.[357]

---

[357] Desde a edição da Lei da Mediação, no âmbito estadual, foram editadas Leis Complementares e demais atos normativos para criação de câmaras nos estados de Alagoas (Lei Complementar nº 47/2018 e Decreto nº 64.050/2019), Amapá (Lei Complementar nº 136/2022, Lei Complementar nº 89/2015), Amazonas (Decreto nº 44.796, de 08.11.2021,

O modelo bem-sucedido de câmara administrativa e que parece ter inspirado os artigos 32 a 34 da Lei nº 13.140/2015 é a Câmara de Conciliação e Arbitragem da Advocacia-Geral da União (CCAF).

No entanto, a Lei da Mediação acrescenta o elemento do particular na relação com a Administração, sendo que a CCAF atua, precipuamente, para tratar de conflitos entre órgãos da Administração Federal. Ademais, pela particularidade da estrutura da Administração federal e por conseguinte da própria Advocacia-Geral da União (complexidade de órgãos da administração direta e indireta), se comparada aos entes estaduais e mais ainda aos municipais, trata-se de modelo que não pode simplesmente ser copiado pelos estados e municípios, mas certo que serve de parâmetro para adoção de determinados procedimentos.

A ilustração do desenho procedimental adotado pelos estados da federação será retratada a seguir, primeiro por meio de uma análise do texto normativo e, em seguida, por meio de entrevistas pessoais com procuradores do estado.

4.2 A regulamentação dos Estados federados

Pontua-se que o objetivo da análise dos regulamentos estaduais já editados está na identificação da medida desses instrumentos normativos como ensejadores da atividade consensual. Dessa forma, não se pretende esgotar todos os artigos que estão dispostos em cada ato,[358] antes disso, refletir sobre o fomento e possíveis dificuldades que geram para a celebração de acordos extrajudiciais no âmbito das advocacias públicas.

Portaria nº 19/2022), Bahia (LC nº 43/2016), Ceará (Decreto nº 33.329, de 04.22.2019, Decreto nº 34.563, de 21.02.2022, Lei Complementar nº 277/2022), Espírito Santo (Lei Complementar nº 1.011/2022 e Resolução nº CPGE 329/2022), Goiás (Lei Complementar nº 114/2018 e Portaria nº 440/2019-PGE), Minas Gerais (Lei Ordinária nº 23.172/2018, Lei Complementar nº 151/2019 e Resolução AGE nº 61/2020), Mato Grosso do Sul (Lei Complementar nº 95/2001, com redação dada pela Lei Complementar nº 288/201 e Resolução nº 362/2022- PGEMS), Pará (Lei Complementar nº 121/2019, Decreto nº 1.395/2021), Paraná (Decreto nº 8.473, de 30.08.2021), Pernambuco (Lei Complementar nº 417/2019 e Decreto nº 48.505/2020), Piauí (Lei Complementar nº 254/2021), Rio de Janeiro (Decreto nº 45.590/2016, Lei nº 9.629/2022, Resolução nº 4.710/2021 e Resolução nº 4.827/2022), Rio Grande do Sul (Lei nº 14.794/2015, Resolução nº 112/2016-PGE e Decreto nº 55.551/2020), Santa Catarina (Lei Complementar nº 780/2021), São Paulo (Resolução nº 34/2023- PGESP), Tocantins (Lei Complementar nº 137/2022. No âmbito municipal, tem-se conhecimento da Prefeitura de Porto Alegre, que instalou a sua câmara de mediação por meio da Lei nº 12.003/2016 e da Prefeitura de São Paulo, cuja câmara está prevista na Lei nº 17.324/2020.

[358] O detalhamento dos atos normativos já editados pelos estados federados está muito bem exposto na pesquisa realizada por Marcílio Ferreira Filho, em sua tese de doutorado. FILHO, Marcílio Ferreira. *Terminação consensual de litígios judiciais envolvendo o poder público estadual como política pública entre os anos de 2015 e 2019*. 2020. 371 fl. Tese (Doutorado em Direito) – Centro Universitário de Brasília – Uniceub, Brasília, 2020.

Além disso, a pesquisa faz um recorte sobre os estados que terão seus regulamentos e suas câmaras analisadas, de modo que seja possível obter um panorama mais amplo sobre a efetividade do art. 32 da Lei nº 13.140/2015, sem, no entanto, esgotar todos os modelos existentes. Assim, tecem-se a seguir alguns comentários sobre os regulamentos já editados em Pernambuco, Alagoas, Goiás, Pará, Minas Gerais, Rio de Janeiro, Rio Grande do Sul, Espírito Santo, Tocantins e Santa Catarina.

4.2.1 Pernambuco

Desde *janeiro de 2020*, a Procuradoria-Geral do Estado de Pernambuco possui em sua estrutura a Câmara de Negociação, Conciliação e Mediação da Administração Pública Estadual (CNCM), criada pela Lei Complementar nº 417/2019 e regulamentada pelo Decreto nº 48.505/2020.

Referida lei complementar se dedica a tratar dos objetivos da Câmara, dos princípios do procedimento, de algumas definições conceituais acerca das metodologias empregadas, da composição, da competência, dos requisitos de validade e eficácia da composição, da cláusula de submissão de conflitos oriundos de contratos, convênios e congêneres à CNCM e da responsabilização dos agentes públicos que participarem de processo de composição de conflitos, judicial e extrajudicialmente.

O Decreto estadual, por sua vez, especifica que a Câmara é órgão vinculado ao Gabinete do Procurador-Geral. Também traz um extenso rol de atribuições da CNCM, o que indica a capilaridade de sua atuação tanto internamente, no âmbito da PGE/PE, quanto nos demais órgãos da administração estadual. Para a admissão do conflito a uma tentativa de autocomposição, o Decreto nº 48.505/2020 exige que a solicitação *não seja "desvantajosa ao interesse público"* (art. 11, inciso I).

A respeito do pagamento de valores a partir do acordo extrajudicial celebrado, o decreto dispõe que deverá constar *declaração do ordenador de despesa responsável pelo pagamento*, a fim de que ateste a disponibilidade financeira e orçamentária para o cumprimento da obrigação. *Na hipótese de o conflito já estar judicializado, o pagamento deve ocorrer pela via do precatório ou da requisição de pequeno valor.*

Em consulta ao *site* da PGE/PE, na página principal, *verifica-se a presença de um* link *que remete à página da CNCM*.[359] Ali consta uma

---

[359] Disponível em: Portal-PGE(Extranet). Acesso em: 6 jan. 2023.

apresentação mais detalhada da câmara, com destaque para os sujeitos que podem participar do procedimento e para a amplitude de casos que podem ser suscitados, *bastando que a disputa envolva órgão ou entidade da Administração Púbica estadual de Pernambuco, direta e indireta*. A página também disponibiliza um *link* para o "formulário eletrônico CNCM", em que é possível inserir os dados pessoais do requerente, anexar o arquivo com o pedido e informar o órgão estadual que compõe o litígio, bem como se já houve ou não a judicialização da questão.

Diante dessas informações, é possível concluir que a câmara administrativa do estado de Pernambuco *possui competência ampla de atuação, além de franquear um canal direto à sociedade de solicitação de seus serviços*. Sua composição *não é exclusiva de advogados públicos*, mas suas funções são estritamente vinculadas ao Gabinete da PGE/PE. Destaca-se que a *vantajosidade* é colocada como um critério para o prosseguimento da tentativa de autocomposição, muito embora não haja o detalhamento do seu conteúdo. Por fim, é importante mencionar que *a câmara não possui orçamento próprio* para a execução de seus acordos, de modo que a disponibilidade orçamentária, nos casos que envolvam pagamento administrativo pelo poder público, deve advir das secretarias envolvidas com a questão.

4.2.2 Alagoas

A Procuradoria-Geral do Estado do Alagoas instituiu a sua Câmara de Prevenção e Resolução Administrativa de Conflitos *no ano de 2018*, por meio da Lei Complementar nº 47/2018, que foi regulamentada pelo *Decreto nº 64.050/2019*. Um *link* para a conciliação e para a câmara está disponibilizado na página principal da PGE/AL, ali constando as normativas pertinentes e um formulário modelo de requerimento de autocomposição.[360]

A Câmara de Alagoas *cumula* as funções de autocomposição e de acordo de *precatórios*, cuja metodologia é bastante própria e com objetivo específico – reduzir o estoque da dívida de precatórios do ente federativo. Da mesma forma que o estado de Pernambuco, a composição da Câmara *não é exclusiva de advogados públicos*, pois inclui também representante da Secretaria da Fazenda e da Secretaria de Planejamento, Gestão e Patrimônio (art. 25-F, §1º).

---

[360] Disponível em: Procuradoria – Documentos – Conciliação (pge.al.gov.br). Acesso em: 6 jan. 2023.

A Lei Complementar nº 47/2018 *não traz a previsão de dotação orçamentária própria* para a execução de acordos que envolvam pagamento pelo ente público, mas sim a exigência de que *o termo de composição contenha a previsão do recurso orçamentário que assegure o cumprimento da obrigação* (art. 25-F, §4º).

Vale acrescentar que a legislação estadual replica procedimento disposto na Lei da Mediação para a Administração Federal, no que diz respeito a conflito entre órgãos que integram a Administração Estadual. Desse modo, consta a exigência de que a solução do conflito se dê por meio da autocomposição e, acaso se prossiga para a judicialização, a propositura da ação *somente pode ocorrer por meio de autorização do Procurador-Geral do Estado.*

O decreto regulamentador *não delimita as matérias* que podem ser objeto da autocomposição, mas traz hipóteses de vedações, em um rol ampliado se comparado à Lei da Mediação. Da leitura dos dispositivos, é possível sintetizar a impossibilidade da realização de acordo quando seu conteúdo confronta tanto matéria já pacificada em jurisprudência quanto orientação jurídica formalizada pela PGE/AL (art. 3º, §2º).

Em relação àqueles que atuarão no âmbito da Câmara, o decreto alagoano é o único diploma, dentre os estados federativos, que *prevê expressamente o adequado treinamento dos procuradores do estado e servidores* (art. 4º, parágrafo único). Também houve preocupação no decreto em diferenciar a atuação do advogado público nas atividades de conciliação e de mediação, da mesma forma que faz o Código de Processo Civil (art. 10).

Por fim, destaca-se que a submissão de conflito para tentativa de autocomposição na Câmara pode ocorrer de ofício ou mediante de provocação, neste último caso devendo o requerimento apresentar alguns requisitos de ordem formal. Em seguida, *o juízo positivo de admissibilidade dependerá da "adequação o conflito às formas autocompositivas"* (art. 10), quando então será definida a metodologia a ser aplicada. Nesse ponto, o decreto dispõe de artigos específicos para tratar da *negociação direta,* cujo desenvolvimento envolve a participação do procurador do estado coordenador do órgão de execução ou aquele responsável pelo núcleo de competência em que se verificar o conflito.

4.2.3 Goiás

O estado de Goiás inovou na criação de sua câmara administrativa, denominada Câmara de Mediação, Conciliação e Arbitragem (CCMA).

CAPÍTULO 4
A ATIVIDADE DAS CÂMARAS ADMINISTRATIVAS DE PREVENÇÃO E RESOLUÇÃO DE CONFLITOS... | **185**

A inovação em relação aos demais entes federativos está, justamente, na *inclusão do procedimento da arbitragem* como uma de suas competências.[361]

Em consulta ao *site* da Procuradoria-Geral do Estado de Goiás, verifica-se que *link* que remete à *CCMA está em destaque na primeira página*.[362] As informações disponibilizadas esclarecem que a câmara se presta a solucionar conflitos envolvendo particulares e Administração Pública ou somente órgãos públicos. Também consta um canal direto para a sociedade em geral acessar a câmara e *realizar seu requerimento por meio do* e-mail *fornecido*.

Ao analisar a legislação do estado de Goiás, adentra-se no que estabelece a Lei Complementar nº 144/2018, responsável pela instituição da câmara e das previsões quanto a sua composição e seu funcionamento. Em primeiro lugar, menciona-se o escalonamento de valores disposto na referida lei complementar a fim de definir a competência para a autorização do acordo. *Nesse sentido, acordos celebrados que envolvam valores abaixo de 500 (quinhentos) salários-mínimos não dependem de autorização do Procurador-Geral do Estado.* Acordos celebrados em quantias acima de 5.000 (cinco mil) salários-mínimos, por sua vez, dependerão de autorização formal do Governador do Estado (arts. 8º e 9º).

Não há restrição quanto ao que pode ser objeto de autocomposição na câmara, ressalvado o que dispõe o art. 32, §4º da Lei nº 13.140/2015. Da mesma forma, a legislação estadual especificou que a prevenção e a resolução de conflitos relacionadas ao *reequilíbrio econômico-financeiro dos contratos administrativos* celebrados pela Administração estadual são de competência da CCMA (art. art. 32, §5º da Lei nº 13.140/2015), além do inadimplemento contratual por qualquer das partes.

A composição da câmara *não é exclusiva de advogados públicos*, sendo integrada também por Procuradores da Assembleia Legislativa e por advogados regularmente inscritos na OAB/GO (art. 13). Interessante verificar que a lei complementar traz a tentativa de solução consensual do conflito por meio da câmara *como condição para o ajuizamento de ação por procurador do estado*, a não ser que se esteja diante de perecimento do direito ou, então, diante de situação que não admite autocomposição (art. 17).

Da mesma forma que a câmara do estado de Alagoas, no caso de o acordo envolver recursos orçamentários, *a CCMA deverá solicitar*

---

[361] O assunto é objeto da Adin nº 7.234. Disponível em: Supremo Tribunal Federal (stf.jus.br). Acesso em: 9 jan. 2023.

[362] Disponível em: procuradoria.go.gov.br. Acesso em: 6 jan. 2023.

a adequação financeira à Secretaria estadual de gestão e planejamento (art. 20, §5º). Ainda, se o conflito envolver dois órgãos da Administração estadual, o procedimento é aquele adotado pela Administração federal, previsto nos art. 36 e seu §1º, e no art. 39 da Lei nº 13.140/2015.

4.2.4 Pará

A CAMPGE (Câmara de Conciliação, Negociação, Mediação e Arbitragem da Procuradoria-Geral do Estado do Pará) foi instituída por meio da Lei Complementar nº 121/2019. Em consulta à página inicial da procuradoria, consta o *link* para acesso ao serviço da câmara, que tem como um de seus objetivos a pacificação social e institucional.[363]

Ainda que conste a arbitragem no nome da câmara, não se localiza na legislação complementar o regramento para esse procedimento. O que consta é que a câmara possui competência para sugerir a arbitragem ao Procurador-Geral, acaso não alcançado o acordo pelos meios consensuais. Consta ainda que a arbitragem será realizada de maneira complementar aos procedimentos da conciliação e da mediação, e que seguirá, no que couber, as regras da legislação federal (art. 25).[364]

A LC nº 121/2019 é o único diploma normativo que prevê a incidência da confidencialidade, no que diz respeito a propostas, documentos e/ou informações apresentadas nas atividades desenvolvidas pelas partes na câmara (art. 2º, §2). Do texto pode-se deduzir que *somente o termo final do acordo será publicizado*, de modo que o procedimento adotado para o alcançar permaneça restrito aos envolvidos no conflito.

Quanto ao pagamento de valores, a legislação complementar estadual prevê duas situações: se o acordo envolver obrigação de pagar e for submetido à homologação judicial, o pagamento ocorrerá pela via do precatório ou da requisição de pequeno valor. Por outro lado, se a celebração do acordo ocorrer de forma extrajudicial, *deve-se observar a disponibilidade orçamentária do Tesouro Estadual (art. 3º §2º e art. 6º)*.

Sobre as situações passíveis de tentativa de solução consensual, há um grande incentivo para que conflitos oriundos de contratos administrativos firmados pelo Estado do Pará sejam encaminhados à CAMPGE, por meio de cláusula específica para esse fim (art. 7º). Também é possível realizar transação em matéria tributária e não tributária,

---

[363] Disponível em: Procuradoria da Câmara de Conciliação | PGE. Acesso em: 6 jan. 2023.

[364] O termo "no que couber" apresenta certa contrariedade ao que dispõe o art. 22 da Constituição Federal e à cogência da Lei nº 9.307/1996, de caráter nacional.

observados os limites e exceções dispostos na regulamentação. No mais, consta a previsão genérica de possibilidade de acordo quando *o conflito envolver direitos patrimoniais disponíveis ou direitos indisponíveis que admitam transação.*

A composição da câmara é mista entre procuradores do estado, servidores e profissionais particulares (art. 12-A). Quanto a estes últimos, não houve a especificação de sua especialidade e a sua contratação somente irá ocorrer acaso haja necessidade de serviço, que não pôde ser suprida pelos próprios funcionários da PGE/PA. Por fim, menciona-se que a legislação complementar fez constar *previsão de uma espécie de honorários* aos procuradores do estado, a depender da economia obtida por meio dos acordos firmados no âmbito da CAMPGE (art. 41-B).

4.2.5 Minas Gerais

O estado de Minas Gerais instituiu a Câmara de Prevenção e Resolução Administrativa de Conflitos – CPRAC *no ano de 2019*, por meio da Lei Complementar nº 151/2019. Além dessa legislação que estabelece a estrutura da câmara, outros regulamentos integram o conjunto que contribui para *o movimento de desjudicialização* do estado, a saber: Lei nº 23.172/2018, que autoriza a advocacia-geral do estado a não contestar ou interpor recurso, bem como manifestar sua desistência, nas hipóteses que especifica; o Decreto Estadual nº 47.963, de 28.05.2020, que dispõe sobre a organização da advocacia-geral do estado de Minas Gerais e inclui CPRAC como unidade colegiada do órgão e a Resolução AGE nº 61, de 06.07.2020, que regulamenta a composição, o funcionamento e o fluxo de procedimento da câmara.

Na página principal da AGE/MG não consta informação sobre a câmara, o que pode ser encontrado somente quando se *consulta o* link *sobre "serviços"*.[365] Ali consta a indicação da CPRAC e, ao adentrar no *link* específico, as informações mais detalhadas sobre o seu funcionamento, com disponibilização de formulário padrão para requerimento de autocomposição. Os objetivos da câmara são colocados de forma ampla, não limitados à ideia de redução de tempo ou de descongestionar o Judiciário: novas possibilidades de solução de conflitos, cooperação visando ao bem comum e ampliação dos canais de diálogo com os cidadãos, dentre outros.

---

[365] Disponível em: advocaciageral.mg.gov.br. Acesso em: 10 jan. 2023.

Na página específica da CPRAC também é indicado que matérias podem ser objeto de tentativa de autocomposição, em que se recorre à *delimitação genérica dos direitos disponíveis e dos direitos indisponíveis que admitam transação*. Contudo, há vedação expressa de tentativa de autocomposição para controvérsias em matéria *tributária, além daquelas já previstas na Lei nº 13.140/2015 (art. 32, §4º), bem como aquelas contrárias a orientação normativa ou jurisprudência dominante*.

A AGE/MG disponibilizou um *"formulário padrão* de submissão de casos à CPRAC", em conjunto com os requisitos de conteúdo que devem constar no formulário. Nesse requerimento, além do preenchimento das informações necessárias para a submissão, consta um *"termo de ciência sobre o procedimento"*, em que o requerente declara estar ciente da voluntariedade do procedimento, do papel do mediador ou do conciliador e de seus impedimentos, bem como da possibilidade de ser representado por advogado.

Da leitura dos textos dos atos normativos, em especial da Resolução nº 61/2020 da AGE/MG, destaca-se *a previsão da publicidade* em capítulo específico, no sentido de divulgação da Câmara tanto no âmbito da administração estadual quanto para a sociedade. Em relação ao procedimento da autocomposição, a publicidade vem prevista *para os termos de autocomposição homologados*, que inclusive deverão constar no *site* da AGE/MG (arts. 7º e 60).

Há recomendação de que os contratos administrativos contenham cláusula compromissória de submissão de controvérsias à CPRAC (art. 9º). O que é inovador na regulamentação mineira é a previsão de *instância recursal no âmbito da câmara*, com competência para apreciar recursos referentes ao juízo negativo de admissibilidade do conflito (art. 17, inciso V).

Sobre o *juízo de admissibilidade*, a resolução prevê o que deve ser avaliado, como a *eficiência* da autocomposição como forma de solucionar o conflito e o possível *impacto jurídico, econômico e social* da autocomposição em relação às demais causas da advocacia pública de Minas Gerais e às atividades do estado em geral (art. 44). Também é interessante destacar a *distinção realizada em relação ao papel do procurador do estado no procedimento da autocomposição*: pode ele atuar na condução do procedimento, na figura do terceiro facilitador, ou então exercer o papel de representante do Estado na negociação, quando a controvérsia envolver órgão ou entidade da Administração Pública Estadual (art. 45).

A composição da câmara é interna, tanto por procuradores do estado quanto por servidores. Quando o acordo envolver pagamento de valores, a previsão é de que seja encaminhada à CPRAC declaração do *ordenador de despesas* do órgão ou entidade interessados acerca da disponibilidade financeira e orçamentária (art. 63).

4.2.6 Rio de Janeiro

A Procuradoria-Geral do Estado do Rio de Janeiro instituiu o programa denominado "Consenso", cujo desenvolvimento se dá por meio da Câmara de Resolução de Litígios de Saúde (CRLS), da Câmara Administrativa de Solução de Conflitos (CASC) e do Ambiente de Diálogo e Composição Interna (ADCI). A primeira, como o próprio nome indica, trata de solução extrajudicial de demandas relacionadas ao *serviço público de saúde* no estado do Rio de Janeiro, em parceria com as Defensorias Públicas do Estado e da União e as Secretarias estadual e municipal de Saúde. A ADCI, por sua vez, destina-se à tentativa de solução interna de controvérsias entre membros da PGE/RJ, o que configura iniciativa bastante inovadora e coerente da procuradoria carioca.[366]

A CASC, que mais interessa a esta obra, foi instituída pelo Decreto nº 45.590/2016, posteriormente integrada ao Núcleo de Autocomposição da PGE/RJ, criado pela Resolução nº 4.710/2021. Em consulta ao *site* da procuradoria, na página principal consta o *link* para acesso ao programa "Consenso", onde estão indicadas as três iniciativas acima referidas.[367]

Ao acessar o *link* referente à CASC, encontra-se uma breve explanação sobre os esforços da advocacia pública carioca em reduzir a judicialização e em estimular os acordos administrativos. Há disponibilização de um formulário de submissão de controvérsia à CASC e do *e-mail* para o qual deve ser encaminhado.

A partir da leitura da Resolução da PGE/RJ nº 4.710/2021, nota-se que a câmara destina-se a resolução de conflitos envolvendo a Administração direta e indireta do Rio de Janeiro (art. 3º). Ainda, o *acesso à câmara ocorre de forma mais limitada, por meio de uma relação definida de quem pode solicitar a tentativa de autocomposição*: Secretários de Estado, dirigentes de entidades da administração indireta, outros órgãos da Procuradoria-Geral do Estado e Defensoria Pública estadual, na forma de protocolos a serem elaborados em conjunto com a PGE/RJ (art. 8º).

---

[366] Parece lógico deduzir que o órgão que assume a função de resolver conflitos de forma consensual também se comprometa a cuidar das suas relações internas, com a utilização dos meios consensuais como forma de aprimorar o ambiente de trabalho e as relações interpessoais.

[367] Disponível em: Consenso – PGE-RJ. Acesso em: 10 jan. 2023.

Não obstante essas previsões, no *site* da câmara consta a observação de que eventuais interessados podem formalizar requerimento de procedimento administrativo de conciliação ou mediação, inclusive com disponibilização de *e-mail* e formulários próprios.

A composição da câmara é exclusiva de procuradores do estado (art. 4º, §1º). Ainda, a regulamentação do estado do Rio de Janeiro possibilita ao procurador do estado atuante na câmara *a cumulação das funções de realizar o juízo de admissibilidade e de conduzir o procedimento autocompositivo (art. 10, §1º).*

Interessante observar que a normativa carioca *estabelece alguns prazos para o andamento do procedimento*, como exame preliminar de admissibilidade em até 7 (sete) dias úteis, prazo de até 10 (dez) dias úteis para o requerido responder ao pedido de autocomposição e apresentar os documentos necessários (art. 10), além da previsão de um prazo inicial de 3 (três) meses para as tentativas de autocomposição, sendo que a continuidade do procedimento após este período demanda uma análise motivada do procurador coordenador da câmara (art. 2º, §6º).

Por fim, menciona-se a vinculação conferida ao termo de autocomposição em relação aos órgãos e entidades da Administração Pública estadual, de modo que suas disposições possuem *o mesmo efeito das orientações que são emitidas pela PGE/RJ para cumprimento de julgado (art. 12, §3º).*

O desenho do procedimento autocompositivo no âmbito da procuradoria, não necessariamente vinculado à CASC, veio regulamentado na Resolução nº 4.827, de 18 de março de 2022. Referida normativa destaca que a autocomposição deve trazer benefícios mútuos para os envolvidos, com a ressalva de que a celebração do acordo não implica reconhecimento do direito nem desistência da tese defendida pelo Estado em casos semelhantes (art. 1º, §§1º e 2º).[368]

Para a celebração do termo de autocomposição na PGE/RJ, as seguintes etapas devem ser observadas: a) exame de probabilidade de êxito; b) análise de viabilidade jurídica do acordo; c) exame jurídico de economicidade; d) autorização e e) homologação (art. 4º). A verificação dessas etapas é realizada pelo procurador do estado responsável pelo caso passível de tentativa de autocomposição, previamente ao encaminhamento à CASC. Também é possível que o caso seja remetido diretamente à CASC, na hipótese de haver requerimento

---

[368] A dúvida que permanece a partir desta previsão é da sua compatibilização com o princípio da isonomia, o qual foi destacado no capítulo 2.

a ela direcionado. A câmara será a responsável pelas negociações preventivas, que se referem aos casos ainda não judicializados.

Sobre as etapas acima referidas, foram elas especificadas na Resolução nº 4.827, de modo que é possível compreender em que consiste o conteúdo a ser analisado em cada uma delas (arts. 5º a 8º). Por fim, *não há previsão quanto ao pagamento de valores na via administrativa*, enquanto para as obrigações de fazer de natureza não pecuniária consta a previsão de que a viabilidade técnica e operacional do compromisso deva ser analisada pelo órgão público responsável pelo seu cumprimento (art. 7º, §3º).

4.2.7 Rio Grande do Sul

O estado do Rio Grande do Sul instituiu a sua câmara administrativa por meio da Lei estadual nº 14.794/2015, posteriormente regulamentada por meio de resolução do Procurador-Geral – *Resolução nº PGE/RS 112/2016 e, de forma mais recente, por meio do Decreto estadual nº 55.551/2020*. Em consulta à página principal da PGE/RS, não se verifica algum *link* de acesso à câmara e seus serviços. Para tanto, *deve-se entrar no* link *"Serviços"* e então acessar a página do Centro de Conciliação e Mediação do Estado do Rio Grande do Sul (CCM).[369]

As informações disponibilizadas sobre a câmara administrativa referem-se aos textos normativos que a regulamentam, bem como a suas finalidades principais: novas possibilidades de solução de controvérsias administrativas e ampliação dos canais de relacionamento com os cidadãos. O canal de acesso disponibilizado é um telefone de contato, o que permite compreender que *não há ampla abertura para que a sociedade em geral tenha acesso ao CCM*.

A lei estadual que institui o "sistema administrativo de conciliação e mediação" remete a sua regulamentação a resolução a ser editada pelo Procurador-Geral do Estado. No entanto, no texto da lei já é antecipada a estrutura do sistema, que sofreu modificação por meio da Lei nº 15.246/2019 e que traz uma formatação diferente das demais câmaras ora analisadas (art. 5º). Com efeito, *em primeiro lugar é colocado o Procurador-Geral do Estado, como órgão de coordenação central;* em seguida está o Centro de Conciliação e Mediação, com funções de articulação e apoio técnico, além da supervisão, controle e execução das atividades

---

[369] Disponível em: Centro de Conciliação e Mediação do Estado do Rio Grande do Sul – Procuradoria-Geral do Estado do RS (pge.rs.gov.br). Acesso em: 11 jan. 2023.

consensuais; após, são instituídas câmaras de prevenção e resolução administrativa de conflitos, não sendo possível identificar qual a diferenciação para o CCM, pois até o momento não editado o regulamento próprio; por fim, estão os procuradores do estado, qualificados como órgãos de execução direta do sistema, igualmente com a função de prevenção e solução de controvérsias administrativas e judiciais, sem regulamento editado até o momento.

A Lei estadual nº 14.794/2015 fala em instância recursal e traz a recorribilidade das decisões como uma das funcionalidades do Sistema, *sem mencionar em que situações é possível a interposição de recurso no procedimento da autocomposição (art. 7º, caput)*. Também menciona de forma expressa que a transação administrativa impõe a renúncia a todo e qualquer direito relativo à controvérsia, o que contribui para maior estabilização das relações (art. 7, §2º). Sobre os recursos financeiros para a execução dos acordos, a legislação *prevê dotação orçamentária específica*, de forma inovadora se comparada aos outros entes federativos (art. 9º).

No Decreto estadual nº 55.551/2020 consta que a submissão de conflitos ao Sistema é facultativa *e somente será cabível nos casos admitidos em ato do Procurador-Geral, o que não foi localizado (art. 9º)*. Daí que se permite concluir que não há definição sobre quem pode acionar o Sistema e em que hipóteses. O decreto também traz disposição inovadora ao *dar competência ao Procurador-Geral para suspender*, de forma temporária, atos ou procedimentos da Administração Pública estadual, a fim de assegurar a possibilidade de conciliação e de garantir a tutela do interesse público (art. 12). Da mesma forma, permite que o Procurador-Geral emita determinação de *correção de ato* que contrarie orientação jurídica consolidada, tanto no curso de procedimento autocompositivo quanto de forma geral (art. 13).

Por fim, menciona-se a Resolução nº 112/2016, que traz algumas regras de procedimento da autocomposição no âmbito da câmara administrativa. Da mesma forma que os estados do Pará e de Minas Gerais, a delimitação das matérias que podem ser objeto de tentativa de solução consensual *é traduzida por meio de direitos disponíveis ou de direitos indisponíveis que admitam transação*. Vale também ressaltar que, uma vez firmado o termo de autocomposição, a resolução estabelece que o órgão ou entidade da Administração Pública estadual deve ser comunicado *para fins de registro e adoção das providências para o seu cumprimento*, sem mencionar alguma espécie de acompanhamento de eventual execução pela própria advocacia pública (art. 25).

4.2.8 Espírito Santo

A Câmara de Prevenção e Resolução Administrativa de Solução de Conflitos do Espírito Santo (CPRACES) foi instituída pela Lei Complementar nº 1.011, de 6 de abril de 2022, sendo inserida no âmbito de uma política de consensualidade trazida pela referida legislação. A câmara possui *link* específico no *site* da Procuradoria-Geral do Estado do Espírito Santo, com disponibilização de *e-mail* para interessados em requerer a negociação administrativa.[370]

Dentre as disposições constantes na Lei Complementar, destaca-se a previsão de competência do Procurador-Geral do Estado para dirimir conflito entre órgãos da Administração estadual, acaso a tentativa de autocomposição reste frustrada (art. 7º, §3º). Da mesma forma que ocorre com o juízo de admissibilidade, nota-se que *é o procurador mediador ou conciliador quem faz a proposta do parecer vinculante* (art. 8º, incisos IV e VII c/c art. 9º, incisos I e VIII).

Há possibilidade de contratação de *profissionais particulares* para atuação na CPRACES, no caso de não ser possível a contratação de servidores públicos (art. 10, IV). Para atuação na câmara, exige-se, precipuamente, o conhecimento técnico do objeto da controvérsia (art. 41).

A celebração do acordo deve se submeter a um *exame da probabilidade de êxito* das teses trazidas pelas partes, da viabilidade jurídica do acordo e da sua economicidade para a Administração estadual, sendo que a lei especifica cada uma dessas etapas (arts. 22 a 24). O acordo celebrado na câmara será levado à homologação judicial quando diante de procedimento administrativo cujo cumprimento do que restou celebrado dependa da homologação, bem como no caso de negociação referente a processo judicial em curso (art. 28).

A legislação do Espírito Santo *não traz a hipótese de pagamento administrativo de valores*. Em relação à obrigação de fazer de natureza não pecuniária, estabelece que o órgão responsável pelo seu cumprimento deva se manifestar pela viabilidade técnica e operacional do compromisso a ser assumido (art. 21, §3º). A competência para o pedido de submissão de conflito à CPRACES é ampla, inclusive para particulares (art. 38).

Por fim, o destaque vai para a *expressa previsão de uma publicidade mitigada nas atividades da câmara* (art. 1º), com previsão de assinatura de termo de confidencialidade (art. 19, I). Da leitura do texto normativo *não*

---

[370] Disponível em: PGE/ES – Câmara de Prevenção e Resolução Administrativa de Conflitos do Espírito Santo (CPRACES). Acesso em: 12 jan. 2023.

resta claro o que de fato é publicizado no procedimento autocompositivo, sendo resguardado o sigilo das propostas, dos documentos e das informações apresentadas ao longo do procedimento (art. 40).[371]

4.2.9 Santa Catarina

O estado de Santa Catarina criou a sua Câmara Administrativa de Gestão e Solução de Conflitos (CASC) por meio da Lei Complementar nº 780, de 23 de dezembro de 2021, com regulamentação mais detalhada por meio da Resolução Consup nº 04/2022, da Procuradoria-Geral do Estado de Santa Catarina, de 22 de abril de 2022. De forma semelhante ao estado do Espírito Santo, a câmara catarinense se insere em um Programa de Incentivo à Desjudicialização e ao Êxito Processual (PRODEX), executado no âmbito do Poder Executivo por meio da Lei Estadual nº 18.302/2021.

Em consulta ao *site* da Procuradoria-Geral do Estado de Santa Catarina consta um *link* específico da câmara, com informação sobre a legislação e sobre o formulário para acesso aos seus serviços.[372] Do texto da mencionada resolução, extrai-se que a câmara administrativa recém-criada é distinta da câmara de conciliação de precatórios, destinando-se, portanto, a assuntos diversos, a serem organizados por núcleos temáticos. Controvérsias envolvendo crédito tributário estão excluídas da possibilidade de autocomposição (art. 4º, IV e V e art. 9º).

A composição da câmara é exclusiva de procuradores do estado e demais servidores do executivo estadual. *Os procuradores do estado credenciados para atuarem na câmara devem possuir conhecimento em técnicas de autocomposição* (art. 5º e art. 6º, §3º). Conforme se depreende dos arts. 12 e 13 da resolução, o pedido de tentativa de resolução consensual por meio da CASC pode ser realizado por pessoas físicas e jurídicas, bem como por órgãos municipais do estado. O pedido também pode ser realizado de forma conjunta, pelo terceiro prejudicado e pelo titular do órgão da Administração estadual.

---

[371] A questão veio esclarecida no Regimento Interno da CPRACES – Resolução nº 329/2022, de 8 de novembro de 2022, nos termos do seu art. 29: O órgão ou entidade pública competente deverá providenciar a publicação do acordo no diário oficial do Estado, quando e na forma exigida por lei. Parágrafo único. A CPRACES dará publicidade aos acordos realizados pela Procuradoria-Geral do Estado em seu sítio eletrônico, observando a supressão de eventuais trechos que guardem necessário sigilo e confidencialidade.

[372] Disponível em: Câmara Administrativa de Gestão e Solução de Conflitos – PGE – Procuradoria-Geral do Estado. Acesso em: 13 jan. 2023.

A mesma resolução faz previsão do uso da arbitragem, de modo que seu art. 29 permite concluir que a CASC também será responsável pela condução do procedimento arbitral. Por último, o pagamento dos acordos administrativos que implicarem em aumento de despesa para o estado deve observar a disponibilidade orçamentária, bem como ser submetido ao Grupo Gestor para deliberação (art. 37). Além disso, observa-se que resolução prevê a hipótese de pagamento administrativo de valores somente para débitos de pequeno valor, devendo os demais serem encaminhados para a homologação judicial (art. 38).

4.2.10 Tocantins

O estado de Tocantins criou a sua câmara de prevenção e resolução administrativa de conflitos por meio da Lei Complementar nº 137, de 1º de abril de 2022. O elenco das matérias e temáticas a serem submetidas à câmara será definido periodicamente pelo conselho dos procuradores do estado, devendo observar a capacidade estrutural da câmara, bem como a conveniência da Administração para participar do procedimento (art. 13-D, §1º).

Em consulta ao *site* da Procuradoria-Geral do Estado de Tocantins, consta a informação de que a câmara foi oficialmente inaugurada em 8 de dezembro de 2022, ainda sem *link* específico para o acesso a seus serviços.[373]

O acesso à câmara está previsto de forma ampla, inclusive por particulares (art. 13-D, §2º). Outras previsões constantes na menciona-da legislação remetem ao que já disposto na Lei da Mediação, como a possibilidade de arbitramento do conflito pelo Procurador-Geral do Estado, a responsabilidade dos agentes públicos somente em caso de dolo ou fraude e a suspensão da prescrição quando instaurado o pro-cedimento de autocomposição.

4.3 O que as regulamentações revelam

A exposição das regulamentações das câmaras administrativas estaduais visou, em um primeiro momento, averiguar como as advoca-cias públicas se organizaram para dar forma ao que previsto no art. 32 da Lei nº 13.140/2015. Conforme já referido, a Lei da Mediação trouxe

---

[373] Disponível em: Concilia Tocantins será lançado nesta quinta pela PGE/TO (www.to.gov. br). Acesso em: 13 jan. 2023.

comandos mais gerais para a autocomposição com a Administração Pública, ao mesmo tempo que delegou aos entes federativos a formatação e o funcionamento das câmaras a serem instaladas.

Dentre os 10 (dez) entes estaduais analisados, o que se observa, em especial, é o esforço empreendido pelas respectivas procuradorias em dar forma a uma nova maneira de solucionar as controvérsias em que se envolve a Administração. A partir de uma lei autorizativa mais genérica e tendo a CCAF como parâmetro de câmara administrativa em funcionamento – que possui características bastante peculiares se comparadas à realidade dos estados –, não se pode ignorar o êxito da previsão e da instalação desses órgãos no âmbito estadual. Ademais, a concretização de uma câmara administrativa não prescindiu, consoante o que foi exposto, de um esforço também na esfera legislativa, a fim de restar autorizada a formatação concebida pelas procuradorias estaduais.

Dito isso, o primeiro ponto que se destaca relaciona-se ao *acesso* disponibilizado ao público em geral para os serviços da câmara administrativa, tendo alguns estados franqueado o acesso de forma muito mais ampla que outros. Considera-se amplo acesso as procuradorias estaduais que disponibilizam um *link* específico para a câmara administrativa em sua página principal, bem como que fornecem um *modelo padrão de requerimento de autocomposição* (PGE/PE, PGE/AL, PGE/RJ, PGE/ES e PGE/SC). Em nível intermediário, encontram-se as procuradorias estaduais que ou possuem *link* específico na página principal, com disponibilização e *e-mail* e telefone de contato (PGE/PA) ou que disponibilizam o formulário padrão de requerimento, encontrando-se a câmara na aba "serviços" da procuradoria (PGE/MG). O menor nível de acesso foi percebido na PGE/RS, cujas informações da câmara podem ser encontradas na aba "serviços", com a disponibilização de um telefone para contato, somente. Nas criações mais recentes, a PGE/TO ainda não conta com *link* específico com as informações sobre a câmara.

Em seguida, fala-se da *composição* das câmaras administrativas desses estados, tendo a PGE/RJ e a PGE/RS optado em torná-la exclusiva de procuradores do estado. As demais, por sua vez, admitem ou a participação de servidores da advocacia pública (PGE/MG) ou então, ampliam o rol para agentes externos à instituição, sejam particulares ou pertencentes a outro órgão do Poder Executivo respectivo (PGE/PE, PGE/AL, PGE/GO, PGE/PA, PGE/ES e PGE/SC).

O próximo ponto de destaque na análise diz respeito à *definição das matérias* que podem ser submetidas à tentativa de autocomposição por meio da câmara. Pode-se afirmar, de maneira geral, que as regulamentações editadas preocuparam-se muito mais em definir o que é vedado em matéria de acordo do que estabelecer, previamente, as hipóteses de solução consensual na via administrativa. Acrescenta-se que a PGE/PA, a PGE/MG e a PGE/RS optaram por replicar em seus atos normativos a previsão constante no art. 3º da Lei nº 13.140/2015, que trata da possibilidade da mediação para conflito que verse sobre direito disponível ou indisponível que admita transação. Além disso, todos os regulamentos cuidaram de especificar o critério subjetivo para os casos a serem submetidos à câmara, qual seja, o envolvimento da Administração Pública estadual, direta e indireta.

Um item que pode servir de complemento ao anterior é a regulamentação do *juízo de admissibilidade*, eis que a previsão de requisitos mínimos para submissão de conflito à câmara dá mais parâmetros, ainda que formais, para o desenvolvimento da atividade autocompositiva. A PGE/PE atribuiu competência ao coordenador da câmara para a realização do juízo de admissibilidade, bem como estabeleceu as hipóteses em que a solicitação de autocomposição será inadmitida e consequentemente arquivada: quando se apresentar desvantajosa ao interesse público, inviável por ausência de pré-disposição das partes na autocomposição ou, então, for juridicamente impossível. A PGE/AL definiu que no juízo de admissibilidade será averiguada a adequação do conflito às normas autocompositivas, devendo o procurador do estado competente para tanto observar as vedações que são trazidas no decreto regulamentador.

A PGE/GO, por sua vez, não regulamenta o juízo de admissibilidade, limitando-se a replicar a regra prevista no art. 33, §1º, da Lei nº 13.140/2015, a respeito da instauração do procedimento e da prescrição. A PGE/PA não traz uma regulamentação específica a respeito. A PGE/MG é o órgão que regulamenta de forma mais detalhada a fase do juízo de admissibilidade, tendo a Resolução nº 61/2020 dedicado uma seção específica para isso. Há previsão de análise dos requisitos formais, a ser realizada por uma secretaria, e, em seguida, o coordenador da câmara designará um procurador do estado habilitado para elaborar o relatório de admissibilidade, que deverá conter: a informação quanto à não incidência em alguma das vedações para a autocomposição; a análise da eficiência e da economicidade da autocomposição como alternativa para a resolução do conflito; seu impacto jurídico, econômico e social. Cabe referir, ainda, que acaso haja o juízo negativo de admissibilidade, é possível a interposição de recurso ao Conselho de Prevenção e Resolução Administrativa de Conflitos, instância recursal da câmara.

A PGE/RJ, conforme já dito, atribui ao procurador do estado conciliador ou mediador a competência para a realização do juízo de admissibilidade, o qual deverá observar os requisitos formais expostos no decreto regulamentador: a competência para a solicitação; a indicação do representante que participará das reuniões; a presença de análise jurídica por parte do requerente, com fixação dos pontos controvertidos e, por fim, a cópia dos documentos necessários para o deslinde da controvérsia.

A PGE/RS também replica o que foi disposto no art. 33, §1º, da Lei nº 13.140/2015. O decreto destaca que a submissão é facultativa e que somente será possível nos casos admitidos em ato do Procurador--Geral do Estado, o que não foi localizado.

Fato é que as regulamentações editadas de maneira mais recente são bastante transparentes em relação aos critérios de admissão dos conflitos para tentativa de autocomposição, a exemplo dos estados do Rio de Janeiro e Espírito Santo, bem como do estado de Alagoas. Conforme se observa, houve a explicitação das etapas para se avançar na tentativa de autocomposição, com o estabelecimento de critérios que definem as análises de probabilidade de êxito, de viabilidade jurídica e de economicidade.

Na esteira do que comanda o decreto regulamentador da LINDB, portanto, as normativas das câmaras administrativas estaduais disponibilizam ao público em geral os requisitos adotados pela advocacia pública para a prática da autocomposição. Quer dizer, muito mais importante que a definição de matérias – que inclusive pode engessar o desenvolvimento das atividades da câmara –, é a transparência dos critérios para o encaminhamento de casos, acompanhada da devida fundamentação, que traz a previsibilidade do procedimento.

O último ponto de análise antes de seguir com as entrevistas diretas é a previsão que as regulamentações trouxeram a respeito de acordos que envolvam o *pagamento administrativo de valores* por parte da Administração Pública estadual. O destaque aqui vai para a PGE/RS, único órgão que fez a previsão de uma dotação orçamentária específica para a câmara administrativa, o que sem dúvidas contribui para maior autonomia na realização de acordos, bem como maior previsibilidade e abreviação de ritos para se proceder ao pagamento à outra parte envolvida. Nas regulamentações das demais procuradorias, consta a previsão de que a disponibilização de valores para pagamento dependerá do órgão estadual envolvido no acordo, a ser verificado em cada caso concreto. A PGE/PE ainda traz a previsão expressa para que o pagamento ocorra via precatório ou RPV, acaso o conflito já esteja judicializado.

4.4 O caminhar na prática: análise das entrevistas com Procuradores do Estado a frente das câmaras administrativas de prevenção e resolução de conflitos

Realizada a análise da regulamentação formatada pelas advocacias públicas estaduais, resta ainda passível de maior investigação a dinâmica do procedimento autocompositivo por meio da câmara administrativa. Qual a adesão dos procuradores do estado e dos órgãos da Administração Pública estadual, que tipos de conflitos vêm sendo submetidos ao procedimento, quais dificuldades enfrentadas ao longo do desenvolvimento da atividade consensual, que aperfeiçoamentos são percebidos como necessários para o fomento e a segurança jurídica da autocomposição, entre outros.

A pesquisa empírica por meio de entrevistas pessoais permite que algumas impressões, não identificadas ao se fazer o estudo de textos e legislações, sejam trazidas em complemento ao estudo teórico. Do cotejo entre os dois campos de investigação, resulta uma exposição mais consentânea com a realidade do objeto investigatório, que é uma das finalidades do presente estudo. Assim, pretende-se, por meio das entrevistas, expor um panorama mais realístico do funcionamento das câmaras administrativas no âmbito das advocacias públicas estaduais.

Assim, passa-se a expor as impressões coletadas a partir de perguntas semiestruturadas direcionadas aos procuradores do estado à frente das câmaras administrativas dos seguintes estados: Pará, Goiás, Minas Gerais, Tocantins, Espírito Santo, Rio de Janeiro, Alagoas e Santa Catarina. Necessário pontuar que as câmaras administrativas nos estados mencionados encontram-se em diferentes estágios de implementação e de execução, sendo algumas já bastante avançadas no desenvolvimento de suas atividades e outras ainda incipientes.

4.4.1 Criação e implementação das câmaras

A etapa legislativa prévia à instalação da câmara ocorreu sem maiores percalços nos estados investigados. Houve a articulação da procuradoria-geral do estado com demais órgãos do Poder Executivo (Casa Civil e Secretaria da Fazenda) e a aprovação dos projetos de lei com previsão de criação da câmara não enfrentou dificuldades na Assembleia Legislativa.

É interessante notar que, após criadas, as câmaras administrativas passam a integrar o núcleo dos projetos estratégicos do Governo, o que lhes traz maior peso institucional perante os demais órgãos da Administração. Além disso, a inserção da câmara em projeto estratégico implica um contínuo acompanhamento de suas atividades, com monitoramento de resultados e da economia gerada.

Conforme já exposto no item anterior e confirmado mediante as entrevistas, a legislação correspondente da câmara não se restringe ao ato normativo que cuidou de sua criação e implementação. A partir da execução de suas atividades, é percebida a necessidade de novas regulamentações, que irão tratar mais especificadamente do fluxo interno de encaminhamento de casos, dos critérios para admissão do conflito à tentativa de autocomposição, da delegação de competências ao coordenador da câmara administrativa, entre outros.

Forçoso ressaltar que, desde essa etapa inicial de previsão e de formatação da câmara, foi possível concluir a relevância do apoio e do engajamento do núcleo de direção da procuradoria estatual para tornar realidade o que veio disposto no art. 32 da Lei de Mediação. Consoante será relatado nos itens a seguir, a promoção da consensualidade por meio de um órgão específico para esse fim depende muito mais da atuação pessoal dos integrantes da instituição do que de uma previsão legal.

4.4.2 Composição das câmaras

O art. 32, §1º, da Lei nº 13.140/2015 prevê que a composição das câmaras administrativas deve vir estabelecida no respectivo regulamento de cada ente federado. O que se constatou foi que os estados analisados constituíram suas câmaras compostas por integrantes da procuradoria-geral do estado, dentre procuradores, servidores, estagiários e residentes jurídicos, com possibilidade de participação de agentes externos.

Um fator comum em todas as câmaras investigadas foi a equipe enxuta que compõe a estrutura de pessoal desse órgão administrativo. Com exceção no estado do Rio de Janeiro, que conta com dois procuradores do estado atuando de forma exclusiva na câmara, todas as demais possuem apenas um procurador do estado à frente das atividades, ainda que com dedicação exclusiva.

A equipe de apoio das câmaras não foge a essa regra, sendo que o número de servidores, estagiários ou residentes jurídicos que nela atuam também é reduzido. De fato, o contingente de pessoal nos quadros da Administração tende a ser escasso e precário, não encontrando cenário diferente nas procuradorias estaduais. Depreende-se, a partir dos relatos, que as câmaras foram concebidas como uma aposta inicial pelos órgãos diretivos das procuradorias, sem a estrutura de uma unidade completa.

De forma unânime, no entanto, todos os procuradores entrevistados almejam o aperfeiçoamento na estrutura de pessoal das câmaras, com vistas a uma melhor entrega nos resultados das atividades consensuais, bem como a uma ampliação no escopo de sua atuação. Quer dizer, o rol de possibilidades de atuação do órgão consensual pode ficar limitado diante de uma estrutura reduzida de pessoas responsáveis pelo seu desenvolvimento.

Inclusive, o alcance das atividades da câmara está diretamente vinculado à maneira como o órgão está estruturado em termos de pessoal. Em especial na fase inicial de implementação, foi relatada pelos procuradores a expectativa e uma certa cautela em relação à demanda reprimida que pode advir no momento em que a câmara inicia seu funcionamento. Assim, utilizando-se da denominação clássica de Frank Sander,[374] pode-se concluir que a *nova porta* que se abre para tentativa de resolução de conflito no âmbito das advocacias públicas vem acompanhada de uma preocupação com a sua capacidade de atender os pedidos de interesse na autocomposição.

Ainda no que diz respeito à composição das câmaras, todos os entrevistados relataram que as sessões de mediação e de conciliação vêm sendo conduzidas exclusivamente por procuradores do estado, ou seja, sem a contratação de profissional especializado e externo à instituição. Consoante já destacado no item anterior, os estados de Goiás, Pará e Espírito Santo fizeram constar a previsão de contratação de profissionais para auxílio nas atividades da câmara. Ainda assim, não foi percebida a necessidade da utilização de mediadores para além dos quadros da procuradoria-geral do estado.

A condução das sessões de mediação e de conciliação por meio do procurador do estado enseja o debate acerca da imparcialidade no procedimento autocompositivo, tendo em conta a vinculação que o advogado público possui com uma das partes no conflito. Sem o intuito de ignorar a importante reflexão, fato é que tal questionamento não emerge no dia a dia das atividades das câmaras, conforme pôde ser constatado a partir das entrevistas realizadas.

Com efeito, nota-se que a preocupação reside muito mais na operacionalização das atividades da câmara, tais como a padronização

---

[374] SANDER, Frank; CRESPO, Mariana Hernandez. *Op. Cit.*

de fluxos, a interação com as demais unidades da instituição bem como com os órgãos da Administração, o prazo adequado para atendimento dos pedidos de autocomposição etc., do que propriamente na função do procurador do estado enquanto terceiro facilitador. Diante das entrevistas realizadas, o que se cogita é que o direcionamento das preocupações seja decorrente do inquestionável comprometimento que os procuradores do estado possuem com a credibilidade do procedimento, cuja preservação é fundamental para a continuidade das atividades da câmara.

4.4.3 As matérias submetidas a uma tentativa de autocomposição

A inovação que representa a instalação da câmara administrativa vem acompanhada do questionamento quanto ao seu escopo de atuação. A definição de quais conflitos serão destacados para a tentativa de solução consensual exige prévia organização interna da advocacia pública, bem como dos demais órgãos da Administração envolvidos no caso.

Conforme já exposto, é interessante notar que nenhuma das regulamentações aqui avaliadas definem de antemão os conflitos que podem ser objeto de tentativa de autocomposição na câmara administrativa. Seguindo a diretriz dos arts. 32 e seguintes da Lei da Mediação, as possibilidades são amplas, desde que obedecidos alguns critérios dispostos na regulamentação.

As entrevistas realizadas revelaram que as câmaras têm com um de seus objetivos ampliar as possibilidades de atuação, de modo que seus procedimentos alcancem todas as unidades da procuradoria-geral do estado, bem como as demais secretarias estaduais. Também foi relatada a intenção de que a câmara atue inclusive nas demandas de massa, utilizando-se da transação por adesão para eliminar controvérsias ainda na fase administrativa ou, se for o caso, na via judicial.

Assim, ao contrário do que esta autora havia inicialmente suposto, as câmaras não se destinam somente à resolução de conflitos mais artesanais e de maior repercussão política, econômica ou social. Da mesma forma, visam solucionar demandas mais padronizadas e de maior volume, as quais causam um enorme impacto na instituição. A atuação aqui pode ocorrer tanto de forma preventiva, ao se identificar determinada situação que pode ensejar uma avalanche de processos judiciais, bem como em litígios já em andamento no Poder Judiciário.

No que diz respeito à atuação em demandas de massa, a câmara administrativa do estado do Pará foi a que mais se destacou, inclusive porque computa um elevado número de acordos já realizados desde a sua instalação.[375] No caso, a autocomposição se dá na modalidade de negociação direta entre o procurador do estado e a parte, acompanhada de seu advogado.

É possível afirmar que a forma de solução de conflito adotada pela câmara guarda intensa relação com as características do conflito e as partes envolvidas. Quando diante de conflito mais massificado e sem complexidade jurídica, o formato é o da negociação, podendo inclusive ocorrer diretamente nas unidades de contencioso da procuradoria-geral do estado, a depender da organização interna. Por outro lado, quando o conflito depende da atuação de outro órgão do Poder Executivo, cujo representante deva participar do diálogo em busca de uma solução, o procedimento adotado é o da mediação.

4.4.4 As formas de autocomposição

Nos termos do que foi relatado no item anterior, as câmaras desenvolvem variadas metodologias de solução de conflito autocompositiva, desde a negociação direta até a mediação. Dessa forma, os procuradores do estado entrevistados atuam tanto como negociadores quanto como mediadores da controvérsia instalada.

Na hipótese de negociação direta realizada pela câmara, o que se observou é que não há a participação de outro procurador além de seu coordenador. A dinâmica de encaminhamento de casos para negociação varia entre os estados pesquisados, podendo a câmara assumir totalmente o procedimento ou, então, apenas dar o suporte para que o procurador responsável pelo processo judicial dê o andamento à tentativa de solução consensual.

Já no procedimento da mediação, a câmara promove as sessões de maneira técnica e qualificada. Os agentes envolvidos são convidados a participar e, na hipótese de o caso já estar judicializado, o procurador do estado responsável pelo processo judicial participa na condição de representante dos interesses do ente respectivo. Foi relatado pelos entrevistados que, além das sessões conjuntas, a câmara igualmente realiza sessões individuais com cada uma das partes, podendo elas ocorrerem de forma prévia ou ao longo do procedimento.

---

[375] Seis mil acordos, conforme divulgação no *site*: https://www.pge.pa.gov.br/node/347. Acesso em: 19 ago. 2022.

4.4.5 Pagamento de valores pela via da autocomposição

Uma vez realizado o acordo por meio das atividades da câmara administrativa, remanesce a preocupação em relação ao acompanhamento e ao cumprimento do que restou acordado. Quando o acordo envolve pagamento de valores por parte do ente público, as entrevistas revelaram que o procedimento varia conforme o estado.

Algumas câmaras optam em somente promover o pagamento mediante precatório ou requisição de pequeno valor, de modo que o acordo deve necessariamente ser levado a homologação em juízo, a fim de formar o título judicial. Outras câmaras dispensam a necessidade da homologação judicial, incumbindo ao órgão da Administração envolvido a responsabilidade pela dispensação de valores, conforme seu próprio orçamento.

Nas entrevistas foi revelada a intenção de que a câmara administrativa possua um orçamento próprio para utilização nos acordos firmados, facilitando assim o manejo dos recursos públicos acaso reste estabelecida a obrigação de pagar por parte de algum órgão da Administração. A partir de um orçamento previamente definido e disponibilizado, é permitido à câmara administrativa trabalhar de maneira mais previsível, inclusive proativa, nos casos a serem submetidos para tentativa de autocomposição.

Com efeito, a previsão orçamentária permitiria à câmara selecionar processos judiciais com alta probabilidade na condenação ao pagamento de valores, com elaboração de proposta de acordo com pagamento na via administrativa, talvez com incidência de algum desconto. Também seria possível a atuação em casos extrajudiciais, em que o pagamento administrativo desde logo evitaria o conflito e a propositura da ação judicial.

Necessário pontuar, nos termos que foi claramente percebido nas entrevistas, que a saúde orçamentária dos estados varia bastante, o que impacta diretamente a atividade das câmaras. Quer dizer, estados cuja situação financeira se encontre mais confortável permitem que a postura consensual se desenvolva com menos percalços, de modo que o esforço é concentrado no aperfeiçoamento dos procedimentos.

Por outro lado, acaso haja dificuldade orçamentária, não basta que a atividade da câmara esteja devidamente procedimentalizada e irradiada nos órgãos da Administração. Se há inviabilidade de pagamento administrativo de valores, limitam-se as possibilidades de solução extrajudicial de conflitos, além de remanescer a vinculação ao

Poder Judiciário para o cumprimento dos acordos por meio de precatório ou requisição de pequeno valor.

4.4.6 A incidência do controle sobre os acordos firmados

Uma grande preocupação da doutrina desenvolvida sobre a atividade consensual da Administração diz respeito à atuação dos órgãos de controle sobre os acordos firmados.[376] No entanto, as entrevistas permitiram identificar que se trata de elocubração de ordem muito mais teórica que prática, por vezes um próprio escudo para a inércia e manutenção do *status quo*.

Quer dizer, é evidente que o procedimento autocompositivo exige um agir legítimo da Administração, com respeito ao ordenamento vigente e aos fundamentos constitucionais. Também deve ele conter regras claras e transparentes, sempre acompanhado da devida motivação em relação à escolha pela via do acordo extrajudicial ou mesmo judicial.

Estabelecidas essas premissas, as quais são obedecidas por todas as câmaras analisadas nas entrevistas, não se identificou o temor no desenvolvimento da atividade autocompositiva. Pelo contrário, foi relatado que, até o momento, não houve o enfrentamento de discussão ou questionamento no âmbito dos órgãos de controle, tanto interno quanto externo à Administração.

É claro que esse cenário deve ser ponderando com a atividade ainda recente das câmaras, cujos acordos começaram a ser celebrados aproximadamente a partir do ano de 2019. Trata-se, portanto, de uma conclusão ainda em fase de consolidação, eis que não é incomum que os questionamentos acerca das atividades da Administração ocorram após transcorrido um tempo considerável desde a sua realização.

De qualquer forma, não se verificou alguma espécie de barreira da atividade controladora sobre o desempenho e o aprimoramento da conduta autocompositiva. No que diz respeito ao Poder Judiciário, inclusive, foi ele trazido nas entrevistas como um grande incentivador da câmara, por meio da celebração de convênios, do encaminhamento de casos e da homologação dos acordos por ela firmados.

---

[376] Ver item 3.4.6.

4.4.7 A confidencialidade do procedimento

O grau de confidencialidade do procedimento autocompositivo é bastante semelhante entre as câmaras analisadas. De maneira invariável, o resultado do acordo e seus termos é publicizado, por meio de veículo oficial de imprensa do estado e, por vezes, no próprio *site* da procuradoria-geral do estado.

As etapas do procedimento autocompositivo, no entanto, podem permanecer com acesso reservado somente às partes ou, então, integrar o processo administrativo que ao final será disponibilizado ao público. De qualquer forma, foi possível verificar que a disponibilização ou não das informações do procedimento não se configura como empecilho à tentativa de autocomposição pela parte interessada.

Nesse item, também é interessante mencionar que as procuradorias estaduais adotam diferentes formatos na divulgação das atividades da câmara no *site* da instituição. Conforme já foi analisado no item 4.3 acima, o acesso ao serviço da câmara pode ocorrer de maneira mais ampla ou reservada. No que diz respeito aos acordos que são firmados, em geral não há divulgação no *site*, de modo que o destaque vai para a Procuradoria-Geral do Estado de Goiás, cujo *site* disponibiliza todos os termos dos acordos já firmados pela câmara.[377]

4.4.8 A capacitação em métodos autocompositivos

Nas entrevistas foi constatado que todos os procuradores responsáveis pela condução das atividades na câmara realizaram cursos de capacitação em mediação, conciliação ou negociação. Além disso, que a busca no aperfeiçoamento das técnicas autocompositivas é constante, independentemente do que é fornecido pela respectiva instituição.

As instituições, por seu turno, promovem cursos de capacitação aos demais procuradores e servidores, como forma de incentivar a postura consensual no âmbito das atividades da advocacia pública. Esse ponto foi trazido como de fundamental importância para o incremento da atuação da câmara, pois enseja maior mobilização no encaminhamento de casos para a tentativa de autocomposição.

Ainda no que diz respeito à capacitação, foi observado que, além das técnicas autocompositivas, é necessário que o seu instrutor conheça

---

[377] PGE – Termos de acordos, ajustamento de conduta, cooperação e aditivos (procuradoria.go.gov.br). Acesso em: 23 ago. 2022.

A ATIVIDADE DAS CÂMARAS ADMINISTRATIVAS DE PREVENÇÃO E RESOLUÇÃO DE CONFLITOS...

a realidade da Administração. Busca-se, dessa forma, uma aplicação mais prática do conhecimento adquirido, levando-se em conta que o cenário de mediação em uma câmara administrativa não se assemelha ao de uma câmara privada.

4.4.9 O impacto da câmara administrativa no órgão da advocacia pública

Um dos pontos de maior interesse da pesquisa quando da realização das entrevistas consiste na coleta das percepções a respeito de como a instalação da câmara e o desenvolvimento de suas atividades impacta na respectiva advocacia pública. Por se tratar de uma inovação, faz sentido a curiosidade na investigação, que inclusive é de extrema relevância para a continuidade e a ampliação da previsão constante no art. 32 da Lei nº 13.140/2015.

Dito isso, constatou-se um impacto extremamente positivo nas procuradorias-gerais do estado ora analisadas, constituindo-se as câmaras em um projeto que representa mudança de paradigma e aperfeiçoamento das entregas da advocacia pública em termos de resultado e eficiência. Além dos procuradores do estado responsáveis pela condução da atividade autocompositiva, os demais integrantes da instituição percebem os potenciais benefícios que a câmara pode trazer na execução de suas atividades.

Além do impacto interno, a instalação da câmara tem relação direta com o ganho de imagem institucional da procuradoria-geral do estado perante a sociedade e perante os demais órgãos da Administração. Na Procuradoria-Geral do Estado do Pará o relato foi bastante contundente nesse sentido, eis que a advocacia pública paraense tornou-se mais conhecida pelos cidadãos em geral, bem como teve seu acesso mais facilitado por meio dos canais de comunicação da câmara.

Foi unânime entre os entrevistados o ganho institucional que a procuradoria-geral do estado respectiva adquiriu a partir da instalação da câmara. No âmbito do Poder Executivo estadual, a advocacia pública reafirma a sua atuação como órgão capaz de trazer melhorias para o ente público, de modo que recebe o apoio e o incentivo à postura autocompositiva pelas demais secretarias de estado. O mesmo ocorre em relação à assembleia legislativa e aos advogados em geral.

4.4.10 A avaliação do sucesso da câmara

O indicador adotado por todas as procuradorias para mensurar o trabalho da câmara é o número de acordos realizados.

Outros indicadores possíveis, como o número de sessões de mediação ou de negociação já realizadas, bem como a pesquisa de satisfação dos participantes após a realização da sessão, não foram relatados como aplicáveis. Há a intenção de algumas procuradorias de implementar a pesquisa de satisfação de maneira mais aprimorada e institucional, como forma de promover as atividades da câmara.

4.4.11 Dificuldades na execução das atividades da câmara

Das entrevistas realizadas foi possível apreender que a condução das atividades na câmara constitui-se em desafio tanto profissional quanto pessoal para os procuradores do estado. Além do desempenho nas técnicas autocompositivas, o que representa uma mudança significativa de atuação enquanto advogado público,[378] existe o desafio de levar a efeito os acordos extrajudiciais no âmbito da Administração estadual.

Nesse sentido, não surpreende que a dificuldade relatada como de maior expressão consiste na mudança da cultura da instituição, do litígio para o consenso. Os procuradores do estado responsáveis por conduzir as atividades da câmara precisam lidar com resistências comportamentais ao implementar os fluxos dos métodos consensuais, o que se dá na maioria das vezes por desconhecimento ou por desconfiança da novidade.

Outra dificuldade relatada diz respeito à disponibilidade orçamentária para a execução dos acordos, mais especificamente para a realização de acordos extrajudiciais que envolvam pagamento administrativo de valores. De forma não homogênea entre os estados analisados, foi mencionado que a ausência da dimensão prévia da quantia que pode ser disponibilizada para os pagamentos impacta diretamente na eleição dos casos para tentativa de autocomposição.

---

[378] Conforme esclarecem Jéssica Gonçalves e Juliana Goulart: "Para atuar nos meios consensuais precisamos desenvolver as chamadas *soft skills*, termo que significa competências relacionadas à inteligência emocional e que dizem respeito à capacidade de interagir com outras pessoas para criar soluções eficientes. São elas: criatividade, escuta ativa, comunicação assertiva e empática, cooperação, entre outras." GONÇALVES, Jéssica; GOULART, Juliana. *Negociação, conciliação e mediação*. Impactos da pandemia na cultura do consenso e na educação jurídica. Florianópolis: Emais Academia, 2020, p. 22.

A ATIVIDADE DAS CÂMARAS ADMINISTRATIVAS DE PREVENÇÃO E RESOLUÇÃO DE CONFLITOS...

Chamou a atenção que barreiras trazidas no campo teórico, como o princípio da indisponibilidade do interesse público ou a atividade controladora sobre a Administração não foram relatadas como entraves no desempenho da câmara, ainda que tenha havido o questionamento específico a respeito.

4.4.12 O aperfeiçoamento das câmaras administrativas

Bastante relacionado ao que foi trazido no item anterior, uma ação que foi relatada como necessária ao aperfeiçoamento da atividade consensual por meio da câmara administrativa foi o contínuo incentivo institucional as suas atividades. O apoio por parte do órgão de direção da advocacia pública dá o respaldo para que os métodos consensuais sejam incorporados na assessoria jurídica aos órgãos da Administração, bem como na defesa desta em processos judiciais.

Além disso, existe a preocupação quanto ao espaço que a câmara administrativa vai ocupar dentro da respectiva procuradoria-geral do estado. Passada a fase inicial de implementação e de experimentação nas atividades autocompositivas, remanesce entre os procuradores do estado a incerteza se haverá a ampliação da estrutura da câmara, tanto em termos de pessoal quanto de casos encaminhados.

Necessário esclarecer que nenhum dos procuradores do estado entrevistados trouxe o risco da descontinuidade das atividades da câmara, o que revela a perenidade do projeto independentemente da troca de gestão ou de governo. O que ainda está em fase de definição é se este formato inicial com apenas um procurador do estado responsável pela condução das sessões será ampliado para uma efetiva unidade da procuradoria, tal como ocorre com as atividades do contencioso e da consultoria.

Também foi relatado que o convencimento de que os métodos consensuais constituem-se em alternativa melhor à litigância não é algo compartilhado por todos os advogados públicos. Assim, como forma de ampliar as atividades da câmara, imprescindível a contínua conscientização de que seu trabalho traz resultados efetivos na solução dos conflitos, o que pode ser feito por meio da exposição de dados, demonstração de casos, entre outros.

4.5 Análise das entrevistas: o que ainda falta construir?

As entrevistas realizadas visaram à obtenção de um diagnóstico de como as câmaras administrativas efetivamente funcionam no âmbito das procuradorias estaduais. A pesquisa empírica ocorreu por se acreditar que as impressões pessoais de advogados públicos que vivenciam a atividade autocompositiva na prática são capazes de contribuir para a evolução da consensualidade administrativa.

Nesse sentido, o destaque dos relatos vai para a relevância da *cultura institucional* e da *postura comportamental* dos agentes públicos para o avanço da autocomposição na Administração. Quer dizer, o que se denota é que o respaldo teórico e a adequada regulamentação são *premissas iniciais* para que a consensualidade avance, o que somente ocorre se houver a vontade subjetiva de sua realização.

Conforme já dito, esse foi o ponto trazido como de maior necessidade de aperfeiçoamento no âmbito das procuradorias estaduais, bem como de maior dificuldade na execução do trabalho na câmara administrativa. Não por acaso, as procuradorias estaduais investigadas são dotadas de um comando *top down* em relação aos métodos consensuais, de modo que o órgão diretivo da instituição exerce papel imprescindível na alavancagem da autocomposição.

Quer dizer, levar a efeito o art. 32 da Lei da Mediação depende de uma política institucional bastante efetiva, em que a câmara administrativa é alçada ao órgão promotor da atividade consensual na advocacia pública. Desse modo, sinaliza-se aos procuradores e servidores da procuradoria do estado, bem como aos demais órgãos do Poder Executivo estadual, que a consensualidade constitui-se em uma diretriz de atuação, tanto judicial quanto extrajudicial.

Em seguida, merece ser destacado que as câmaras administrativas estaduais não se ajustam ao formato *one size fits all*, eis que em cada ente federado há ajustes e especificidades que devem ser levados em consideração. Inclusive, este é o comando do art. 32 da Lei nº 13.140/2015, na medida em que delega às unidades da federação a competência para regulamentar a sua composição e modo de funcionamento (§1º).

Esse destaque restou evidenciado a partir das entrevistas, em que se identificaram nuances no que diz respeito ao orçamento disponível, à capilaridade da câmara administrativa na respectiva instituição, bem como à extensão das matérias submetidas à tentativa de autocomposição. A evidência também se revelou no relato da inspiração que a câmara administrativa da Advocacia-Geral da União (CCAF) exerceu sobre as câmaras estaduais, em especial em relação à regulamentação para a admissibilidade de casos.[379]

---

[379] Disponível em: Base Normativa – pt-br (www.gov.br). Acesso em:15 jan. 2023.

Com efeito, ainda que inspiradas no modelo federal, cada câmara administrativa dos entes estaduais adotou formato compatível com a realidade de seu estado e com a estrutura da advocacia pública. Para ilustrar o que se afirma, enquanto a CCAF contém em sua estrutura um ampliado número de advogados públicos conciliadores em atuação nas capitais do país, as câmaras estaduais contam, em sua maioria, com somente um advogado público no exercício dessa função. Além disso, a CCAF atua precipuamente em conflitos envolvendo órgãos públicos, sendo que as câmaras estaduais, desde o início, foram formatadas para atender a demandas que também envolvam conflitos com o particular.

Daí que, a partir dos relatos, é possível deduzir que a demanda das câmaras administrativas já instaladas diz respeito mais ao aumento da estrutura de pessoal do que propriamente ao aperfeiçoamento da regulamentação. Essa conclusão também deve ser contextualizada, eis que, no momento em que foram realizadas as entrevistas, a Lei da Mediação já contava com mais de sete anos de vigência.

É evidente que, fosse esta pesquisa realizada quando da edição da lei, os desafios e as dificuldades das advocacias públicas estaduais seriam outros, dado o ineditismo que a implantação de uma câmara administrativa de prevenção e de resolução de conflitos representa na instituição. Transcorrido o período suficiente para o amadurecimento da novidade, por meio de tentativas e erros, grupos de debate e de reflexão, o estágio atual é de configuração do espaço que a câmara administrativa comporta no âmbito da instituição.[380]

Não se pode deixar de mencionar, inclusive porque trazido nos relatos dos entrevistados, o importante papel que assumiram as câmaras administrativas pioneiras na sua implementação e funcionamento. Além da CCAF, que continua contribuindo para a modelagem inicial das câmaras estaduais, cita-se também a câmara do estado do Rio Grande do Sul, cujas atividades foram iniciadas quase concomitantemente à edição da Lei da Mediação.

---

[380] Sobre o desafio que representa a implementação de uma Administração Pública inovadora e a necessidade de lidar com as incertezas do experimentalismo, conferir: CRISTÓVAM, José Sérgio da Silva; SOUSA, Thanderson Pereira de. Direito Administrativo da inovação e experimentalismo: o agir ousado entre riscos, controles e colaboratividade. *Sequência – Estudos Jurídicos e Políticos*, v. 43, n. 91, p. 4, 2022.

4.6 O *Administrative Dispute Resolution Act* de 1996 (ADRA) e o que a experiência norte-americana pode ensinar ao Brasil

Enquanto a Administração Pública brasileira vem experimentando, de maneira crescente, a aplicação de métodos alternativos de solução de disputas, o governo norte-americano já lida com essa realidade há quase três décadas. Daí porque se pretende, nesse item da obra, expor o que lá foi feito para que a mediação, a conciliação e demais métodos, que não o Judiciário, passassem a ser de fato adotados pelos agentes públicos e, em que medida, tais práticas podem ser replicadas no Brasil.[381]

Inicialmente, a fim de contextualizar a introdução de ADR nos Estados Unidos, citam-se os dois marcos normativos editados no ano de 1990, o *Civil Justice Reform Act* of 1990 (CJRA) e o *Administrative Dispute Resoluction Act* (ADRA) of 1990.

Trata-se de atos dirigidos, respectivamente, ao Judiciário e ao Executivo, para que ambos se utilizem de ADR como método de solução de conflitos. O CJRA foi instituído com a finalidade de redução de custos e de tempo dos conflitos civis levados ao Judiciário, enquanto o ADRA visou encorajar as agências norte-americanas[382] à utilização de ADR para resolução dos conflitos em que se veem envolvidas.

De fato, o que ocorreu nos Estados Unidos foi um crescimento sem precedentes da utilização de ADR a partir da década de 1980, seguindo-se para os anos 1990, tanto pelo governo quanto pela esfera privada. O apelo para a sua utilização decorre da eficiência (menos custos, menos tempo) e da racionalização do procedimento, que tende a proporcionar resultados mais satisfatórios e com menos desgaste de energia se comparado ao litígio do processo judicial.

Sobre a implementação de ADR no âmbito do Poder Executivo norte-americano, cuidou o ADRA *of 1990* de "autorizar e encorajar" as agências a utilizarem a mediação, a conciliação, a arbitragem ou qualquer outra técnica que permita a resolução de disputas de forma rápida

---

[381] A previsão da autocomposição na Administração Pública no Brasil e a relevância da experiência norte-americana pode ser conferida em: SPENGLER, Fabiana Marion; EIDT, Elisa Berton. Em busca de uma regra geral para a realização de autocomposição na administração pública: a insuficiência da Lei nº 13.140/2015. *Revista de Direito Administrativo*, v. 281, n. 2, p. 265-289, 2022.

[382] As agências norte-americanas são órgãos governamentais do Poder Executivo incumbidas de desempenhar funções previamente estabelecidas em lei, com incidência direta sobre direitos e deveres dos administrados. CUÉLLAR, Leila. Poder normativo das agências reguladoras norte-americanas. *Revista de Direito Administrativo*, v. 229, p. 153-176, 2002.

e informal. Além da expressa ênfase na legislação, as ADR contaram com incentivos presidenciais na sua utilização, por meio de ordens executivas emitidas por George Bush (1991) e por Bill Clinton (1996).

Ao promulgar o ADRA, o congresso nacional daquele país dispôs, em seus considerandos (seção 2), que a autorização expressa às agências para utilização de diferentes técnicas de resolução de conflitos intenta eliminar qualquer ambiguidade quanto à possibilidade de sua utilização pelo governo. Além disso, expõe o congresso que a utilização de técnicas que já vêm sendo utilizadas com sucesso e bons resultados no setor privado pode trazer resultados mais eficientes, criativos e sensíveis também ao setor público.

Em seguida, cada agência que compõe o Poder Executivo federal dos Estados Unidos é demandada a atualizar seus contratos e subsídios para o fim de inserir ADR em suas previsões. Da mesma forma, devem adotar uma política interna de utilização de ADR, a fim de analisar de que maneira elas podem ser utilizadas para processo de tomada de decisões, elaboração de regulamentos, concessões de licença, atos executórios, dentre outros.

Na sequência, destaca-se que o ADRA faz a previsão de que cada agência deverá designar um "especialista em resolução de conflitos", cuja função consiste na implementação das novas políticas de ADR e, ainda, na realização de treinamentos regulares em técnicas de ADR aos empregados das agências.

Além das previsões pontuais acima destacadas, o ADRA inclui emendas na legislação federal dos Estados Unidos, a fim de: conceder autorização geral para o uso de ADR; definir o que são os *neutrals* e como eles podem ser obtidos; delimitar o alcance da confidencialidade quando utilizado ADR pelas agências e, por fim, estabelecer condições para o uso da arbitragem.

O ADRA de 1990 contou ainda com a previsão de uma data final para a sua aplicação, o que ocorreria após cinco anos de sua vigência. Passados cinco anos, portanto, as agências não mais estariam autoriza-das a utilizar os métodos alternativos de resolução de disputas. Ocorreu que, no ano de 1996, o presidente Bill Clinton sancionou o ADRA *1996*, o qual retirou a previsão de término de vigência do ADRA original, além de realizar uma série de outros ajustes no estatuto original.

Esses ajustes e os pontos destacados ao longo deste item serão tratados a seguir de forma separada, com o intuito de analisá-los comparativamente à Lei de Mediação.

4.6.1 A autorização geral

Conforme já argumentado anteriormente, configura-se a Lei de Mediação em uma espécie de autorização geral para que a Administração insira os métodos autocompositivos nas suas atividades, como forma de prevenir e de solucionar conflitos. De forma tímida, introduz a autocomposição como método a ser utilizado pelos órgãos públicos, com referência muito mais às câmaras administrativas do que propriamente a uma autorização genérica para a sua utilização.

Nos Estados Unidos, por outro lado, ocorreu uma autorização genérica para a utilização de ADR pelas agências, além de constar a previsão exemplificativa de algumas hipóteses em que é possível a sua utilização (sec. 3, a, 2 do ADRA). Na Lei da Mediação, conforme já destacado, houve a previsão de algumas situações em que os métodos alternativos podem ser utilizados pelos órgãos públicos.

4.6.2 Designação de um especialista: revisão da política interna e enfoque no treinamento em técnicas de negociação e mediação

No âmbito do ADRA, houve a previsão de que cada agência deveria designar um especialista em resolução de conflitos, cuja responsabilidade consiste na implementação de uma política de adoção de métodos alternativos. Cabe ainda a cada agência providenciar um treinamento adequado a esse especialista, de modo que adquira conhecimento teórico e prático acerca das técnicas de mediação, de negociação e de arbitragem.

Uma vez recebido o treinamento, incumbe ao especialista, periodicamente, recomendar ao diretor da respectiva agência os demais servidores que devem se beneficiar de igual capacitação.

Nota-se que, nos Estados Unidos, a legislação não negligenciou a importância da capacitação como instrumento fundamental a fim de que novas metodologias de resolução de conflitos sejam efetivamente adotadas pelos agentes públicos. A Lei da Mediação, por outro lado, nada menciona a respeito da necessidade de conhecimento das técnicas de mediação, negociação e demais métodos por aquele servidor público que conduzirá a autocomposição.

Muito embora a ausência de uma exigência expressa, em uma leitura mais sistemática da Lei nº 13.140/2015 é possível afirmar que deverão as câmaras administrativas contar com um mediador capacitado, no caso de atuação de um terceiro facilitador, seja ele funcionário público ou não. Tal exigência decorre do que diz o seu art. 9º, ao permitir que atue como mediador extrajudicial "qualquer pessoa capaz que tenha a confiança das partes e seja capacitada para fazer mediação".

Com efeito, a autocomposição a ser realizada nas câmaras administrativas, com auxílio de um terceiro facilitador ou não, configura-se em procedimento extrajudicial e, o acordo levado a termo, um título executivo extrajudicial (art. 32, §3º). Não há razão, portanto, para afastar a concepção de um mediador capacitado quando se tratar de mediação envolvendo os entes públicos.[383]

Uma vez que está se tratando de uma mudança de paradigma na solução de controvérsias pela Administração, é de se supor que somente a legislação não será suficiente para promover a almejada consensualidade. Faz-se necessário que os servidores públicos se apropriem das técnicas referentes à negociação e à mediação e sintam-se confortáveis na sua utilização, inclusive com o convencimento de que se trata de boa alternativa à tradicional delegação ao Poder Judiciário para imposição de decisão.

Nesse sentido, também, a relevância da identificação de um responsável pela implementação paulatina dos métodos autocompositivos em determinado ente público, sob pena de pouca ou nenhuma utilização da possibilidade prevista no art. 32 da Lei da Mediação. A designação de uma pessoa capacitada para identificar situações em que a mediação ou a negociação possam ser aplicadas, bem como para servir de referencial de suporte às dificuldades a serem enfrentadas, tudo com respaldo do gestor, certamente contribuem para a difusão da nova cultura.

4.6.3 *Neutrals*

A Lei da Mediação não define quem será o terceiro facilitador (mediador ou conciliador) no caso de conflito envolvendo a Administração Pública. Por outro lado, a atuação do advogado público na condição de mediador pode gerar alguns questionamentos em relação a sua imparcialidade na condução do procedimento consensual, sobretudo quando do outro lado do conflito está algum sujeito privado.

A imparcialidade, de fato, constitui-se em premissa fundamental na atuação do mediador e, para o advogado público, essa regra não pode

---

[383] Nota-se que o treinamento e a capacitação dos mediadores em exercício nas câmaras administrativas aqui analisadas é a realidade, independentemente da previsão legal para tanto.

ser diferente nem amenizada. O que se acredita é que, uma vez optando o regulamento da câmara administrativa pela atuação do advogado público como mediador, deverá ele observar esta condição *sine qua non*, sob pena de todo o procedimento perder a sua credibilidade.

Sobre a suspeita de que servidor público não pode atuar como mediador em casos envolvendo entes públicos, Lawrence Susskind e Connie Ozawa[384] ponderam que se trata de problema muito mais teórico do que prático, pois uma vez percebido por uma das partes que há parcialidade do mediador, não há mais interesse no procedimento. Obtém-se a confiança por meio da atuação e do profissionalismo do mediador, na mesma lógica do que ocorre nas mediações privadas, portanto.

A respeito do assunto, o ADRA de 1996, que aperfeiçoou o ato editado em 1990, deixa claro que o *neutral* pode ser funcionário permanente ou temporário do governo, ou então qualquer outro indivíduo que seja aceito pelas partes para auxiliar no procedimento. A ressalva consiste na inexistência de conflito formal, financeiro ou pessoal com o objeto da controvérsia, a não ser que tal conflito seja divulgado às partes e, mesmo assim, elas concordem com a atuação do *neutral* na tentativa de solução do caso.

4.6.4 Confidencialidade

A Lei da Mediação dedica os arts. 30 e 31 para tratar da confidencialidade na mediação de modo geral. Trata-se de característica essencial do procedimento, cujas exceções são pontuadas pelo legislador: vontade expressa das partes de revelação do seu conteúdo; a divulgação é exigida por lei ou é necessária para o cumprimento de acordo obtido pela mediação. Ao tratar da autocomposição na Administração Pública, contudo, nada é mencionado acerca da observância da confidencialidade pelos entes públicos.

Nos Estados Unidos, foi necessário um aperfeiçoamento do tema quando da edição do ADRA de 1996. Conforme define o professor Jeffrey Senger,[385] o congresso norte-americano não estava convencido da importância da confidencialidade nos processos de *ADR* quando da promulgação da primeira versão do ADRA, em 1990.

---

[384] SUSSKIND, Lawrence; OZAWA, Connie. Mediated Negotiation in the Public Sector: The Planner as Mediator. *Journal of Planning Education and Research*, v. 4, n. 1, p. 5-15, 1984.

[385] SENGER, Jeffrey M. Turning the Ship of State. *Journal of Dispute Resolution*, [s.l.], 2000. Disponível em: https://scholarship.law.missouri.edu/jdr/vol2000/iss1/10. Acesso em: 1 dez. 2019.

Não havia, portanto, exceção à possibilidade de qualquer cidadão requerer cópia de processos de resolução de disputas, ainda que confidenciais, com base na Lei de Livre Acesso à Informação (*Freedom of Information Act* – FOIA, 1966). A partir de 1996, restou definido que as comunicações confidenciais entre as partes e o *neutral* estão excepcionadas do livre acesso dado pelo FOIA.

Percebe-se que o aperfeiçoamento legislativo ocorrido nos Estados Unidos a respeito da confidencialidade nos procedimentos de ADR envolvendo os órgãos governamentais pode servir de inspiração para que o Brasil adote posição semelhante. Na prática, a maior parte das câmaras administrativas vem adotando a publicidade mitigada, cuja previsão legislativa traria maior segurança e uniformidade nos procedimentos de autocomposição em território nacional.

4.7 As conclusões dos relatórios de 2016 e de 2021 a respeito do desenvolvimento de ADR no governo federal norte-americano: tendências e desafios

No ano de 1998, o então Presidente dos Estados Unidos, Bill Clinton, determinou a criação de um comitê intergovernamental, sob a coordenação do Advogado-Geral do país, cuja responsabilidade consiste em facilitar, encorajar e coordenar os programas de resolução de disputas de cada agência. Ainda, incumbiu a esse grupo de trabalho a elaboração de relatórios periódicos, os quais devem demonstrar ao gabinete da presidência a evolução da implementação de ADR no âmbito do governo.

Da leitura do relatório de 9 de janeiro de 2017,[386] é possível extrair algumas conclusões que se reputam úteis para o atual estágio em que se encontra o Brasil, no que diz respeito à implementação da autocomposição pela Administração. Ademais disso, não se ignora o envolvimento do Presidente da República nesse mister, nem bem a importância da criação de um comitê transversal à estrutura do governo norte-americano, cuja elaboração de relatórios, dentre outras atividades, permite obter um panorama da evolução das ADRs como método de solução de disputas.

O relatório em questão foi elaborado após mais de vinte anos do ato que autorizou e encorajou as agências a utilizarem as ADRs, em

---

[386] REPORT for the President on Significant Developments in Federal Alternative Dispute Resolution. Disponível em: https://adr.gov/wp-content/uploads/2021/04/2016-adr-rpt.pdf. Acesso em: 1 dez. 2019.

que se pode perceber o amadurecimento nos programas de resolução de disputas e as principais tendências no uso de ADR pelo governo norte-americano. O trabalho foi gerado a partir de uma pesquisa sobre os programas de resolução de disputas em 47 (quarenta e sete) agências do governo norte-americano e é dividido em duas partes: a primeira destaca os benefícios e as tendências dos métodos alternativos no governo e, a segunda, dá exemplos dessas tendências por meio de programas específicos.

A primeira tendência identificada diz respeito ao momento da utilização dos métodos alternativos, em que a reação é substituída pela prevenção. O relatório aponta que uma intervenção antecipada das técnicas de ADR impede o escalonamento dos conflitos e, igualmente, proporciona a possibilidade de o órgão descobrir problemas sistêmicos, solucionando-os de forma proativa. Nas entrevistas aqui realizadas foi possível identificar que a atuação preventiva é a intenção dos procuradores do estado incumbidos de coordenar as câmaras, não obstante a dificuldade fática em termos culturais e de estrutura de pessoal.

A segunda tendência encontrada relaciona-se com a adaptação das técnicas de ADR a serem utilizadas, conforme a situação e as pessoas envolvidas em determinado conflito. Não há apego a um só formato, mas sim, a elaboração de um desenho procedimental conforme exige cada caso concreto. Nesse ponto, conforme já ressaltado anteriormente, entende-se que a Lei de Mediação dá essa liberdade aos entes públicos, ao fazer constar o termo "autocomposição", sem delimitação quanto à forma a ser adotada (se conciliação, mediação, negociação etc.).

Em seguida, o relatório traz a informação de que houve expansão da utilização de *ombudsman* pelas agências, tanto para receber questões externas ao órgão quanto para receber demandas de seus empregados. Trata-se de profissionais que atuam com imparcialidade, confidencialidade e com acesso direto à chefia do órgão.

Por fim, destaca o trabalho que o uso da tecnologia foi fator fundamental para expandir as atividades de ADR. A utilização de recursos de tecnologia permite que o serviço de ADR seja oferecido a agentes distantes da sede da agência, além de permitir criar plataformas *on-line* de discussões e de treinamento para os servidores envolvidos com o desenvolvimento da atividade.

Sobre as barreiras enfrentadas pelo governo federal norte-americano para a utilização de ADR, Jeffrey M. Senger[387] elege alguns

---

[387] SENGER, Jeffrey M., *Turning the Ship of State; Op. Cit.*, p. 87-95.

pontos que merecem ser aprimorados, tais como: a mentalidade predominante do litígio, em que advogado bom é aquele que combate e não aquele que faz acordos; a falta de experiência e de conhecimento na metodologia de ADR; experiência negativa anterior com mediadores mal preparados; falta de recursos e de suporte para a implementação dos programas; a negociação do interesse público, que impediria o advogado do governo de efetivamente trocar ideias com a outra parte, mas somente propor uma única opção de acordo; falta de identificação da autoridade pública que realizará o acordo, com legitimidade; preocupação com a confidencialidade do procedimento.

Ao transportar as barreiras acima relatadas para o cenário do Brasil, é possível afirmar que todas também fazem parte da realidade da Administração Pública brasileira. Além da mudança comportamental, no Brasil há ainda o agravante de que o direito público possui tratamento diferenciado, configurando-se o próprio regime jurídico-administrativo uma barreira em si para a adoção da consensualidade. Além disso, convive-se com a possibilidade de revisão ou anulação dos procedimentos de consensualidade, seja pelos órgãos de controle, seja pelo Judiciário, além do medo da responsabilização funcional pelos servidores públicos envolvidos no procedimento.

No que diz respeito à responsabilização dos servidores públicos, a Lei da Mediação tratou de afastá-la na hipótese de autocomposição extrajudicial, a não ser que incida em dolo ou fraude.[388] A preocupação do legislador em resguardar o servidor público acautela o procedimento contra imprevisíveis impugnações e, ao mesmo tempo, revela o quão necessário se fazem os incentivos para que a autocomposição seja conduzida com segurança e confiabilidade.

No ano de 2021, a agência intergovernamental de resolução alternativa de conflitos (Interagency Alternative Dispute Resolution Working Group) disponibilizou um novo relatório com exposição de como as agências se utilizam de ADRs, além de trazer recomendações de como esses órgãos podem melhor se utilizar dos diferentes tipos de resolução alternativa de controvérsia – mediação, conciliação, arbitragem, *ombudsman*, facilitação, *minitrials e factfinding*.[389]

---

[388] Diz o art. 40: Os servidores e empregados públicos que participarem do processo de composição extrajudicial do conflito, somente poderão ser responsabilizados civil, administrativa ou criminalmente quando, mediante dolo ou fraude, receberem qualquer vantagem patrimonial indevida, permitirem ou facilitarem sua recepção por terceiro, ou para tal concorrerem.

[389] BLANKEY, Kristen; CLAUSSEN, Kathleen; STARR, Judith. *Alternative Dispute Resolution in Agency Administrative Programs* 2021. Disponível em: https://www.acus.gov/research-

De uma maneira geral, o relatório mais atual aponta que desde a edição do ADRA em 1990, a utilização de métodos alternativos tem se tornado uma prática aceitável no âmbito das agências norte-americanas. Contribuiu para o incremento da utilização de ADRs a inserção de cursos e disciplinas na área nas escolas de Direito, bem como o movimento realizado pelos escritórios de advocacia, os quais oferecem esse serviço por meio de mediadores qualificados. A contribuição também advém da criação de comunidades de profissionais que praticam ADRs nas esferas pública e privada.

Sobre a *implementação de* ADR, o relatório traz a informação de que as agências, na sua maioria, não oferecem um cardápio de opções em relação à metodologia a ser utilizada. Pelo contrário, é selecionada apenas uma forma de solução de conflito alternativa, na maioria a mediação ou a arbitragem. Interessante notar que, nos Estados Unidos, a mediação é subdividida nas modalidades transformativa, avaliativa e facilitativa, enquanto no Brasil utiliza-se das modalidades da mediação e da conciliação.[390] No caso, é a mediação facilitativa a modalidade mais utilizada pelas agências.

A maioria das agências se utiliza de instrumentos para receber *feedbacks* dos programas de ADR implementados, tendo recebido retornos positivos por parte de quem dele participa. A participação em procedimento de ADR é voluntária, com exceção de questões envolvendo relações laborais, que em geral é obrigatória. As agências norte-americanas podem optar por não utilizar o programa de ADR, em especial nos casos em que se faz necessário estabelecer um precedente judicial em relação a determinada situação, bem como em hipóteses em que a divulgação oficial e transparente é mais bem-vinda que a confidencialidade.

---

projects/alternative-dispute-resolution-agency-administrative-programs. Acesso em: 15 jun. 2020.

[390] A diferença reside no papel do mediador ao longo do procedimento, bem como no resultado que se espera alcançar com a mediação. Na mediação facilitativa, o mediador busca facilitar a negociação entre as partes, sem adentrar nos sentimentos envolvidos no conflito. Na mediação avaliativa, o mediador auxilia na resolução do conflito trazendo uma análise dos pontos fortes e fracos do caso e já fazendo uma previsão de qual seria o resultado acaso a questão fosse levada ao Judiciário. Por fim, a mediação transformativa não foca exatamente na solução do problema apresentado, mas sim no empoderamento dos envolvidos em reconhecer o seu papel no conflito apresentado, bem como no papel da outra parte. (Vide nota nº 237). No Brasil, tal como ocorre nas agências norte-americanas, é a mediação facilitativa a modalidade que mais se amolda às atividades das câmaras administrativas, dada a objetividade inerente aos conflitos sobre os quais incide o regime jurídico-administrativo. Não quer isso dizer, no entanto, que sentimentos e emoções devam ser ignorados, mas sim que o seu tratamento não deve ser o foco principal da sessão de autocomposição.

No que diz respeito às *recomendações para implementação de programa de* ADR, o relatório sugere a aplicação dos princípios do DSD – desenho de solução de disputas –, de forma que a agência compreenda melhor o conflito a ser solucionado e qual técnica de solução a ele deve ser direcionada. Também consta a recomendação de que o programa de ADR seja disponibilizado de forma visível, com facilidade de acesso e de informações ao público em geral. Aqui é registrada a preocupação de algumas agências em relação ao aumento do interesse pelo respectivo programa de ADR, uma vez que o quadro de apoio pode não acompanhar o aumento da demanda.

Sobre a *qualificação e contratação de pessoal* para conduzir e gerenciar o programa de ADR, o relatório destaca que nenhuma das regulamentações traz requisitos específicos para a contratação de pessoal. Em retrospecto, aponta-se que o serviço de métodos alternativos de solução de conflitos vem sendo oferecido sob variados modelos naquele país. Seja por meio de centros comunitários, por meio das próprias cortes norte-americanas (em uma variação que vai desde a utilização de quadro próprio até a contratação de uma entidade privada a prestação do serviço) e por meio de câmaras privadas, as quais disponibilizam rol de profissionais altamente qualificados e com larga experiência na área.

Ainda que sem regulamentação específica, foi constatado que as agências se utilizam de quatro maneiras diferentes de gerenciamento de pessoal para trabalhar com ADR: os próprios funcionários públicos da agência; contratação de funcionário público de outra agência, por meio de celebração de acordo ou convênio, inclusive para treinamentos; contratação de agente privado e, por fim, a manutenção de um painel pré-qualificado em que as partes podem escolher o profissional.

Uma vez que, no Brasil, o debate sobre quem deve atuar nas câmaras administrativas como mediador ou conciliador é bastante atual, adentra-se na análise do relatório nesse ponto, com apresentação de alguns *insights* que podem ser úteis para a realidade brasileira. Primeiro, a utilização de quadro próprio não prescinde que o profissional tenha conhecimento e experiência em ADR, além da familiaridade com as atividades da agência. No caso de estabelecimento de acordo com outra agência, o profissional externo visa evitar conflitos de interesse, ainda que aparentes, quando diante de caso em que agência tem interesse na disputa ou é parte ela mesma no conflito.

Além disso, a utilização de profissional de outra agência busca assegurar a neutralidade do procedimento. Isso porque as partes envolvidas no conflito podem duvidar que a mediação realizada por profissional da própria agência ocorra de forma enviesada, bem como que o desempenho do profissional na mediação possa interferir na relação de trabalho que este possui com a agência. O relatório destaca que o acordo entre agências não é utilizado quando necessário que o mediador possua conhecimento específico em relação a determinada matéria, inclusive para avaliar se o caso comporta de fato a utilização do procedimento consensual.

Acerca do *treinamento* para atuação no procedimento de ADR, o relatório revela que não há um padrão entre as agências para a sua execução. No caso da mediação, não se exige formação específica do profissional, muito embora os programas foquem em mediadores com formação em direito, resolução de conflitos, educação e ciências sociais. Aproximadamente metade das agências entrevistadas promovem treinamento específico sobre procedimento de ADR, variando bastante conforme o orçamento disponível.

Sobre *ética e confidencialidade*, o relatório inicialmente aponta a definição constante no ADRA *Act*, cujo texto define que o terceiro facilitador pode ser um funcionário permanente ou temporário do governo norte-americano, ou qualquer outro indivíduo aceito pelas partes. Esse profissional não deve ter conflito de interesse com o objeto da controvérsia, a não ser que tal conflito seja completamente revelado às partes e essas aceitem que o procedimento seja por ele conduzido, de qualquer forma (§573, a).

Em se tratando de confidencialidade, o relatório não ignora algumas desvantagens que a sua incidência pode trazer para conflitos envolvendo o governo. Em alguns casos, por exemplo, o conflito pode ser de grande interesse do público, sendo que o procedimento de ADR retira a possibilidade do acesso às informações. Além disso, pondera-se que a utilização de método alternativo não possibilita a criação de precedente judicial, o que pode contribuir para resultados mais imprevisíveis se comparado ao sistema judicial. A exceção à confidencialidade do procedimento somente ocorre se as partes e o mediador concordaram com a revelação, quando a questão já está publicizada de alguma ou em outras circunstâncias específicas.

Por fim, destaca-se do relatório a prática que algumas agências possuem de *monitorar os acordos realizados*, após o encerramento do procedimento de ADR. No entanto, a maioria não realiza tal prática, em razão da limitação de recursos materiais e humanos. Considera-se o caso bem-sucedido se não houver mais notícias a respeito após a sua conclusão.

O cenário que a agência intergovernamental de resolução alternativa de conflitos (*Interagency Alternative Dispute Resolution Working*

Group) relatou acerca da implementação e utilização do ADR nas agências norte-americanas é bastante oportuno ao Brasil. Inicialmente, destaca-se o quão necessário se faz um engajamento tanto das universidades de Direito quanto dos advogados em geral para que as metodologias alternativas avancem. Trata-se de fator externo às procuradorias estaduais, mas que afeta diretamente o desempenho das atividades da câmara. Em seguida, a importância da sistemática de um *feedback* por parte dos sujeitos que participam do procedimento na câmara, a fim de melhor mensurar o trabalho desenvolvido. Também é importante mencionar o quanto é relevante nos Estados Unidos a preservação da imparcialidade do terceiro facilitador, não querendo isso significar que o funcionário público da própria agência envolvida no conflito não possa exercer esse papel. Por último, destaca-se o escasso monitoramento que é realizado pelas agências após o acordo celebrado, o que também foi percebido no âmbito das câmaras administrativas estaduais analisadas.

Não se pode deixar de ressaltar o quanto a iniciativa de um relatório governamental com levantamento detalhado da implementação dos métodos autocompositivos nos órgãos públicos seria bem-vinda em território nacional, tanto em termos de incremento da sua utilização quanto em termos de transparência.

4.8 As lacunas da Lei da Mediação e a realidade das câmaras: o que faltou?

Dada a inovação que representa a adoção da consensualidade na Administração por meio de câmaras administrativas de prevenção e resolução de conflitos, questiona-se o acanhamento com que o tema foi tratado no âmbito da Lei da Mediação (de forma nacional, somente os arts. 32 a 34). A regulamentação da mediação no Brasil, por si só, já representou um marco de inovação no tratamento dos conflitos, constituindo-se em tema suficiente para regulamentação em lei própria, tal como foi feito na Lei nº 13.140/2015.

Nesse sentido, a inclusão da previsão da autocomposição na Administração Pública no mesmo diploma normativo não deixa de ser salutar, mas é evidente que o assunto merece regulamentação específica em ato normativo exclusivamente dedicado para tal fim. Especificamente em relação aos estados (e municípios), as previsões constantes nos arts. 32 e seguintes da mencionada lei constituem-se em incentivo inicial para a implementação da câmara administrativa, sem trazer os parâmetros de seu adequado funcionamento.

Isso pode ser demonstrado pelo número de câmaras administrativas estaduais em efetivo funcionamento, bem como pelas regulamentações analisadas (itens 4.1 e 4.2), cujos textos são aperfeiçoados a partir da experiência e do tempo transcorrido. Também nas entrevistas foi relatado que visitas técnicas a câmaras administrativas já em funcionamento – com destaque para a CCAF – foram essenciais para a modelagem inicial da respectiva câmara estadual.

Dito isso, a conclusão a que ora se chega é de que a edição de um diploma normativo exclusivo para tratar da autorização da consensualidade na Administração, bem como da sua promoção por meio das câmaras de prevenção e resolução de conflitos, revela-se um fator de relevante contribuição para a alavancagem na utilização dos meios consensuais de resolução de conflitos. Desse modo, o legislador sinalizaria de maneira inequívoca ao Poder Executivo a mudança de paradigma no tratamento dos conflitos envolvendo os órgãos da administração direta e indireta, tal como ocorreu nos Estados Unidos.

Não somente a mudança de paradigma, importante frisar, mas também o instrumento disponibilizado para o seu exercício, o que é conveniente quando diante de tamanha inovação e de renovação de conceitos teóricos do Direito Administrativo. Quer dizer, além da autorização genérica para a adoção da consensualidade, o ato normativo traria a previsão e a procedimentalização mínima necessária para o funcionamento das câmaras administrativas no âmbito das advocacias públicas.

Veja-se que a Lei nº 13.140/2015, de alcance nacional, estende a disciplina da transação por adesão aos órgãos da administração federal, bem como dos conflitos entre órgãos federais. Não obstante, o ato normativo aqui referido andaria melhor se editado como diploma nacional, a incidir sobre todos os entes da federação, nada impedindo que entes estaduais e municipais, por exemplo, editassem atos posteriores em atenção a suas especificidades locais.

O que se considera importante é a edição de um ato normativo de alcance nacional e com previsões gerais sobre a consensualidade e o funcionamento das câmaras administrativas. Um guarda-chuva, portanto, para a mobilização das instituições e dos órgãos da Administração, com melhor detalhamento das disposições já constantes no art. 32 da Lei da Mediação.

Dito isso, o derradeiro tópico desta obra abarca sugestões de previsões normativas com potencial de contribuir para o desenvolvimento da consensualidade na Administração. Na linha do que já afirmado, no sentido de que a lei anima a vontade do administrador, não se vislumbra melhor incentivo – inicial – para a inserção dos novos métodos de solução de conflitos nos órgãos públicos.

4.9 A estrutura de uma normativa geral para a autocomposição por meio das câmaras administrativas

4.9.1 A autorização geral para a adoção dos métodos adequados de solução de conflitos

Inicialmente, deve haver uma autorização expressa e inequívoca de que os conflitos envolvendo os órgãos da Administração direta e indireta dos entes federados podem ser solucionados por meio da mediação, conciliação, negociação ou qualquer outro método autocompositivo. Em se tratando de uma mudança significativa de postura da Administração perante os conflitos, não cabe falar em excesso de disposição legal nesse sentido. Isto é, não obstante a legislação já vigente e mencionada anteriormente (item. 2.2), revela-se pertinente o direcionamento específico da consensualidade para os órgãos do Poder Executivo, com incidência direta nas atividades da advocacia pública.

O momento atual permite dizer, inclusive, que não basta a autorização legal, de modo que o comando normativo deve também incentivar a utilização dos meios consensuais. Tal como o ADRA *Act* de 1996, a sinalização desejada é para que a Administração privilegie a consensualidade em detrimento do litígio, o que causa um grande impacto na atuação da advocacia pública. Na esfera judicial, o comando normativo pode ensejar a exigência da mudança de postura tanto pelo Poder Judiciário quanto pelo particular que litiga com o poder público, o que se revela salutar para impulsionar a realização de acordos.

Não se ignora a voluntariedade e a discricionariedade da Administração na adoção dos meios consensuais (item 3.4.2), no entanto, é certo que a coercibilidade para a análise da possibilidade de sua utilização pode contribuir para o cenário de redução da litigiosidade, em especial na esfera judicial.

4.9.2 O desenho normativo da câmara administrativa

Nos termos do que já foi exposto na presente obra, a regulamentação geral das câmaras administrativas deve contar com as seguintes disposições: órgão de funcionamento; composição; capacitação; metodologia de resolução de conflito; procedimento para a admissibilidade de casos; impedimentos e conduta ética, procedimento para a tentativa da autocomposição; requisitos para a validação do acordo firmado; monitoramento de resultados; avaliação de desempenho; pesquisa de satisfação.

Sobre o *órgão de funcionamento*, o comando da Lei da Mediação já é muito claro no sentido de que as câmaras administrativas devem ser instaladas nos órgãos de advocacia pública. Não há muito espaço, portanto, de inovação nesse aspecto, mesmo porque a câmara se trata de órgão que integra a Administração. Poder-se-ia cogitar de a câmara administrativa ser instalada em outo órgão que não a advocacia pública, mas as exposições da presente pesquisa não permitem chegar a essa conclusão.

Com efeito, tendo em vista a função constitucional destinada à advocacia pública, os conflitos já instalados no âmbito dos órgãos do Poder Executivo inevitavelmente deságuam no advogado público, seja na esfera extrajudicial ou judicial. A atividade do assessoramento jurídico, por sua vez, permite a atuação preventiva e a identificação prematura de possíveis conflitos, podendo a câmara dispor de sua expertise para imediata contenção da escalada do problema.

Isso não quer dizer, contudo, que o ente federado não possa se utilizar de uma câmara privada de mediação para solução de determinado conflito, tal como já ocorre com a arbitragem (que por razões óbvias deve ser externa à Administração). Pode ocorrer de as partes envolvidas no conflito, em comum acordo, deliberarem pela submissão do caso a uma câmara privada. Tal possibilidade, inclusive, seria bem-vinda se expressamente prevista na regulamentação, ampliando o leque de opções para a autocomposição na Administração.

Dessa forma, a câmara administrativa, quando instalada, deve funcionar na advocacia pública respectiva. Isso não exclui, no entanto, a possibilidade de o procedimento da autocomposição ocorrer em câmara privada de mediação, se assim desejarem as partes.

Sobre a *composição* da câmara administrativa, a Lei da Mediação concedeu liberdade para a sua regulamentação, muito embora não se tenha observado grandes variações nos diplomas estaduais analisados. Basicamente, as câmaras administrativas em funcionamento são compostas de um ou dois procuradores do estado, com quadro de apoio de servidores, estagiários e residentes jurídicos da procuradoria do estado respectiva.

Considera-se relevante que a composição de uma câmara administrativa leve em conta todas as funções necessárias para o seu adequado funcionamento, seja na fase prévia às sessões de autocomposição, seja na fase posterior à realização do acordo. Nesses termos, é evidente que somente um procurador do estado enquanto componente da câmara não é capaz de dar o impulso para a inserção da consensualidade nas atividades da advocacia pública, eis que não se trata somente de conduzir o procedimento autocompositivo, mas de identificar possíveis casos, promover a divulgação, orientar demais servidores da Administração, acompanhar a execução do acordo, mensurar dados e resultados, obter *feedback* dos participantes da sessão, entre outros.

Assim, a previsão da composição da câmara deve ser mais robusta do que as disposições já existentes, do contrário o seu desenvolvimento pode se revelar tímido ou com grandes dificuldades de ampliação e até de manutenção. As variadas funções acima citadas podem ser exercidas por servidores do próprio estado, não se excluindo a possibilidade da contratação de mediador privado *ad hoc*, a partir da análise das especificidades do caso concreto. Sobre este último ponto, bastaria que na regulamentação fizesse constar a possibilidade, sem necessidade de especificação das hipóteses.

Vale ressaltar que a possibilidade de contratação de mediador *ad hoc*, ou de utilização dos serviços de uma câmara privada, está relacionada diretamente com a disponibilidade orçamentária do ente federativo, o que inevitavelmente varia conforme o estado. A contratação de serviço ou profissional externo à instituição parece fazer mais sentido a partir da previsão do art. 32, II, da Lei nº 13.140/2015, que expressamente prevê como função da câmara a resolução de conflitos envolvendo particular. Quando se trata de conflitos envolvendo somente órgãos públicos (art. 32, I), a mediação por meio do advogado público encontra a melhor alternativa, dado o seu conhecimento técnico das matérias envolvidas, além da função institucional que exerce perante os órgãos da Administração.

O próximo item considerado como indispensável na regulamentação de uma câmara administrativa consiste na previsão expressa da *capacitação* permanente do quadro de pessoal da advocacia pública, com possível extensão aos demais integrantes do Poder Executivo. Em vista do que foi relatado nas entrevistas, a promoção da capacitação em métodos consensuais revela-se necessária para a consolidação de uma nova cultura no âmbito da Administração, com gradual utilização de outras formas de resolução de conflitos que não o Poder Judiciário.

Além da previsão da capacitação permanente, também é salutar fazer constar a exigência de que o quadro de pessoal da câmara administrativa seja dotado de uma carga horária mínima de treinamento em gestão de conflitos. A observação que se faz é que referido treinamento seja composto de horas práticas, não bastando o conhecimento meramente teórico do assunto. A preparação dos servidores públicos é relevante não somente para a mudança de paradigma, mas sobretudo para a manutenção da credibilidade do serviço que é oferecido pela câmara administrativa.

Com efeito, a capacitação de profissionais em mediação de conflitos é requisito essencial no mercado privado, não havendo razão para ser diferente no serviço público. Uma vez capacitados, quebra-se a barreira do desconhecimento acerca da metodologia dos métodos consensuais, o que torna mais convidativa a experimentação da resolução do conflito por meio da negociação, mediação ou outro método.

A previsão da capacitação é decorrente do capital humano que integra as instituições públicas, eis que muitos dos servidores públicos em atividade não receberam qualquer tipo de formação em métodos adequados de resolução de conflitos. Conforme apanhado histórico exposto no capítulo 2, no Brasil, começou-se a falar de maneira mais estruturada sobre mediação e negociação no ano de 2010. O ensino de seu conteúdo nas faculdades de Direito, por sua vez, teve início somente em 2015, quando a disciplina tornou-se obrigatória por meio da Portaria nº 1.351/2018 do Ministério da Educação (MEC).

Assim, salvo raras exceções, a formação dos profissionais do Direito que ocupam atualmente cargos públicos foi solidificada com base na concepção tradicional de resolução de conflitos, por meio do processo judicial e da sentença. Em decorrência, a modificação no modo de agir e de pensar não ocorre imediatamente, de modo que cursos de capacitação e reciclagem se fazem necessários para o impulso da consensualidade.

Em seguida, a regulamentação deve expor de maneira clara quais *metodologias de resolução de conflitos* serão empregadas pela câmara administrativa no desenvolvimento de suas atividades. Uma vez que o art. 32 da Lei da Mediação apenas se utiliza do termo de autocomposição, o desdobramento das técnicas a serem utilizadas pelo advogado público traz maior compreensão ao público em geral das atividades da câmara.

Referida previsão ganha contornos mais relevantes à medida que os métodos adequados ganham força no Brasil, em especial a partir da edição da Lei nº 14.133/2021, no que diz respeito à Administração Pública. Conforme seu art. 151, fala-se não somente em mediação ou conciliação, ou mesmo negociação, mas também em comitê de resolução de disputas e de arbitragem. Dessa forma, o esclarecimento do que será desenvolvido por meio da câmara administrativa define seu âmbito de atuação e delimita as possibilidades de tentativa de solução consensual.

Ao mesmo tempo que são estabelecidas as metodologias de resolução de conflitos, a regulamentação deve dispor dos critérios adotados pela advocacia pública para a escolha de um ou outro método. A negociação, por exemplo, pode ser utilizada para conflitos de menor complexidade, enquanto a mediação resta reservada para conflitos multipartes, cuja solução depende diretamente da atuação de algum órgão da Administração. É possível, ainda, que a regulamentação apenas preveja a discricionariedade na escolha do método, desde que acompanhada da devida fundamentação.

O texto normativo igualmente deve estabelecer a quem compete a escolha do método extrajudicial de solução do conflito, se será em conjunto com a outra parte ou exclusivamente pelo advogado público. Por fim, a regulamentação pode deixar explicitada em seu texto a exclusividade da câmara, ou não, no desenvolvimento dos meios consensuais. O cenário que foi retratado nas entrevistas revelou que as negociações ocorrem de maneira mais pulverizada na advocacia pública, enquanto a mediação se dá exclusivamente na câmara. A previsão expressa nesse sentido torna mais compreensível ao público a maneira como os métodos consensuais se acomodam na instituição.

Um ponto relevante a ser explicitado na regulamentação de uma câmara administrativa consiste no *juízo de admissibilidade* do conflito para a tentativa de autocomposição. Trata-se de procedimento que veio expresso no art. 32, II, da Lei nº 13.140/2015, para os casos de conflitos envolvendo a Administração e o particular. O que se constatou é que todas as regulamentações já editadas preveem a etapa do juízo de admissibilidade, sem a especificação dos requisitos que são avaliados nessa etapa preliminar, nem bem quem é o sujeito competente para proceder a essa verificação.

Nos termos do que já foi exposto anteriormente, o juízo de admissibilidade é relevante, pois tem o condão de suspender o curso da prescrição (art. 32, §1º).[391] Assim, a delimitação dessa fase e a sua formalização no procedimento administrativo devem ser respeitadas e devidamente regulamentadas.

Inicialmente, a regulamentação deve dispor sobre o conteúdo

---

[391] Item 3.4.6

do juízo de admissibilidade, qual seja, sobre o que é analisado a fim de que o caso prossiga para uma tentativa de autocomposição na câmara. Como se trata de uma análise inicial, não se vislumbra outra conduta que não a análise dos requisitos formais presentes em determinada situação, quais sejam, as partes envolvidas, a controvérsia jurídica e a manifestação de vontade pela tentativa de autocomposição.[392]

Para que o conflito seja tratado em uma câmara administrativa, deve ele ser composto por um ente federativo ou algum órgão da Administração. Aqui se poderia refletir se uma câmara administrativa estadual, por exemplo, estaria apta a dirimir conflito em que a pessoa jurídica de direito público integra um ente municipal, ou então, a câmara federal dirimir conflito composto por um ente estadual e um particular.

Da leitura dos artigos 32 e seguintes da Lei da Mediação, o que se infere é que a câmara administrativa, uma vez instalada no respectivo órgão de advocacia pública, se destina a resolver conflitos relacionados ao ente federativo correspondente. No entanto, considerando a estrutura de grande parte dos municípios brasileiros, em que a criação de câmaras é quase inexistente, a possibilidade de uma câmara administrativa estadual buscar uma solução autocompositiva para conflito de determinado ente municipal apresenta-se como uma possibilidade, por meio da celebração de convênio ou outro instrumento congênere.

Uma vez analisado o critério subjetivo, o juízo de admissibilidade prossegue para a controvérsia jurídica, sendo que alguns pontos já estão expressamente previstos na Lei nº 13.140/2015 e nas regulamentações existentes. Primeiro, o conflito não pode depender de ato legislativo para a sua solução, nos termos do art. 32, §4º. Em seguida, a questão jurídica não pode depender de solução que contrarie alguma matéria já pacificada no âmbito da advocacia pública estadual, nem tem jurisprudência já consolidada no âmbito dos tribunais.

O próximo item do juízo de admissibilidade diz respeito à manifestação de vontade pela tentativa de autocomposição. Aqui é necessário esmiuçar a declaração, não bastando uma simples manifestação. Com efeito, o pedido de submissão do conflito à câmara, seja pelo particular, seja pelo órgão público, deve vir acompanhado de uma prévia análise do conflito, com identificação de cenários possíveis de solução, das

---

[392] Não obstante a análise inicial mais superficial, é possível que na fase do juízo de admissibilidade o mediador ou conciliador promova reuniões preliminares com os interessados, a fim de melhor compreender o conflito e prospectar soluções. Nesse sentido é a previsão do art. 2ª da Ordem de Serviço nº 4, de 29 de novembro de 2019, da Câmara de Conciliação e Arbitragem da Administração Federal.

partes envolvidas e da exata controvérsia jurídica. Igualmente, deve vir informado se a questão já está judicializada, com informações a respeito do andamento processual, acaso positivo.

A partir desses dados preliminares, é possível proceder à análise se o caso comporta a tentativa de autocomposição. Havendo despacho negativo, é dada a ciência ao requerente, com posterior arquivamento do pedido. Em caso positivo, considera-se instaurado o procedimento administrativo para a resolução consensual do conflito, o que desencadeia as etapas seguintes das atividades da câmara (coleta de informações, agendamento de sessões individuais e conjuntas etc.).

Tendo em conta que o juízo de admissibilidade consiste em uma análise prévia e formal do conflito, não se verifica empecilho a que o ato seja realizado pelo próprio procurador que irá atuar como conciliador e mediador, geralmente coincidindo com o coordenador das atividades da câmara administrativa. Também é possível o seu desmembramento, de modo que o juízo de admissibilidade seja realizado por pessoa diversa, a depender da regulamentação específica de cada procuradoria-geral do estado.

A regulamentação da câmara administrativa deve dispor sobre as hipóteses de *impedimento* do mediador, da mesma forma do que previsto nos arts. 4º e seguintes da Lei da Mediação. Tal como já exposto[393] e constante em regulamentações já editadas, o impedimento para o procurador do estado atuar em processos judiciais após ter exercido a função de mediador sofre uma adaptação, a fim de não barrar totalmente o seu exercício profissional.

Bastante relacionado com os impedimentos está a *conduta ética* do mediador, o que também deve ser mencionado na regulamentação. Ao conduzir a sessão de mediação, o mediador atuante na câmara administrativa está adstrito a padrões de comportamento que merecem ser mencionados no ato normativo, tais como: atuação imparcial, transparência; dever de informação, respeito à vontade das partes, credibilidade do procedimento, para citar alguns.

A previsão da conduta ética revela o comprometimento da instituição com a credibilidade dos procedimentos que serão conduzidos na câmara administrativa, o que gera a confiança das pessoas envolvidas, em especial do particular. Não obstante o dever inerente aos agentes que exercem função pública, a disposição específica sobre a conduta ética do mediador acrescenta as características do procedimento da

---

[393] Vide nota nº 206.

mediação aos deveres do agente público. Além disso, a previsão é importante na hipótese de a mediação ser conduzida por um profissional contratado, o qual igualmente submete-se à conduta ética adotada na câmara administrativa.

Os impedimentos do mediador a partir do momento em que assume a responsabilidade pela condução da tentativa de solução consensual também devem vir expressos na regulamentação, na esteira do que prevê o art. 6º da Lei nº 13.140/2015. A adaptação do referido artigo para o cargo de procurador do estado é algo a ser explicitado na normativa, para melhor compreensão do instituto quando o terceiro facilitador é interno à advocacia pública.

O *desenho do procedimento* desencadeado na câmara administrativa para a tentativa de resolução consensual do conflito é o próximo item da regulamentação aqui sugerida. A previsão das etapas do procedimento não significa um engessamento do fluxo das atividades da câmara, o que seria contraditório com a metodologia dos meios consensuais. No entanto, o conhecimento das etapas por parte de quem participará da negociação, mediação ou outro método, traz maior previsibilidade e confiança no procedimento.

Assim, sugere-se que a atividade autocompositiva na câmara administrativa venha prevista com as seguintes etapas: a) forma de encaminhamento; b) juízo de admissibilidade; c) agendamento das sessões conjuntas ou individuais e convite para participação; d) registro em ata das sessões; e) cumprimento de diligências para instrução do processo administrativo; f) formalização do acordo; g) homologação administrativa e h) acompanhamento do cumprimento do acordo.

Trata-se de um fluxo padrão que pode ser aperfeiçoado por cada instituição, mas que dá o conhecimento suficiente de como se desenvolve o trabalho na câmara administrativa. É importante que o público em geral saiba de antemão o que é necessário constar no pedido de submissão de caso à câmara administrativa, o que pode ser suprido por meio da disponibilização de formulário padrão no *site* da procuradoria-geral do estado. No caso de encaminhamento interno, igualmente deve haver o atendimento de requisitos mínimos, tal como já exposto quando analisado o item do juízo de admissibilidade.

Aqui não se considera adequado o estabelecimento de prazos mínimo e máximo para cada etapa do fluxo, dada a especificidade presente em um processo administrativo consensual. Quer dizer, além da maleabilidade inerente à metodologia consensual, existem todas as vicissitudes que envolvem o processo administrativo em geral e as relações com a Administração (ver capítulo 1). Os princípios norteadores da eficiência e da celeridade são suficientes para imprimir a agilidade ao procurador do estado responsável pelo procedimento, obviamente no que estiver ao seu alcance.

É relevante levar ao conhecimento dos participantes a etapa da homologação do acordo, de modo que reste esclarecido se o procurador do estado responsável pela condução do procedimento tem a competência delegada para a sua formalização, ou então, se haverá a necessidade de aprovação pelo Procurador-Geral do Estado. Da mesma forma, se o conflito envolver pagamento de valores, o esclarecimento quanto à competência e ao formato da disponibilidade de valores – qual órgão fará o pagamento administrativo, ou se ocorrerá por meio precatório ou RPV – deve restar consignado no procedimento.

Para a realização das sessões, recomenda-se que o particular interessado esteja acompanhado de advogado, com disposição expressa nesse sentido. Conforme já exposto (item 2.3.3), o arranjo de uma sessão autocompositiva é tarefa das mais essenciais para o sucesso do procedimento, com relevância acentuada quando diante de conflito envolvendo órgãos da Administração. A participação de agentes com poder decisório e com capacidade de assumir responsabilidades conduz à eficiência do procedimento, com eliminação de etapas posteriores e da própria insegurança quanto ao que está sendo acordado.

Nesse sentido, a regulamentação deve conferir competência ao procurador do estado para requerer o comparecimento do agente público envolvido com a situação conflituosa, o que pode ser encarado como obrigação no âmbito do pessoal que compõe a Administração. A cultura da consensualidade conduz a esse comportamento mandatório, do contrário as sessões de mediação tornam-se inócuas e improdutivas.

A previsão da forma como os atos praticados ao longo do procedimento autocompositivo serão *armazenados ou publicizados* também é item relevante da regulamentação da câmara. A confidencialidade do procedimento pode atingir variados graus, absoluta, mitigada ou completamente ausente. A partir da disposição expressa, as partes têm conhecimento do tratamento das informações que são trocadas ao longo das sessões, o que contribui para a confiança no procedimento.

Sobre os requisitos para a *validação do acordo* alcançado na câmara administrativa, a disposição prévia do que é analisado pela advocacia pública torna a fundamentação e a motivação pela escolha do acordo mais transparente. Nota-se que já houve a aplicação de um filtro quando do juízo de admissibilidade, de modo que nesse momento, com o acordo firmado, o foco deve estar no exame da viabilidade técnica e jurídica do seu cumprimento.

Quer dizer, as obrigações assumidas não podem ser contrárias ao ordenamento jurídico, nem bem trazer incumbências inviáveis de serem cumpridas pela Administração, seja em razão da disponibilidade orçamentária, estrutural ou de alguma outra ordem. Nesse item, é interessante a regulamentação esclarecer o que está compreendido no conceito de vantajosidade do acordo firmado.

A expressão vantajosidade pode, em um primeiro momento, dar a conotação de vantagem de uma parte sobre a outra, o que traz um aspecto negativo para a autocomposição. Com efeito, a vantajosidade do acordo deve ser relativa a algo, geralmente ao cenário vislumbrado acaso não ultimado o acordo consensual. Assim, a vantajosidade da autocomposição pode ser traduzida em resultados melhores que aqueles existentes por meio das opções tradicionais, como o litígio judicial ou a inércia de atuação.

O acordo celebrado na câmara administrativa, por exemplo, acarreta redução de custos para a Administração ao permitir que um pagamento devido ocorra por meio de um desconto, ao evitar os custos inerentes de um processo judicial ou, então, da própria condenação em juízo, em que a incidência de juros e atualização monetária perduram por períodos longos, aumentando o valor a ser dispendido. No que diz respeito a obrigações de fazer, a vantajosidade igualmente pode ser vislumbrada em um acordo extrajudicial, eis que a Administração lança mão de ajustes quanto ao prazo e à forma de cumprimento, em uma coerência com sua capacidade material, geralmente ignorada nas condenações judiciais.

Verificados os requisitos de validação e havendo a homologação administrativa do acordo celebrado, o trabalho da câmara administrativa avança para a segunda etapa. O que se averiguou nas entrevistas foi que o *acompanhamento e o monitoramento* do acordo celebrado são praticamente inexistentes, ou realizados de maneira muito pontual. No entanto, trata-se de etapa de grande relevância para um acordo bem-sucedido, cuja execução deve atender à expectativa das partes quando da elaboração de seus termos.

Veja-se que o monitoramento da execução do acordo é possível de ocorrer tanto em compromissos que envolvam obrigação de pagar tanto quando se tratar de obrigações de fazer. Nas obrigações de pagar por meio de RPV ou precatório, o monitoramento é limitado ao andamento do Poder Judiciário, de modo que a possibilidade de intervenção da câmara é reduzida a zero. O cenário é bastante diferente quando diante de cumprimento de acordo que estabeleceu o pagamento administrativo de valores por parte de determinado órgão público.

Não obstante a eventual previsão no regulamento de que o pagamento administrativo deve ocorrer por meio do orçamento próprio do órgão envolvido com o conflito, é de interesse da câmara administrativa em que foi celebrado o acordo o retorno quanto à efetiva quitação do valor nele estabelecido. Dessa forma, obtém-se a informação da satisfação da obrigação, ou então, adotam-se medidas administrativas para compelir o órgão ao seu cumprimento.

Na forma do que estabelecido no art. 32, §3º, da Lei da Mediação, o acordo firmado constitui-se em título extrajudicial, o que abrevia o tempo de tramitação acaso o seu cumprimento seja levado ao Poder Judiciário. No entanto, acredita-se que é função da câmara evitar tal encaminhamento, envidando esforços para que o adimplemento ocorra na esfera administrativa.

Aqui reside uma diferença significativa em comparação ao órgão judiciário bem como ao Ministério Público, eis que a advocacia pública não é dotada da coercibilidade inerente às funções dos referidos órgãos, o que sem dúvida torna mais dificultosa a fase do acompanhamento do acordo. Dessa forma, na eventualidade do não pagamento administrativo, a câmara pode pedir os esclarecimentos via ofício ao órgão responsável, ou então agendar nova sessão, mas não se vislumbra a possibilidade da aplicação de sanções ao Poder Executivo, como a multa, por parte da advocacia pública.

No que se refere às obrigações de fazer, é imprescindível que o acordo estabeleça as etapas de execução da obrigação e o consequente monitoramento do seu adimplemento. É claro que a complexidade da obrigação assumida pela Administração interfere diretamente no acompanhamento do acordo firmado. Questões simples como retificação de documento, atualização de sistema, emissão de declaração, por exemplo, podem ser cumpridas em uma etapa só, sem depender de uma variedade de atores para a sua realização.

Por outro lado, em situações em que solução do conflito comporta a atuação de uma gama de agentes públicos, por vezes de órgãos diversos, bem como em que o objeto a ser cumprido demanda diversas etapas de execução, a sistematização da fase do cumprimento do acordo não pode ser negligenciada. Quer dizer, em situações que envolvam a execução de uma política pública ou o cumprimento de um contrato, por exemplo, a câmara administrativa atua não somente até a celebração da autocomposição, mas avança para a segunda etapa do procedimento, monitorando o seu resultado.

Dito isso, é sugerido que a regulamentação disponha de item específico para o monitoramento do acordo firmado, incumbindo à câmara administrativa a competência para a verificação da sua execução e o adimplemento do que restou acordado entre as partes. A metodologia de como funcionará o monitoramento deve ocorrer conforme a situação concreta, inclusive sendo objeto de consenso entre os envolvidos. Isto é, a etapa da execução e do seu acompanhamento compõem o próprio acordo, contribuindo para o verniz da efetividade a uma obrigação voluntariamente estabelecida entre as partes.

Celebrado o acordo e acompanhada a sua execução, ainda remanescem algumas tarefas a serem desempenhadas pela câmara administrativa. Aqui é importante recuperar o que representa a instalação de uma câmara em termos de inovação e de desafio no âmbito da Administração. Trata-se de atividade que traz à advocacia pública uma nova roupagem, em que a interação com os demais órgãos do Poder Executivo bem como com o público em geral assume contornos conciliatórios e postura proativa.

O *impacto da atividade da câmara* administrativa perante a Administração e a sociedade em geral deve de alguma forma ser dimensionado e formalizado. A análise das entregas que a câmara realiza, para o bem e para o mal, serve de subsídio para o aperfeiçoamento da consensualidade como metodologia de solução de conflitos. Assim, dados como a) que tipo de conflito é submetido à câmara; b) qual a porcentagem de casos não admitidos para a tentativa de autocomposição; c) que órgão da Administração tem maior participação nas sessões; d) que unidade da advocacia pública encaminha mais casos à câmara; e) número de acordos realizados; f) média de sessões que são realizadas em cada caso; g) tempo médio de duração da tramitação do procedimento na câmara; h) número de casos já judicializados que foram resolvidos por meio da autocomposição; i) que situações são levadas à homologação pelo Poder Judiciário; j) qual o valor já pago e já recebido pela Administração pela via do acordo extrajudicial; k) no pós acordo, em que casos houve o não cumprimento ou o cumprimento parcial da obrigação; l) também no pós acordo, em que casos houve algum questionamento por parte de órgãos de controle; m) qual a relação percentual entre casos encaminhados à câmara para tentativa de solução e acordos celebrados; n) estimativa da economia gerada a partir da implementação da câmara administrativa;

Nota-se que a coleta e a mensuração de todos os dados acima apontados demandam uma equipe qualificada com atenção voltada às atividades da câmara, indo além do conhecimento eminentemente jurídico. O investimento de pessoal é recompensado pelo diagnóstico mais exato da autocomposição da Administração, o que evita que a câmara administrativa resigne-se a apenas uma promessa de inovação. A institucionalização da consensualidade como atribuição da advocacia pública, em especial nessa fase inicial, exige a dissecação desse novo órgão criado a partir da Lei nº 13.140/2015.

Além da análise de dados, considera-se pertinente a adoção da sugestão dirigida às agências norte-americanas,[394] no sentido de que as câmaras administrativas, no Brasil, adotem um sistema de "lições aprendidas" por meio da utilização dos métodos alternativos na respectiva advocacia pública. Com efeito, os métodos consensuais, sobretudo a mediação, conduzem naturalmente a uma postura reflexiva por parte de quem dele participa, eis que não lidam somente com a racionalidade e a objetividade do conflito.

Quer dizer, a conduta humana sobressai ao longo do procedimento, tanto dos participantes quanto do terceiro facilitador. Quando se volta a atenção para o que funcionou e o que não funcionou no tratamento do conflito, as habilidades subjetivas também se aprimoram, de modo que as técnicas comportamentais aplicáveis aos métodos consensuais passam a facilitar cada vez mais a realização de acordos. Essa análise pode ocorrer em variados formatos, tais como a mediação assistida ou a criação de grupos de debates dentre os advogados públicos que atuam em câmaras administrativas, com discussões de casos práticos.

Por fim, a regulamentação da câmara administrativa comporta a previsão da realização de uma *pesquisa de satisfação* dos usuários de seus serviços, tanto na esfera púbica quanto na privada. O órgão da câmara é eminentemente interativo e suas atividades visam atingir um objetivo muito claro, que é a resolução do conflito por meio da autocomposição.

No entanto, defende-se que os benefícios de uma câmara administrativa em execução podem ir além do número de acordos realizados, indicativo este mais utilizado para revelar o sucesso na criação do órgão. Quer dizer, os ganhos secundários advindos de uma tentativa de resolução consensual de conflito dificilmente são mensurados e revelados, de modo que a pesquisa de satisfação pode suprir de alguma forma essa carência.

---

[394] "Maintaining records of proceedings following their conclusion could help agencies develop a fuller understanding of the long-term success of their programs and strategies that create enduring solutions for parties. However, most agencies lack resources to maintain close contact and it may be difficult to isolate the variables to draw conclusions from such tracking". Em: BLANKEY, Kristen; CLAUSSEN, Kathleen; STARR, Judith. *Alternative Dispute Resolution in Agency Administrative Programs* 2021. Disponível em: https://www.acus.gov/research-projects/alternative-dispute-resolution-agency-administrative-programs. Acesso em: 15 jun. 2020.

Isso porque parte-se da premissa de que uma sessão de negociação ou de mediação, por exemplo, permite uma nova interface entre a Administração e o particular, ou mesmo entre os agentes públicos que compõem os variados órgãos da estrutura do Estado. A sociedade adquire informações e conhecimento sobre os procedimentos da Administração, o que definitivamente não ocorre por meio de um processo judicial. Da mesma forma, os servidores do Estado têm a oportunidade de ouvir aqueles que participam da sessão, sem a formalidade e as limitações inerentes a uma tramitação meramente documental. É possível, inclusive, que uma tentativa de resolução consensual, ainda que não resulte em acordo celebrado para determinada situação, evite conflitos futuros, dada a abertura de diálogo que o procedimento propiciou.

Os cenários aqui relatados podem ser demonstrados por meio de um questionário a ser respondido ao final do procedimento autocompositivo, em conjunto com a etapa do monitoramento anteriormente exposta. Trata-se de subsídio técnico de grande valia para o desenvolvimento das atividades da câmara, que permite institucionalizar o impacto positivo que foi relatado nas entrevistas realizadas (item 4.4.9). Da mesma forma, permite ampliar o alcance da consensualidade administrativa, com ajustes na execução e na performance do advogado público.

4.10 Síntese conclusiva

O último capítulo da presente obra tratou de ilustrar o cenário das câmaras administrativas estaduais, tanto no plano normativo quanto no âmbito da execução das atividades autocompositivas. Ao analisar a regulamentação norte-americana, em especial os relatórios desenvolvidos pela *Interagency Alternative Dispute Resolution Working Group,* foi possível identificar semelhanças entre os gargalos lá identificados e os relatos dos procuradores do estado entrevistados, tais como a qualificação de pessoal para trabalhar com ADR, a confidencialidade do procedimento e o monitoramento dos acordos realizados. O capítulo também permitiu concluir que, não obstante o comando genérico do art. 32 da Lei nº 13.140/2015, os estados federados investigados trataram de regulamentar o funcionamento da câmara, alguns de forma mais detalhada que outros (é natural que regulamentações mais recentes contenham previsões mais específicas, haja vista o amadurecimento do tema desde a edição da Lei da Mediação, bem como a experiência já coletada a partir das câmaras pioneiras). Feita a sugestão de aperfeiçoamento da regulamentação das câmaras administrativas de prevenção e resolução de conflitos, não se pode deixar de mencionar que um bom texto normativo não prescinde de uma estrutura de pessoal qualificada, bem como de uma oxigenação cultural frente aos métodos autocompositivos, pontos esses onde parece residir o maior desafio das advocacias públicas estaduais.

CONSIDERAÇÕES FINAIS

O trajeto da presente obra permitiu verificar como a ciência do Direito Administrativo, de fato, se amolda às demandas do Estado contemporâneo e às transformações das funções estatais. Se o capítulo inaugural aborda a unilateralidade do ato administrativo e os atributos que caracterizam a *puissance publique*, o capítulo final traz a exemplificação real de como as relações entre a Administração e a sociedade podem se estabelecer em bases mais horizontais e consensuais.

É claro que essa mudança de perspectiva não acontece em toda e qualquer relação do poder público, muito menos ocorre de maneira imediata. A paulatina inserção dos meios consensuais, até mesmo nas relações privadas, é um fenômeno que ainda se encontra em experimentação no Brasil. Risco de retrocesso? Difícil. Os benefícios da implementação da consensualidade são percebidos de forma evidente por quem dela se utiliza, conforme pode ser verificado nas entrevistas realizadas com procuradores do estado à frente das câmaras administrativas de prevenção e resolução de conflitos.

A implementação de uma metodologia consensual nos órgãos públicos, contudo, demanda atenção diferenciada em relação à esfera privada, justamente porque, no Brasil, as relações da Administração são regidas por um regime jurídico-administrativo que estabelece regras próprias. A pesquisa permitiu constatar que não se trata de um regime impermeável a mudanças e à consensualidade, mas que exige adaptações, como a questão da publicidade e da escolha do mediador, por exemplo.

No que diz respeito ao funcionamento das câmaras administrativas de prevenção e resolução de conflitos, tema central do presente livro, restou evidenciado o avanço dos estados federados na previsão, instalação e funcionamento desse órgão no âmbito das respectivas advocacias públicas estaduais. O comando genérico do art. 32 da Lei nº 13.140/2015, aliado à quebra de paradigma que representa, pode ter intimidado no início (a maior parte das câmaras foram instaladas a partir do ano de 2018), mas são barreiras que vêm sendo superadas.

Veja-se que a exposição focou muito mais em como fazer uma câmara administrativa funcionar a contento do que refletir sobre a adequação de sua instalação ou não. O convencimento formado é de que se trata de ação positiva para as atividades da advocacia pública, muito embora possa haver entes federados que deliberadamente tenham optado pela sua não instalação. Para confirmar essa suposição seria necessária a investigação dentre os estados que não possuem previsão de criação de câmara, o que não foi realizado.

Com efeito, tal como foi afirmado no texto do capítulo 4, houve um aperfeiçoamento dos textos normativos estaduais responsáveis pela formatação das câmaras administrativas, a exemplo dos estados do Rio de Janeiro e do Espírito Santo. Não quer isso dizer, no entanto, que a consensualidade se desenvolve plenamente no âmbito da Administração a partir de um regulamento bem editado. A exposição do capítulo 1 visou justamente evidenciar a ruptura que representa aos agentes públicos renunciar a suas prerrogativas em prol de uma atuação mais concertada com outros atores da sociedade.

Dito isso, o processo administrativo delineado ao final do capítulo 4 cuidou não somente de dispor sobre as etapas e as providências necessárias ao bom funcionamento de uma câmara administrativa de prevenção e resolução de conflitos, mas também de concebê-la como um instrumento difusor de consensualidade no âmbito da administração estadual. Isso pode ser vislumbrado nos itens que tratam da mensuração da atividade da câmara (indo além do número de acordos realizados), da pesquisa de satisfação dos usuários de seus serviços e, também, da adoção de um sistema de lições aprendidas, em que há um amadurecimento da metodologia consensual a partir da análise dos erros e acertos.

De fato, exigir a perfeição de uma atividade tão inovadora no âmbito das advocacias públicas seria o equivalente a negar a sua execução. Interessante foi constatar que o temor da penalização ou da represália em razão da realização de acordos extrajudiciais não foi apontado como impedimento para o desenvolvimento das atividades da câmara.[395] Muito antes, exemplos bem-sucedidos com os estados de

---

[395] A paralização do agente público no andamento de ideias inovadoras e disruptivas por medo de eventuais sanções é contextualizada na obra de Rodrigo Valgas dos Santos. Nota-se que o avanço das atividades das câmaras administrativas vai na contramão do que

Pernambuco, Alagoas, Goiás e Pará trazem em seu bojo a preocupação com a expansão e o aperfeiçoamento do desenvolvimento da consensualidade, de modo a engajar demais procuradores do estado e agentes públicos atuantes nos órgãos públicos estaduais.

Nesse sentido, a abordagem eminentemente prática disposta no capítulo 4 visou complementar o arcabouço teórico exposto nos capítulos anteriores, em especial em relação à doutrina que trata da consensualidade administrativa. O cotejo entre o que expõem os doutrinadores mais modernos de Direito Administrativo – inclusive as ideias lançadas a respeito de um processo administrativo negocial –, e o que vem ocorrendo no âmbito das câmaras administrativas permitiu uma espécie de verificação *in loco* do tema investigado, exatamente o objetivo a que se propõe a pesquisa empírica.

Interessante foi perceber a feição das câmaras administrativas como órgão que se preocupa em empregar uma metodologia, uma processualidade no rito da consensualidade, não se vinculando a uma matéria específica ou a assuntos predeterminados. A fluidez própria da mediação parece ter encontrado espaço nas câmaras já instaladas, em que o procedimento a ser adotado se adapta ao conflito que é apresentado, e não ao contrário, como acontece nos processos judiciais sob o rito do Código de Processo Civil.

Assumir a nova roupagem da consensualidade administrativa exige aperfeiçoamento normativo. Não se ignora, por outro lado, que a transformação cultural deve vir a reboque dos textos legais, tal como foi trazido nas entrevistas. As expressões "cultura da sentença" e "cultura do litígio" ainda estão longe de serem substituídas, talvez nunca o sejam. Nesse cenário, tornar a consensualidade uma opção consistente e atrativa também depende de uma postura comportamental, a ser acompanhada nos próximos anos.

---

alerta o autor, ao afirmar que "(n)a dúvida entre buscar o melhor ao interesse público em cotejo com os riscos negativos da atividade decisória, o agente público acaba por escolher o caminho da mediocridade. Os agentes públicos que atuam no cotidiano das burocracias contemporâneas sofrem por nossa tradição de controle examinar não o que funciona (visando extrair exemplos de boas práticas administrativas), mas em valorizar o que não está a funcionar, sob o argumento – aparentemente correto – de que o que funciona é mero dever, e o que não funciona é que deve ser fiscalizado e corrigido". SANTOS, Rodrigo Valgas do. *Direito Administrativo do Medo*. São Paulo: Thomson Reuteurs Revista dos Tribunais, 2022, RB-5.5. E-book. Disponível em: https://proview.thomsonreuters.com/launchapp/title/rt/monografias/249869105/v2/page/RB-5.5.

REFERÊNCIAS

ADVOCACIA GERAL DA UNIÃO. *Base Normativa*. 27 ago. 2020. Disponível em: www. gov.br. Acesso em: 15 jan. 2023.

ALAGOAS. Procuradoria-Geral do Estado. Conciliação, [202-?] Disponível em: pge. al.gov.br. Acesso em: 6 jan. 2023.

ALMEIDA, Fernando Dias Menezes de. *Tratado de Direito Administrativo*: controle da Administração Pública e responsabilidade civil do Estado. São Paulo: Revista dos Tribunais, 2015.

ARAGÃO, Alexandre Santos de. Algumas notas críticas sobre o princípio da presunção de veracidade dos atos administrativos. *Revista de Direito Administrativo*, Rio de Janeiro, v. 259, p. 73-87, maio 2012. Disponível em: http://bibliotecadigital.fgv.br/ojs/index.php/rda/article/view/8630/7374. Acesso em: 23 jun. 2020.

ARAGÃO, Alexandre Santos de. Arbitragem e regulação. *In*: WALD, Arnold (org.). *Doutrinas essenciais de arbitragem e mediação*. São Paulo: Thomson Reuteurs; Revista dos Tribunais, Ano 1, v. 4, ago. 2014.

ARAGÃO, Alexandre Santos de. *Curso de Direito Administrativo*. 2. ed., rev. atual. e ampl. Rio de Janeiro: Forense, 2013.

ARAÚJO, Edmir Netto de. O Direito Administrativo e sua história. *Revista da Faculdade de Direito*, Universidade de São Paulo, v. 95, p. 147-166, 2000.

ARRUDA CÂMARA, Jacintho. *O universo dos contratos públicos*. *In*: NOHARA, Irene Patrícia; ARRUDA CÂMARA, Jacintho. *Tratado de Direito Administrativo*: licitação e contratos administrativos. DI PIETRO, Maria Sylvia Zanella (coord.). 2. ed. São Paulo: Thomson Reuters Brasil, 2019.

ASSOCIAÇÃO DOS MAGISTRADOS BRASILEIROS. *O uso da justiça e o litígio no Brasil*, 2018. Disponível em: https://www.amb.com.br/wp-content/uploads/2018/05/Pesquisa-AMB-10.pdf. Acesso em: 12 ago. 2020.

ÁVILA, Humberto. Repensando o princípio da supremacia do interesse público sobre o particular. *Revista Trimestral de Direito Público*, [s.l.], v. 24, p. 159, 1999.

BACELLAR FILHO, Romeu Felipe. *Processo Administrativo Disciplinar*. 3. ed. São Paulo: Saraiva, 2012.

BACELLAR FILHO, Romeu Felipe. Processo e procedimento administrativo. *In*: DI PIETRO, Maria Sylvia Zanella (coord.). *Tratado de Direito Administrativo*. São Paulo: Revista dos Tribunais, 2015. v. 5

BANDEIRA DE MELLO, Celso Antônio. Para uma teoria do ato administrativo unilateral. *Revista Trimestral de Direito Público*, São Paulo, v. 58, p. 58-63, 2013.

BARROSO, Luís Roberto. Judicialização, ativismo judicial e legitimidade democrática. *Revista Synthesis*, [s.l.], v. 5, n. 1, p. 23-32, 2012.

BARRY, Bruce; FULMER, Ingrid Smithey; VAN KLEE, Gerben A. I Laughed, I Cried, I Settled. The role of emotion in negotiation. *In*: GELFAND, Michele J.; BRETT, Jeanne M. *The handbook of negotiation and culture*. Stanford: Stanford University Press, 2004.

BATISTA JÚNIOR, Onofre Alves. *Transações administrativas*. São Paulo: Quartier Latin, 2007.

BINENBOJM, Gustavo. *Uma teoria do Direito Administrativo*: direitos fundamentais, democracia e constituição. 3. ed. rev. e atual. Rio de Janeiro: Renovar, 2014.

BLANKEY, Kristen; CLAUSSEN, Kathleen; STARR, Judith. *Alternative Dispute Resolution in Agency Administrative Programs* 2021. Disponível em: https://www.acus.gov/research-projects/alternative-dispute-resolution-agency-administrative-programs. Acesso em: 15 jun. 2020.

BOBBIO, Norberto *A era dos direitos*. Rio de Janeiro: Campus, 1992.

BRASIL. CONSELHO NACIONAL DE JUSTIÇA. AZEVEDO. *Manual de Mediação Judicial*, 6. ed. Brasília: CNJ, 2016. Disponível em: https://www.cnj.jus.br/wp-content/uploads/2015/06/f247f5ce60df2774c59d6e2dddbfec54.pdf. Acesso em: 28 dez. 2020.

BRASIL. *Lei n. 13.964, de 24 de dezembro de 2019*. Aperfeiçoa a legislação penal e processual penal. Brasília, 2019. Disponível em: https://www2.camara.leg.br/legin/fed/lei/2019/lei-13964-24-dezembro-2019-789639-veto-159755-pl.html. Acesso em: 13 nov. 2020.

BRASIL. *Supremo Tribunal Federal*. Disponível em: stf.jus.br. Acesso em: 6 jan. 2023.

BRESSER-PEREIRA, Luiz Carlos. Da Administração Pública burocrática à gerencial. *Revista do Serviço Público*, Brasília, ano 47, v. 120, n. 1, p. 7-29., jan./abr. 1996.

CAIRNS, David J.; MADALENA, Ignacio. El Reglamento de la ICC relativo a los dispute boards. *Revista de Arbitragem e Mediação*, São Paulo, v. 10, p. 179-189, 2006.

CALAMANDREI, Piero. *Eles, os juízes, vistos por um advogado*. 2. ed. São Paulo: Martins Fontes, 2015.

CAPPELLETTI, Mauro. *Juízes legisladores?* Porto Alegre: Fabris, 1993.

CAPPELLETTI, Mauro; GARTH, Bryant. *Acesso à Justiça*. Porto Alegre: Fabris, 1988,

CARVALHO FILHO, José dos Santos. *Manual de Direito Administrativo*. 17. ed. rev. ampl. e atual. São Paulo: Malheiros, 2007.

CARVALHO, Silzia Alves; FARIA, Carolina Lemos de. A transação por adesão como parte da política pública autocompositiva realizada pela Advocacia-Geral da União. *Revista Fórum Administrativo*, Belo Horizonte, n. 221, p. 59-67, jul. 2019.

CASSESE, Sabino. *A crise do Estado*. Aparecida de Goiânia: Saberes, 2010.

CASTELO BRANCO, Janaína Soares Noleto. *Advocacia pública e solução consensual de conflitos*. Salvador: JusPodivm, 2018.

CONSELHO ADMINISTRATIVO DE DEFESA ECONÔMICA. [s.d.] Disponível em: http://www.cade.gov.br/assuntos/programa-de-leniencia/estatisticas. Acesso em: 30 out. 2020.

CONSELHO NACIONAL DAS INSTITUIÇÕES DE MEDIAÇÃO E ARBITRAGEM. *Home*. [2019] Disponível em: Conima – Conselho Nacional das Instituições de Mediação e Arbitragem. Acesso em: 2 mar. 2022.

REFERÊNCIAS | 247

CONSELHO NACIONAL DE JUSTIÇA. *100 maiores litigantes*. 2012. Disponível em: https://www.cnj.jus.br/wp-content/uploads/2011/02/100_maiores_litigantes.pdf. Acesso em: 12 ago. 2020.

CONSELHO NACIONAL DE JUSTIÇA. *Cursos de Formação de Mediadores e Conciliadores Judiciais ou de Formação de Conciliadores Judiciais*. Disponível em: https://www.cnj.jus.br/programas-e-acoes/conciliacao-e-mediacao/curso-sobre-conciliacao-e-mediacao/cursos-de-formacao-de-mediadores-e-conciliadores-judiciais-ou-de-formacao-de-conciliadores-judiciais/. Acesso em: 28 dez. 2020.

CONSELHO NACIONAL DE JUSTIÇA. Disponível em: https://www.cnj.jus.br/wp-content/uploads/conteudo/arquivo/2019/08/justica_em_numeros20190919.pdf. Acesso em: 12 ago. 2020.

CONSELHO NACIONAL DE JUSTIÇA. *Mapa Anual de Precatórios por Ente Devedor*. 2019. Disponível em: cnj.jus.br. Acesso em: 5 out. 2021.

CONSELHO NACIONAL DE JUSTIÇA. *Relatório analítico propositivo*. Disponível em: https://www.cnj.jus.br/publicoes-justica-pesquisa/. Acesso em 25 jan. 2023.

CONSELHO NACIONAL DE JUSTIÇA. *Relatório Justiça em Números 2022*. Disponível em: justica-em-numeros-2022-1.pdf. Acesso em: 22 jan. 2023.

CONSELHO NACIONAL DE JUSTIÇA. *Supremo em Ação*. 2018. Disponível em: https://www.cnj.jus.br/wp-content/uploads/2017/06/fd55c3e8cece47d9945bf147a7a6e985.pdf. Acesso em: 12 ago. 2020.

CRETELLA JÚNIOR, José. As cláusulas de privilégios nos contratos administrativos. *Revista de Direito Administrativo*, Rio de Janeiro, v. 161, p. 7-28, 1985.

CRETELLA JÚNIOR, José. Prerrogativas e sujeições da Administração Pública. *Revista de Direito Administrativo*, Rio de Janeiro, v. 103, p. 16-32, out. 1971. Disponível em: http://bibliotecadigital.fgv.br/ojs/index.php/rda/article/view/35280/34070. Acesso em: 10 jul. 2020.

CRISTÓVAM, José Sérgio da Silva. *Administração Pública democrática e supremacia do interesse público*: novo regime jurídico-administrativo e seus princípios constitucionais estruturantes. Curitiba: Juruá, 2015.

CRISTÓVAM, José Sérgio da Silva; EIDT, Elisa Berton. A autorização legal para realização de acordos pela Administração Pública e a sua aplicação no âmbito das câmaras administrativas. *Revista Jurídica da Procuradoria-Geral do Estado do Paraná Direito do Estado em Debate*. Edição especial sobre métodos adequados de solução de conflitos envolvendo a Administração Pública. Curitiba: PGE/PR, 2020, p. 55-81.

CRISTÓVAM, José Sérgio da Silva; EIDT, Elisa Berton. Advocacia pública preventiva: uma atuação em consonância com o século XXI. *In*: OLIVEIRA, Pedro Miranda de; OLIVEIRA, Weber Luiz de; MONERRAT, Fábio Victor da Fonte (coord.). *Advocacia pública em juízo*. São Paulo: Tirant to Blanch, 2022, p. 249-258.

CRISTÓVAM, José Sérgio da Silva; EIDT, Elisa Berton. *In*: MAFFINI, Rafael; RAMOS, Rafael (org.). *Nova LINDB*: proteção da confiança, consensualidade, participação democrática e precedentes administrativos. Rio de Janeiro: Lumen Juris, 2021.

CRISTÓVAM, José Sérgio da Silva; SOUSA, Thanderson Pereira de. Direito Administrativo da inovação e experimentalismo: o agir ousado entre riscos, controles e colaboratividade. *Sequência – Estudos Jurídicos e Políticos*, v. 43, n. 91, p. 4, 2022.

CUÉLLAR, Leila. Poder normativo das agências reguladoras norte-americanas. *Revista de Direito Administrativo*, v. 229, p. 153-176, 2002.

DALLARI, Adilson Abreu. Arbitragem na concessão de serviço público. *Revista Trimestral de Direito Público*, [s.l.], v. 13, n. 9, p. 66, 1996.

DALLARI, Dalmo de Abreu. *Elementos de Teoria Geral do Estado*. 19. ed. São Paulo: Saraiva, 1995.

DAVI, Kaline Ferreira. Solução de litígios pela Administração Pública sem intervenção do Judiciário. *Revista de Direito Administrativo*, v. 247, p. 156-166, 2008.

DEZEM, Guilherme Madeira; SOUZA, Luciano Anderson de. *Comentários ao pacote anticrime. Lei 13.964/2019*. São Paulo: Thomson Reuters Brasil, 2020.

DI PIETRO Maria Sylvia Zanella. *Direito Administrativo*. 27. ed. São Paulo: Atlas, 2014.

DI PIETRO, Maria Sylvia Zanella. O Direito Administrativo brasileiro sob influência dos sistemas de base romanística e da *common law*. *Revista Eletrônica de Direito Administrativo Econômico*, [s.l.], v. 8, 2006. Disponível em: http://www.direitodoestado.com.br/redae/edicao/08. Acesso em: 21 jan. 2020.

DI PIETRO, Maria Sylvia Zanella. O princípio da supremacia do interesse público: sobrevivência diante dos ideais do neoliberalismo. *In:* DI PIETRO, Maria Sylvia Zanella; ALVES RIBEIRO, Carlos Vinícius (coord.). *Supremacia do Interesse Público e outros temas relevantes do Direito Administrativo*. São Paulo: Atlas, 2020.

DI PIETRO, Maria Sylvia Zanella. Participação popular na administração pública. *Revista de Direito Administrativo*, [s.l.], v. 191, p. 26-39, 1993.

DICEY, Albert Venn; WADE, Emlyn Capel Stewart. *Introduction to the Study of the Law of the Constitution*. London: Macmillan. Disponível em: https://iorg.ca/wp-content/uploads/2017/05/INTRODUCTION-TO-A.V.Dicey-min.pdf. Acesso em: 23 jan. 2020.

DIDIER JR., Fredie; ZANETI JR., Hermes. Justiça multiportas e tutela constitucional adequada: autocomposição em direitos coletivos. *In:* ZANETTI JR., Hermes; CABRAL, Trícia Navarro Xavier (coord.). *Justiça multiportas*: mediação, conciliação, arbitragem e outros meios de solução adequadas de conflitos. Salvador: JusPodivm, 2017.

DINIZ, Maria Helena. *Curso de Direito Civil*. 25. ed. São Paulo: Saraiva. 2009. v. 3: Teoria das Obrigações Contratuais e Extracontratuais

DRB. Home. [202-?] Disponível em: https://www.drb.org/. Acesso em: 4 jan. 2021.

DRBF. *Dispute Board Manual: A Guide to Best Practices and Procedures* – Sections 4. SPARK Publications, Charlotte, North Carolina, USA, 2019.

DUGUIT, León. *Las Transformaciones del Derecho Público*. Buenos Aires: Editorial Heliasta, 2001.

EIDT, Elisa Berton. *Autocomposição na Administração Pública*. Essere nel mondo, 2017.

EIDT, Elisa Berton; BORTOLATO, Janaína Silva Sodré. A mediação extrajudicial como meio de acesso à justiça. *In:* JAQUES, Marcelo Dias *et al.* (coord.). *Reconstruindo pontes para uma nova justiça*. Blumenau: Dom Modesto, 2019.

ESPÍRITO SANTO. Procuradoria-Geral do Estado. *Câmara de Prevenção e Resolução Administrativa de Conflitos do Espírito Santo* (CPRACES). [202-?] Disponível em: PGE/ES - Câmara de Prevenção e Resolução Administrativa de Conflitos do Espírito Santo (CPRACES). Acesso em: 13 jan. 2023.

REFERÊNCIAS | 249

FARIA, José Eduardo. O sistema brasileiro de Justiça: experiência recente e futuros desafios. *Estud. av.*, São Paulo, v. 18, n. 51, p. 103-125, 2004. Disponível em: http://www.scielo.br/scielo.php?script=sci_arttext&pid=S0103-40142004000200006&lng=en&nrm=iso. Acesso em: 18 ago. 2020.

FARRER, Robert. Composição do CRD: advogados ou engenheiros? *In*: TRINDADE, Bernardo Ramos (coord.). *CRD – Comitê de Resolução de Disputas nos Contratos de Construção e Infraestrutura: Dispute Resolution Board*. São Paulo: PINI, 2016.

FERREIRA FILHO, Marcílio. *Terminação consensual de litígios judiciais envolvendo o poder público estadual como política pública entre os anos de 2015 e 2019*. 2020. 371 f. Tese (Doutorado em Direito) – Centro Universitário de Brasília – Uniceub, Brasília, 2020.

FIGUEIREDO, Lucia Valle. Revogação dos atos administrativos. *In: Doutrinas Essenciais de Direito Administrativo*. São Paulo: Revista dos Tribunais, 2013. v. II

FISCHER, Roger; URY, William. *Como chegar ao sim*: como negociar acordos sem fazer concessões. 3. ed. rev. e atual. Rio de Janeiro: Solomon, 2014.

FRANCO, Marcelo Veiga. *Administração pública como litigante habitual*: a necessária mudança da cultura jurídica de tratamento dos conflitos. 2018. 541 p. Tese (Doutorado) – Faculdade de Direito, Universidade Federal de Minas Gerais, Belo Horizonte, 2018.

GABARDO, Emerson. O princípio da supremacia do interesse público sobre o interesse privado como fundamento do Direito Administrativo Social. *Revista de Investigações Constitucionais*, [s.l.], v. 4, p. 95-130, 2019.

GABARDO, Emerson; MOURA REZENDE, Maurício Corrêa de. O conceito de interesse público no Direito Administrativo brasileiro. *Revista Brasileira de Estudos Políticos*, [s.l.], v. 115, 2017.

GABBAY, Daniela Monteiro. Mediação empresarial em números: onde estamos e para onde vamos, *Jota*, 20 abr. 2018. Disponível em: https://www.jota.info/opiniao-e-analise/artigos/mediacao-empresarial-em-numeros-onde-estamos-e-para-onde-vamos-20042018. Acesso em: 2 out. 2021.

GAJARDONI, Fernando da Fonseca *et al. Comentários à Lei de improbidade administrativa*: Lei 8.249 de 02 de junho de 1992. São Paulo: Thomson Reuters Brasil, 2020.

GALANTER, Marc. Why the haves come out ahead: Speculations on the limits of legal change. *Law & Soc'y Rev.*, [s.l.], v. 9, p. 95, 1974.

GARAPON, Antoine. *O guardador de promessas*: justiça e democracia. Lisboa: Instituto Piaget, 1996.

GARCIA DE ENTERRÍA, Eduardo. La figura del contrato administrativo. *Revista de Ciências Jurídicas*, n. 26, 1975. Disponível em: https://revistas.ucr.ac.cr/index.php/juridicas/article/view/16472. Acesso em: 26 jul. 2020.

GARCIA DE ENTERRÍA, Eduardo. La lucha contra las inmunidades del poder en el derecho administrativo (poderes discrecionales, poderes de gobierno, poderes normativos). *Revista de administración pública*, [s.l.], n. 38, p. 159-208, 1962.

GARCÍA, José Eugenio Soriano. El concepto de Derecho Administrativo y de la Administración Pública en el Estado social y democrático de Derecho. *Revista de Administración Pública*, [s.l.], n. 121, p. 149-158, 1990.

GIACOMUZZI, José Guilherme. *Estado e contrato*: supremacia do interesse público *versus* igualdade. Um estudo comparado sobre a exorbitância no contrato administrativo. São Paulo: Malheiros, 2011.

GISMONDI, Rodrigo Alternburg Odebrecht Curi. Mediação pública. *Revista Eletrônica de Direito Processual–REDP*, p. 168-202, 2014.

GOIÁS. Procuradoria-Geral do Estado. *Programa PGE Amiga*, 3 dez. 2018. Disponível em: procuradoria.go.gov.br. Acesso em: 6 jan. 2023.

GOIÁS. Procuradoria-Geral do Estado. *Termos de acordos, ajustamento de conduta, cooperação e aditivos*. 14 jun. 2021. Disponível em: procuradoria.go.gov.br. Acesso em: 23 ago. 2022.

GONÇALVES, Jéssica; GOULART, Juliana. *Negociação, conciliação e mediação*. Impactos da pandemia na cultura do consenso e na educação jurídica. Florianópolis: Emais Academia, 2020.

GORDILLO, Agustín. *Tratado de Derecho Administrativo*. 9. ed. Buenos Aires: F.D.A., 2009. 2º tomo: la defensa del usuario y del administrado. Disponível em: https://www.gordillo. com/pdf_tomo2/capitulo5.pdf. Acesso em: 20 jul. 2020.

GRAU, Eros Roberto. Arbitragem e contrato administrativo. *Revista da Faculdade de Direito da UFRGS*, [s.l.], v. 21, n. 21, 2002.

GRECO, Leonardo. A busca da verdade e a paridade de armas na jurisdição administrativa. *Revista CEJ*, [s.l.], v. 10, n. 35, p. 20-27, 2006.

GROTTI, Dinorá Adelaide Musetti. Conceitos jurídicos indeterminados e discricionariedade administrativa. *Cadernos de Direito Constitucional e Ciência Política*, [s.l.], v. 3, n. 12, p. 84-115, 2000.

GUEDES, Demian. A presunção de veracidade e o Estado Democrático de Direito: uma reavaliação que se impõe. *In*: ARAGÃO, Alexandre dos Santos; MARQUES NETO, Floriano de Azevedo. *Direito Administrativo e seus novos paradigmas*. Belo Horizonte: Fórum, 2018.

GUERRA, Sérgio; PALMA, Juliana Bonacorsi de. Art. 26 da LINDB: novo regime jurídico de negociação com a Administração Pública. *RDA*, ed. especial LINDB, 2018.

GUERREIRO, Luiz Fernando. Conciliação e mediação: Novo CPC e leis específicas. *In*: WALD, Arnoldo (org.). Doutrinas essenciais de arbitragem e mediação. São Paulo: Revista dos Tribunais, 2014. v. 6

HECK, Tatiana Linn; BOMBINO Luciana Marques. *Princípio da confidencialidade e princípio da publicidade*: incidência e limites sobre as tratativas conciliatórias na Administração Pública. Porto Alegre: Revista da ESDM, 2019. Seção Temática – Autocomposição. Disponível em: https://forumfnpp.wixsite.com/fnpp/enunciados-aprovados-i-fnpp. Acesso em: 10 set. 2021.

ICC. *The current ICC Dispute Board Rules are in force as of 1 October 2015 and the Appendices in force as from 1 October 2018*. Disponível em: iccwbo.org. Acesso em: 4 jan. 2021.

JOBIM, Jorge Pinheiro; RICARDINO, Roberto; CAMARGO, Rui Arruda. A experiência brasileira em CRD: o caso do metrô de São Paulo. *In*: TRINDADE, Bernardo Ramos (coord.). *CRD* – Comitê de Resolução de Disputas nos Contratos de Construção e Infraestrutura: *Dispute Resolution Board*. São Paulo: PINI, 2016.

PREFEITURA prepara indenização às vítimas do acidente na calçada. *Prefeitura de Joinville* 2 dez. 2021. Disponível em: https://www.joinville.sc.gov.br/noticias/prefeitura-prepara-indenizacao-as-vitimas-do-acidente-na-calcada/. Acesso em: 25 mar. 2022.

JUSBRASIL. *Reequilíbrio ecônomico-financeiro.* Disponível em: https://www.jusbrasil. com.br/jurisprudencia/busca?q=REEQUIL%C3%8DBRIO+ECON%C3%94MICO-FINANCEIRO&dateFrom=2005-01-01&dateTo=2020-08-03T23%3A59%3A59. Acesso em: 3 ago. 2020.

JUSTEN FILHO, Marçal *et. al.* (org.). *O Direito Administrativo na atualidade*: estudos em homenagem ao centenário de Hely Lopes Meirelles (1917-2017). São Paulo: Malheiros, 2017.

JUSTEN FILHO, Marçal. *Comentários à Lei de Licitações e Contratos Administrativos.* São Paulo: Revista dos Tribunais, 2019.

JUSTEN FILHO, Marçal. *Curso de Direito Administrativo.* 5. ed. São Paulo: Thomson Reuters Brasil, 2018.

KLEBA, Maria Elisabeth; WENDAUSEN, Agueda. Empoderamento: processo de fortalecimento dos sujeitos nos espaços de participação social e democratização política. *Saúde e Sociedade*, [s.l.], v. 18, p. 733-743, 2009.

KLEIN, Aline Lícia; MARQUES NETO, Floriano Peixoto Azevedo. *In*: DI PIETRO, Maria Sylvia Zanella (coord.). *Tratado de Direito Administrativo* – v. 4. Funções administrativas do Estado. São Paulo: Thomson Reuters Brasil, 2019.

LAX, David A.; SEBENIUS, James K. 3-D Negotiation. Playing the whole game. *Harvard Business Review*, [s.l.], v. 81, n. 11, p. 64-74, 138, 2003.

LEMES, Selma Ferreira. *Pesquisa – 2020. Arbitragem em números e valores*. Oito Câmaras. 2 anos - Período de 2018 (jan./dez.) a 2019 (jan./dez). 2020. Disponível em: http://selmalemes. adv.br/artigos/Analise-Pesquisa-ArbitragensNseValores-2020.pdf. Acesso em: 2 out. 2021.

LÔBO, Paulo Luiz Netto. Princípios sociais dos contratos no CDC e no novo Código Civil. *Revista Jurídica da UNIRONDON*, p. 11-12, 2002.

MADUREIRA, Claudio Penedo. Advocacia pública: Órgão do Estado ou do Poder Executivo?. *Revista Quaestio Iuris*, [s.l.], v. 9, n. 2, p. 1155-1174, 2016.

MANCUSO, Rodolfo Camargo. *Acesso à Justiça*: condicionantes legítimas e ilegítimas. São Paulo: Revista dos Tribunais, 2015.

MANCUSO, Rodolfo de Camargo. *A resolução dos conflitos e a função judicial no contemporâneo Estado de Direito.* 2. ed. São Paulo: Revista dos Tribunais, 2014.

MARASCHIN, Márcia Uggeri. *Manual de Negociação baseado nas teorias de Harvard.* Brasília: EAGU, 2017. Disponível em: trt1.jus.br. Acesso em: 23 jan. 2019.

MARCONI, M. de A.; LAKATOS, Eva Maria. *Fundamentos de Metodologia científica*. São Paulo: Atlas, 2003.

MARQUES NETO, Floriano de Azevedo. O Direito Administrativo no sistema de base romanística e de *common law*. *Revista de Direito Administrativo*, [s.l.], v. 268, p. 55-81, 2015.

MARRARA, Thiago. Acordos de leniência no processo administrativo brasileiro: modalidades, regime jurídico e problemas emergentes. *Revista Digital de Direito Administrativo*, [s.l.], v. 2, n. 2, p. 509-527, 2015.

MARTINEZ, Ana Paula. Parâmetros de negociação de acordo de leniência com o MPF à luz da experiência do CADE. *In*: MOURA, Maria Thereza de Assis Moura; BOTTINI, Pierpaolo Cruz Bottini (coord.). *Colaboração premiada*. São Paulo: Revista dos Tribunais, 2019.

MARTINS-COSTA, Judith. *A boa-fé no Direito privado*: critérios para a sua aplicação. São Paulo: Marcial Pons, 2015.

MASUCCI, Alfonso. Formación y evolución del derecho administrativo en Francia y Alemania. *Revista de Administración Pública*, [s.l.], n. 184, p. 9-39, 2011.

MATIAS-PEREIRA, José. Administração Pública comparada: uma avaliação das reformas administrativas do Brasil, EUA e União Europeia. *Revista de Administração Pública*, [s.l.], v. 42, p. 61-82, 2008.

MEDAUAR, Odete. *A processualidade no Direito Administrativo*. Belo Horizonte: Fórum, 2021.

MEDAUAR, Odete. *Direito Administrativo Moderno*. 20. ed., rev. atual. e ampl. São Paulo: Editora dos Tribunais, 2016.

MEGNA, Bruno Lopes. *Arbitragem e Administração Pública*: fundamentos teóricos e soluções práticas. Belo Horizonte: Fórum, 2019.

MEIRELLES, Hely Lopes. *Direito Administrativo Brasileiro*. 35. ed. São Paulo: Malheiros, 2009.

MELLO, Celso Antônio Bandeira de. *Curso de Direito Administrativo*. 25. ed. São Paulo: Malheiros, 2008.

MEZZAROBA, Orides; STRAPAZZON, Carlos Luiz. Direitos fundamentais e a dogmática do bem comum constitucional. *Sequência*, Florianópolis, n. 64, p. 335-372, 2012.

MINAS GERAIS. *Câmara de Prevenção e Resolução Administrativa de Conflitos*. [202-?] Disponível em: advocaciageral.mg.gov.br. Acesso em: 10 jan. 2023.

MIRAGEM, Bruno. *Direito Administrativo aplicado*: a nova Administração Pública e o Direito Administrativo. São Paulo: Revista dos Tribunais, 2017.

MONTESQUIEU, Charles de Secondat, Baron de, 1689-1755. *Do espírito das leis*. São Paulo: Martin Claret, 2010.

MOREIRA NETO, Diogo de Figueiredo. *Novas mutações juspolíticas*: em memória de Eduardo García de Enterría, jurista de dois mundos. Belo Horizonte: Fórum, 2016.

MOREIRA, Alexandre Mussoi. *A transformação do Estado*: neoliberalismo, globalização e conceitos jurídicos. Porto Alegre: Livraria do Advogado, 2002.

MOREIRA, Egon Bockmann. *Processo Administrativo*: princípios constitucionais e a Lei nº 9.784/199 (com especial atenção à LINDB). Belo Horizonte: Fórum, 2022.

NEVES, Daniel Amorim Assumpção. *Manual de Direito Processual Civil*. 8. ed. Salvador: JusPodivm, 2016.

NIELSEN, Laura Beth. The need for multi-method approachs in empirical legal research. *In*: CANE, Peter; KRITZER, Herbert M. The Oxford handbook of empirical legal research. Oxford: Oxford University, 2012.

NOHARA, Irene Patrícia; MARRARA, Thiago. *Processo administrativo*: Lei nº 9.784/99 comentada. São Paulo: Editora dos Tribunais, 2018.

OLIVEIRA JÚNIOR, Temístocles Murilo; COSTA, Frederico José Lustosa da; MENDES, Arnaldo Paulo. Perspectivas teóricas da corrupção no campo da Administração Pública brasileira: características, limites e alternativas. *Revista do Serviço Público*, v. 67, p. 111-138, 2016.

REFERÊNCIAS | 253

OLIVEIRA, Gustavo Henrique Justino de. A arbitragem e as parcerias público-privadas. *Revista de Direito Administrativo*, [s.l.], v. 241, p. 241-272, 2005.

OLIVEIRA, Gustavo Henrique Justino de. As audiências e o processo administrativo brasileiro. *Revista de Direito Administrativo*, v. 209, p. 153-167, 1997.

OLIVEIRA, Gustavo Henrique Justino de. Participação administrativa. *A&C – Revista de Direito Administrativo & Constitucional*, [s.l.], v. 5, n. 20, p. 167-194, 2007.

OLIVEIRA, Gustavo Henrique Justino de; BARROS FILHO Wilson Accioli de. Inquérito civil público e acordo administrativo: apontamentos sobre o devido processo legal adequado, contraditório, ampla defesa e previsão de cláusula de segurança nos Termos de Ajustamento de Conduta (TACS). *In*: OLIVEIRA, Gustavo Justino de (coord.); BARROS FILHO Wilson Accioli de. (org.). *Acordos administrativos no Brasil*: teoria e prática. São Paulo: Almedina, 2020.

OLIVEIRA, Gustavo Justino de. *A administração consensual como a nova face da Administração Pública no século XXI*: fundamentos dogmáticos, formas de expressão e instrumentos de ação. Direito Administrativo democrático. Belo Horizonte: Fórum, 2010.

OTERO, Paulo. *Legalidade e Administração Pública*: o sentido da vinculação administrativa à juridicidade. Coimbra: Almedina, 2007.

PAGE, Nanette; CZUBA, Cheryl E. Empowerment: What is it. *Journal of Extension*, [s.l.], v. 37, n. 5, p. 1-5, 1999.

PALMA, Juliana Bonacorsi de. *Sanção e acordo na Administração Pública*. São Paulo: Malheiros, 2015.

PALMA, Juliana Bonacorsi de. Segurança jurídica para a inovação pública: a nova Lei de Introdução às Normas do Direito Brasileiro (Lei nº 13.655/2018). *Revista de Direito Administrativo*, Rio de Janeiro, v. 279, n. 2, p. 209-249, 2020.

PARÁ. Procuradoria-Geral do Estado. *Procuradoria da Câmara de Negociação, Conciliação, Mediação e Arbitragem (PCAM)*. [202-?] Disponível em: Procuradoria da Câmara de Conciliação | PGE. Acesso em: 10 jan. 2023.

PEIXOTO, Ravi. Primeiras impressões sobre os meios consensuais de resolução de conflitos pelo poder público e as alterações promovidas pelo CPC/2015 e pela Lei 13.140/2015. *In*: TALAMINI, Eduardo. *Processo e Administração Pública*. Salvador: JusPodivm, 2016. v. 10 (Coleção Repercussões do Novo CPC)

PEREIRA, Caio Maio da Silva. *Instituições do direito civil*. 20. ed. Rio de Janeiro: Forense, 2002.

PERNAMBUCO. Procuradoria-Geral do Estado. *Câmara de Negociação, Conciliação e Mediação* (CNCM) [2020-?] Disponível em: https://www.pge.pe.gov.br/camaranegociacao. aspx. Acesso em: 6 jan. 2023.

PESTANA, Marcio. A exorbitância nos contratos administrativos. *Revista de Direito Administrativo e Infraestrutura – RDAI*, v. 1, n. 1, p. 141-162, 2017.

PINHO, Humberto Dalla Bernardina de. O consenso em matéria de improbidade administrativa: limites e controvérsias em torno do acordo de não persecução cível introduzido na Lei nº 8.429/1992 pela Lei nº 13.964/2019. *Revista Interdisciplinar de Direito*, [s.l.], v. 18, n. 1, p. 145-162, 2020.

PINHO, Humberto Dalla Bernardina de; CABRAL, Trícia Navarro Xavier. Conclusão: expectativas para o marco legal da mediação no Brasil. *In*: HALE, Durval; PINHO, Humberto Dalla Bernardina de; CABRAL, Trícia Navarro Xavier. *O marco legal da mediação no Brasil*: comentários à Lei nº 13.140, de 26 de junho de 2015. São Paulo: Atlas, 2016.

PORTO, A. J. M; SAMPAIO, P. (org.). *Direito e economia em dois mundos*: doutrina jurídica e pesquisa empírica. Rio de Janeiro: FGV, 2013.

PROCURADORIA-GERAL DO ESTADO DO PARÁ. *PGE inscreve para simpósio sobre técnicas de conciliação e solução de conflito*. 22 jan. 2022. Disponível em: https://www.pge.pa.gov.br/node/347. Acesso em: 19 ago. 2022.

PROCURADORIA-GERAL DO ESTADO DE SÃO PAULO. *Governo conclui indenizações às vítimas da tragédia em Suzano*. 6 jun. 2019. Disponível em: http://www.portal.pge.sp.gov.br/governo-conclui-indenizacoes-as-vitimas-da-tragedia-em-suzano/. Acesso em: 5 dez. 2020.

RAMOS, Luciana de Oliveira; CUNHA, Luciana Gross; OLIVEIRA, Fabiana Luci de. SAMPAIO, Joelson de Oliveira. Relatório *ICJBrasil, 2021*. São Paulo: FGV Direito SP. Disponível em: https://bibliotecadigital.fgv.br/dspace/bitstream/handle/10438/30922/Relato%cc%81rio%20ICJBrasil%202021.pdf?sequence=1&isAllowed=y. Acesso em: 5 abr. 2021.

REPORT for the President on Significant Developments in Federal Alternative Dispute Resolution. Disponível em: https://adr.gov/wp-content/uploads/2021/04/2016-adr-rpt.pdf. Acesso em: 1 dez. 2019.

RIBEIRO, Ana Paula Brandão; RODRIGUES, Isabella Carolina Miranda. Os *dispute boards* no direito brasileiro. *Revista de Direito Mackenzie*, [s.l.], v. 9, n. 2, p. 129-159, 2015.

RIBEIRO, Marcia Carla Pereira; ALMEIDA, Caroline Sampaio de. Análise crítica das cláusulas *dispute board*: eficiência e casos práticos. *Novos Estudos Jurídicos*, [s.l.], v. 18, n. 2, p. 224-239, 2013.

RIO DE JANEIRO. Procuradoria-Geral do Estado. *Consenso*. [2022-?] Disponível em: https://pge.rj.gov.br/mais-consenso#:~:text=Para%20estimular%20a%20preven%C3%A7%C3%A3o%20e,normativos%2C%20como%20a%20Resolu%C3%A7%C3%A3o%20n. Acesso em 10 jan. 2023.

RIO GRANDE DO SUL. Procuradoria-Geral do Estado. Centro de Conciliação e Mediação do Estado do Rio Grande do Sul. [202-?] Disponível em: pge.rs.gov.br. Acesso em: 11 jan. 2023.

RISKIN, Leonard L. Decisionmaking in mediation: the new old grid and the new new grid system. *Notre Dame L. Rev.*, v. 79, p. 1, 2003.

RISKIN, Leonard L. Understanding mediators' orientations, strategies, and techniques: A grid for the perplexed. *Harv. Negot. L. Rev.*, [s.l.], v. 1, p. 7, 1996. Disponível em: ufl.edu. Acesso em: 23 dez. 2020.

ROCHA, Cármen Lúcia Antunes. *Princípios constitucionais da Administração Pública*. Belo Horizonte: Del Rey, 1994.

RODRIGUES, Geisa de Assis Rodrigues. *Ação civil pública e termo de ajustamento de conduta*: teoria e prática. Rio de Janeiro: Forense, 2002.

RODRIGUES, Marco Antonio. *A Fazenda Pública no Processo Civil*. 2. ed. São Paulo: Atlas, 2016.

RODRIGUES, Marco Antonio; NOLASCO, Rita Dias (org.). *Fórum Nacional do Poder Público*. 2017. Disponível em: https://forumfnpp.wixsite.com/fnpp/enunciados-aprovados-i-fnpp. Acesso em: 1 set. 2021.

ROUSSEAU, Jean-Jacques. *O contrato social*. Porto Alegre: L&PM, 2018.

SALES, Lília Maia de Morais. *Mediação de conflitos:* família, escola e comunidade. Florianópolis: Conceito, 2007.

SALLES, Carlos Alberto de. *Arbitragem em contratos administrativos*. Rio de Janeiro: Forense; São Paulo: Método, 2011.

SANDER, Frank; CRESPO, Mariana Hernandez. *A Dialogue Between Professors Frank Sander and Mariana Hernandez Crespo*: Exploring the Evolution of the Multi-Door Courthouse. 5 U. St. Thomas L.J. 665, 2008. Disponível em: http://ir.stthomas.edu/cgi/viewcontent. cgi?article=1164&context=ustlj. Acesso em 15 jan. 2023.

SANTA CATARINA. Procuradoria-Geral do Estado. *Câmara Administrativa de Gestão e Solução de Conflitos*. [202-?] Disponível em: Câmara Administrativa de Gestão e Solução de Conflitos – PGE – Procuradoria-Geral do Estado. Acesso em: 13 jan. 2023.

SANTANA, Jocyelma. *Concilia Tocantins será lançado nesta quinta pela PGE/TO*. 6 dez. 2022. Disponível em: www.to.gov.br. Acesso em: 13 jan. 2023.

SANTOS, Adriano Vitalino dos. A prova diabólica e sua influência sobre a presunção de legitimidade do ato administrativo. *Revista de Doutrina da 4ª Região*, Porto Alegre, n. 67, ago. 2015. Disponível em: https://revistadoutrina.trf4.jus.br/artigos/edicao067/ Adriano_dosSantos.html. Acesso em: 12 ago. 2020.

SANTOS, Boaventura de Sousa. *Para uma Revolução Democrática da Justiça*. Coimbra: Almedina, S. A., 2014.

SANTOS, Rodrigo Valgas do. *Direito Administrativo do Medo*. São Paulo: Thomson Reuteurs Revista dos Tribunais, 2022, RB-5.5. E-book. Disponível em: https://proview. thomsonreuters.com/launchapp/title/rt/monografias/249869105/v2/page/RB-5.5.

SARLET, Ingo Wolfgang. *A eficácia dos direitos fundamentais*: uma teoria geral dos direitos fundamentais na perspectiva constitucional. 10. ed., rev. atual. e ampl. Porto Alegre: Livraria do Advogado, 2011.

SCHIER, Paulo Ricardo. *Constitucionalização do Direito no contexto da Constituição de 1988. In:* CLÈVE, Clèmerson Merlin (coord.). Direito Constitucional brasileiro: Teoria da Constituição e Direitos Fundamentais. São Paulo: Revista dos Tribunais, 2014.

SCHMIDT-ASSMANN, John Eberhard. *La teoria general del derecho administrativo como sistema*. Madrid; Barcelona: INAP; Marcial Pons, 2003.

SENGER, Jeffrey M. Turning the Ship of State. *Journal of Dispute Resolution*, [s.l.], 2000. Disponível em: https://scholarship.law.missouri.edu/jdr/vol2000/iss1/10. Acesso em: 1 dez. 2019.

SILVA, Carmen; MARTÍNEZ, María Loreto. Empoderamiento: proceso, nivel y contexto. *Psykhe*, Santiago, v. 13, n. 2, p. 29-39, 2004.

SILVA, Vasco Pereira da. *O contencioso administrativo no divã da psicanálise*: ensaio sobre as acções no novo processo administrativo. 2. ed. Coimbra: Almedina, 2009.

SOCIEDADE BRASILEIRA DE DIREITO PÚBLICO (Brasil). *Ações coletivas no Brasil: temas, atores e desafios da tutela coletiva*. Brasília: CNJ, 2018. 236 p. (Justiça Pesquisa).

SOUZA, Luciane Moessa de. *Meios consensuais de solução de conflitos envolvendo entes públicos* – negociação, mediação e conciliação na esfera Administrativa e Judicial. Belo Horizonte: Fórum, 2012.

SPENGLER, Fabiana Marion. *Da jurisdição à mediação:* por uma outra cultura no tratamento de conflitos. Ijuí: Unijuí, 2010.

SPENGLER, Fabiana Marion. *Dicionário de Mediação volume 1- A - L.* Santa Cruz do Sul: Essere nel Mondo, 2019.

SPENGLER, Fabiana Marion. *Mediação de conflitos*: da teoria à prática. Porto Alegre: Livraria do Advogado, 2016.

SPENGLER, Fabiana Marion; EIDT, Elisa Berton. Em busca de uma regra geral para a realização de autocomposição na Administração Pública: a insuficiência da Lei nº 13.140/2015. *Revista de Direito Administrativo*, [s.l.], v. 281, n. 2, p. 265-289, 2022.

STRECK, Lenio Luiz; MORAIS, José Luiz Bolzan de. *Ciência política e teoria do estado.* 8. ed. rev. e atual. Porto Alegre: Livraria do Advogado, 2014.

SUNDFELD, Carlos Ari. *Fundamentos de Direito Público*. São Paulo: Malheiros, 1992.

SUNDFELD, Carlos Ari. *Licitação e contrato administrativo*. São Paulo: Malheiros, 1995.

SUNDFELD, Carlos Ari; CÂMARA, Jacintho Arruda. O cabimento da arbitragem nos contratos administrativos. *Revista de Direito Administrativo*, [s.l.], v. 248, p. 117-126, 2008.

SUSSKIND, Lawrence; OZAWA, Connie. Mediated Negotiation in the Public Sector: The Planner as Mediator. *Journal of Planning Education and Research*, v. 4, n. 1, p. 5-15, 1984.

TÁCITO, Caio. Presença norte-americana no Direito Administrativo brasileiro. *Revista de Direito Administrativo*, [s.l.], v. 129, p. 21-33, 1977.

TAKAHASHI, Bruno. Entre a liberdade e a autoridade: os meios consensuais no novo Código de Processo Civil. *Revista de Processo*, [s.l.], v. 264, p. 497-522, 2017.

TALAMINI, Eduardo. A (in)disponibilidade do interesse público: consequências processuais (composições em juízo, prerrogativas processuais, arbitragem e ação monitória). *Revista de Processo*, São Paulo, v. 30, n. 128, p. 59-78, out. 2005.

TALAMINI, Eduardo. *Processo e Administração Pública*. Salvador: JusPodivm, 2016. v. 10 (Coleção Repercussões do Novo CPC)

TARTUCE, Fernanda. *Mediação nos conflitos civis*. 2. ed., rev. atual. e ampl. Rio de Janeiro: Forense; São Paulo: Método, 2015.

TONIN, Mauricio Morais. Direito patrimonial disponível da Administração Pública: tentativa de definição. *Revista Brasileira de Arbitragem*, v. 15, n. 59, 2018.

TRINDADE, Bernardo Ramos; SALIBA JÚNIOR, Clémenceau Chiabi; NEVES, Flávia Bittar; SOARES, Pedro Silveira Campos. Conhecimento e Aplicabilidades do Comitê de Resolução de Disputas – CRD em Obras de Médio e Grande Portes. *In*: TRINDADE, Bernardo Ramos (coord.). *CRD* – Comitê de Resolução de Disputas nos Contratos de Construção e Infraestrutura: *Dispute Resolution Board*. São Paulo: PINI, 2016.

VASCONCELLOS, Vinicius Gomes de. *Colaboração Premiada no Processo Penal*. São Paulo: Thomson Reuters Brasil, 2020.

REFERÊNCIAS | 257

VASCONCELOS, Beto Ferreira Martins; SILVA, Marina Lacerda e. Acordo de leniência – a prática de um jogo ainda em andamento. *In*: MOURA, Maria Thereza de Assis Moura; BOTTINI, Pierpaolo Cruz Bottini (coord.). *Colaboração premiada*. São Paulo: Revista dos Tribunais, 2019.

VAZ, Paulo Afonso Brum. Barreiras da conciliação na seguridade social e a Política Judiciária Nacional de tratamento adequado dos conflitos. *Revista de Doutrina da 4ª região*. Disponível em: https://revistadoutrina.trf4.jus.br/index.htm?https://revistadoutrina.trf4.jus.br/artigos/edicao046/vaz_takahashi.html. Acesso em: 7 dez. 2020.

VEDEL, Georges. *Droit Administratif*. Paris: PUF, 1973.

VENTURI, Elton. Transação de Direitos Indisponíveis? *Revista de Processo – RePro*, São Paulo, v. 251, n. 251, p. 391-426, 2016.

VIANNA, Luiz Werneck; CARVALHO, Maria Alice Rezende de; MELO, Manuel Palacios Cunha; BURGOS, Marcelo Baumann. *A judicialização da política e das relações sociais no Brasil*. Rio de Janeiro: Revan, 2014.

VITORELLI, Edilson *O devido processo legal coletivo*: dos direitos aos litígios coletivos São Paulo: Thomson Reuters Brasil, 2019.

VOSS, Chris; RAZ, Tahl. *Never Split the Difference*: Negotiating as If Your Life Depended on It. New York: Harper Businesses, 2016.

WALD, Arnoldo. *Dispute Resolution Boards*: evolução recente. *Revista de Arbitragem e Mediação*, [s.l.], v. 8, n. 30, p. 139-151, 2011.

WARAT, Luis Alberto. *Surfando na pororoca*: o ofício do mediador. Florianópolis: Fundação Boiteux, 2004, v. 3.

WATANABE, Kazuo. Política pública do Poder Judiciário nacional para tratamento adequado dos conflitos de interesses. *Revista de Processo*, São Paulo, v. 195, 2011.

ZANOBINI, Guido. *Corso di Diritto Administrativo*. 5. ed. Milano: Giuffre, 1947. v. 1.

APÊNDICE A – PERGUNTAS SEMIESTRUTURADAS

1) *Há quanto tempo* a câmara administrativa está em funcionamento?
2) De que forma a câmara foi *implementada*: por lei complementar, lei ou decreto? Você participou da *etapa legislativa*? Se sim, fale um pouco a respeito.
3) Qual a *composição* da câmara administrativa (quantos procuradores e servidores)?
4) *A estrutura de pessoal é da própria da PGE?*
5) *Em qual unidade da câmara está instalada* na instituição?
6) Quais *normativas* regulamentam o funcionamento da câmara?
7) Já houve a *celebração de acordos* por meio de procedimento da câmara?
8) *Quais os assuntos* que são submetidos para tentativa de autocomposição?
9) *Já houve pagamento de valores* pelo Estado por meio de autocomposição realizada na câmara administrativa? Se sim, como foi o procedimento do pagamento?
10) *Quem participa do procedimento* de autocomposição?
11) De que forma a câmara administrativa **é divulgada** aos demais órgãos públicos e à sociedade em geral?
12) Como se dá *o acesso à câmara?*
13) Qual *forma de solução* de conflito é utilizada? Mediação, conciliação, negociação.
14) Quem decide se o conflito será solucionado por meio de ADR, bem como qual o método?
15) Como se dá a relação entre os atos realizados pela câmara administrativa e **órgãos de controle** (Poder Judiciário, Assembleia Legislativa e Controle Interno)? Já houve alguma interferência?
16) Houve *capacitação* dos procuradores do estado para atuação em métodos consensuais?
17) É exigida *alguma qualificação* de quem trabalha na câmara?
18) A PGE *oferece treinamentos?*

19) Já houve *contratação de mediador/conciliador* externo à instituição?

20) O procedimento é *confidencial*? Se sim, qual a previsão?

21) É assinado algum *termo de confidencialidade*?

22) O que é *publicizado* no procedimento da autocomposição?

23) Como o procedimento de medicação é *formalizado e armazenado*?

24) Houve *adesão dos demais procuradores* do estado às atividades da câmara? Há encaminhamento de casos, demonstração de interesse, incentivos a sua continuidade?

25) Desde o início das atividades da câmara até o momento, *foi percebida alguma dificuldade na execução* do procedimento autocompositivo? Se sim, quais seriam?

26) É possível *perceber algum ganho na sua instituição desde quando a câmara foi instalada*? Se sim, favor apontar quais.

27) O que o senhor(a) acha que pode ser feito *para aprimorar a atividade* da câmara administrativa no seu estado?

28) Há alguma *forma de avaliação do sucesso de uma sessão de mediação*?

29) É solicitado *feedback* dos participantes?

30) Se solicita *feedback*, há alguma forma de revisão interna de procedimentos?

31) É realizado algum *relatório anual* das atividades da câmara?

32) É *monitorada a qualidade* do trabalho? Se sim, de que forma?

33) Tem *convênio* com alguma outra instituição?

34) A câmara segue algum padrão de *conduta ética* específico?

35) Há alguma conduta ética para as seguintes situações: imparcialidade, conflito de interesse etc.

36) *O quanto você está satisfeito* com as atividades da câmara?

37) Se houvesse orçamento disponível, que tipo de *aperfeiçoamento* você gostaria de introduzir na câmara administrativa?

38) Há *algo mais* que você gostaria de compartilhar?

39) Há *mais alguém* que devo contatar para obter informações complementares?

APÊNDICE B – PROPOSIÇÃO LEGISLATIVA

Art. 1º A Administração está autorizada a adotar métodos consensuais e a celebrar acordos no âmbito das câmaras administrativas de prevenção e resolução de conflitos.

Art. 2º As câmaras administrativas previstas no art. 32 da Lei nº 13.140/2015 serão regulamentadas conforme ato de cada ente federado, cujo texto deverá dispor sobre:

I) Composição mínima
II) Capacitação permanente
III) Metodologias de solução de conflito utilizadas
IV) Código de ética do terceiro facilitador e das partes participantes
V) Competência para realizar o juízo de admissibilidade e o seu conteúdo
VI) Etapas do processo administrativo consensual
VII) Documentos que obedecerão ao princípio da publicidade
VIII) Requisitos para a validação administrativa do acordo
IX) Orçamento disponível para cumprimento do acordo
X) Acompanhamento e monitoramento do acordo celebrado
XI) Mensuração das atividades da câmara
XII) Pesquisa de satisfação

Art. 3º Uma vez implementada e regulamentada, a Administração deve privilegiar as atividades da respectiva câmara para prevenir e solucionar conflitos.

Esta obra foi composta em fonte Palatino Linotype, corpo 10
e impressa em papel Pólen Bold 70g (miolo) e Supremo 250g (capa)
pela Gráfica Star7.